개정판

베트남 근현대사

최병욱 지음

베트남 근현대사

초판　1쇄 발행 / 2008. 10. 27
　　　2쇄 발행 / 2009. 11.16
개정판 1쇄 발행 / 2016. 1. 28
　　　2쇄 발행 / 2019. 9.1

지은이 / 최병욱
펴낸이 / 권오진
펴낸곳 / 도서출판 산인
　　　출판등록 제 2013-11
　　　경기도 광주시 퇴촌면 소미길 18
　　　tel. 031. 769. 1045 / fax. 031.763. 1046
　　　e-mail. sanin@saninbooks.com

디자인 / 장윤미
인쇄 / 우진테크

ISBN 979-11-951442-4-2 (03910)

※ 이 책의 본문 용지는 그린라이트 80g, 표지는 말똥종이 209g을 사용하였습니다.
※ 이 책의 일부 또는 전부를 재사용하려면 반드시 저작권자와 출판사 양측에 동의를 받아야 합니다.
※ 책값은 뒤표지에 있습니다.

개정판

베트남 근현대사

최병욱 지음

도서출판 산인

개정판을 출간하며

초판(『최병욱 교수와 함께 읽는 베트남 근현대사』)의 서문에서 약속했다시피 이 책은 주제를 가감하고 내용을 수정하면서 판본을 거듭하는 과정에 있다. 관심을 갖는 독자들 덕분에 지난 6년 동안 2쇄에 걸쳐서 2,000권의 책이 소진되었다. 각주까지 딸린 역사서가, 그것도 베트남의 근현대사만을 다룬 역사서가 이 정도 읽힌다는 것은 기분 좋은 일이다.

독자들이 알아채셨겠지만 이 책 내용은 대부분 필자의 연구서와 논문들을 적당히 풀어 쓰고 거기에 내 학술 활동과 그 주변의 에피소드를 보탠 것이다. 무거움(학술)으로써 가벼움(대중화)을 구현해보았다고 할까. 나는 이를 성공적이었다고 자평하며, 출전을 밝히는 책임 있는 글쓰기는 학술적이든 대중적이든 그 어떤 경우에도 포기하지 못할 일이라고 확신하게 되었다. 이 개정판은 초판본을 수정·보완하고 두 개의 주제를 추가해 만들어졌다.

이참에 베트남어 표기는 성조까지 달았다. 그렇게 해야 할 때가 되었다. 베트남어를 아는, 그리고 알아야 하는 사람도 많아졌고 표기하는 방법도 용이해졌기 때문이다. 이젠 많은 사람들이 베트남 쌀국수를 '포

(pho)'가 아니라 적어도 '퍼'(phở, 정확하게 하자면 [fə] 음가를 붙들고 내려갔다 올라오는 성조를 구사하는 발음임)'라고 할 줄 알게 된 변화의 반영이다.

2015년 10월
아산 牛二齋에서

머리말

이 책 서술의 출발점은 '근대성'의 출현이다. 내가 생각해온 근대란 상대적이고 다기적(多岐的)이다. 20대 중반부터 내가 오랜 세월 사숙(私淑)한 브리티시 콜롬비아 대학의 우드사이드 교수가 근대는 다양하며(manifold) 독립적으로 발생하고, 자본주의의 성장이나 산업화 같은 명백한 이정표 같은 것들로부터도 자유로울 수 있다고[1] 한 선언은 내 입장을 대변하고 있다고 보아도 좋다. 이 책에서 더듬어 본 '근대성'의 기준은 현대를 만드는 근원이자, 당시로서는 새로운 역사 현상이다. 이는 내가 지난 수십 년 동안 탐구해온 근대성으로서 나는 이를 '베트남적 근대성'이라 부른다. 근대와 현대는 상호 조응하는 법이니, 근대의 인물·사건 속에서 현대의 뿌리를 발견하게 될 것이다. 예를 들어, 본문 첫 번째 장에서 소개되는 보따인이라는 인물은 18세기 말의 신 유형이자 20세기 현대사의 한가운데 선 인물들의 전형이다.

   이 책의 내용을 구성하는 각 항목을 뽑은 데는 몇 가지 고려 사항이 더

---

[1] Alexander Barton Woodside, *Lost Modernities: China, Vietnam, Korea, and the Hazards of World History* (Harvard University Press, 2006), p. 1.

있었다. 우선, 베트남의 정치·경제·사회·문화를 골고루 안배해 서술하려 했다. 예를 들어 11장에서 베트남의 언어를 다소 길게 설명하는 이유는 '문화'에의 고려 때문이다. 둘째, 역사적 주체로서 남녀 비율을 배려했다. 이 책의 4장과 15장에서 다루는 주제는 해당 시대의 역사뿐만 아니라, 베트남 여성을 이해하기 위해 마련되었다. 셋째, 지역적 안배를 고려했다. 북·중·남 삼분법에 기초한 지역성은 이 책을 관통하는 핵심적인 키워드이다. 인물·사건의 선택에서 세 지역이 고루 분포되도록 노력했다. 이 세 가지 요소가 제대로 구현되었는지, 그것이 베트남 근현대사 전달에 효율적인지는 독자가 평가할 일이다. 고려해야 할 다양한 요소가 있기 때문에 중요한 사건들 중에서는 피치 못하게 다루지 못한 것도 있음은 아쉽다. 예를 들어, 19세기 말의 '근왕운동'이라든지, 20세기 초의 '응애띤 소비에트 운동' 같은 사건은 독립된 장을 두지 않고 다른 장에서 간접적으로 설명하는 것으로 그쳤다. 앞으로 더 내용을 연구하고 주제 분류 방법을 다듬어가면서 필요한 항목을 채우도록 하겠다.(근왕운동은 이번 개정판에 넣었다. 제10장을 보시오.)

연구자가 아무리 쓰고 싶은 책이 있어도 출판사가 나서주지 않으면 소용이 없다. 그런데 이 책은 내가 10여 년 전부터 품고 있던 구상과 출판사 측의 관심이 맞아떨어진 경우이다. 기획 단계부터 시작해서 책이 만들어지기까지 도와주신 창비의 신채용, 강영규, 박영신 님께 깊은 감사의 마음을 전한다. 특히 박영신 님은 나의 변덕과 투정을 받아주면서 작업하느라 고생을 많이 하셨다. 책을 만드는 일에 진지함이 대단한 분이다. 인하대 한국학 연구소의 윤대영(尹大榮) 박사는 초고를 읽어주면서, 여러 가지 잘못을 바로잡아 주었고 집필에 도움이 되는 소중한 코멘트도 해주었다. 프랑스의 문서보관소 자료들과 7년 동안 씨름을 하다가 돌아온 지 얼마 되지 않은 윤박사의 날카로운 지적과 추가 정보, 연구와 관련된 끄적임 같은 따스한 역사 사랑의 징표들이 묻어 돌아온 초고를 넘기면서 난 소중한 동학(同學)이 곁에 있음에 얼마나 행복했는지 모른다.

　이 책은 완본(完本)이 아니다. 앞으로 연구 성과의 축적에 따라 항목과 내용이 가감될 것이다. 현대사는 아무래도 현재의 정치적 상황과 밀접하게 연관되어 있기 때문에, 현실 정치 및 새로운 역사의 전개에 따라 주제 선택과 내용 수정이 불가피하다. 단지, 독자와 한 시대를 호흡하며 살고 있는 역사가가 현재의 시점에서 어떻게 베트남의 근현대사를 인식하고 연구하고 분석하는가를 구경한다는 마음으로 이 책을 읽어주시기 바란다. 이 책이 역사학을 사랑하는 독자들의 베트남(인) 이해 증진뿐만 아니라 더 나아가 한국(인)에 대한 더 깊은 성찰에 도움이 되면 좋겠다.

2008년 10월
덕암산 아래 牛二齋에서

차례

개정판을 출간하며 ● 5
머리말 ● 7
베트남이 통일 국가가 되기까지 ● 12

제1장 '나를 불태워라' - 응우옌 왕조의 최고 공신 보따인 ● 16
제2장 "남북은 한집안" ● 25
제3장 바타비야 거리의 베트남 유학자 ● 34
제4장 말레이 해적과 베트남 여성 ● 43
제5장 유가 관리의 토지 개혁 - 무상몰수 무상분배 ● 52
제6장 민망 황제와 고려인삼 ● 59
제7장 좌도를 멸하라 ● 66
제8장 인도차이나와 코친차이나 ● 75
제9장 아편을 먹어다오, 술도 더 마시고 ● 80
제10장 아프리카로 간 황제들 ● 88
제11장 '훈장님, 서양어를 배우다' ● 97
제12장 판보이쩌우 - '나자빠진 전차' ● 107

제13장 고무 농장의 낮과 밤 ● 118

제14장 쌀 전쟁 - 일본군과 베트남 농민의 싸움 ● 126

제15장 남부의 향기 - 남프엉 황후 ● 133

제16장 베트남과 결혼한 주석, 하나님과 결혼한 대통령
       - 호찌민과 응오딘지엠 ● 144

제17장 자전거와 비행기의 싸움 - 디엔비엔푸 전투 ● 154

제18장 베트콩 - 남부민족해방전선 ● 162

제19장 '인간이 원숭이 되기' - 재교육 수용소의 삶 ● 171

제20장 캄보디아 길들이기 ● 179

제21장 우리 땅을 돌려다오! - 소수민족의 외침 ● 187

제22장 사이공 한가운데의 아웃사이더 - 화교 ● 195

제23장 '도이머이를 위하여' ● 201

에필로그 ● 210

참고 문헌 ● 212

찾아보기 ● 216

베트남이 통일 국가가 되기까지

베트남은 우리처럼 적어도 500여 년을 한 영토 안에서 단일 국가라는 이념의 세례를 받으며 살아온 사람들의 나라가 아니다. 베트남 역사의 길이는 우리와 비슷하지만, 천 년의 중국 지배를 극복하고 10세기에 독립국이 되었을 때 국가의 영역은 현재의 북부 베트남에 해당되는 지역뿐이었다. 현 중부에 참파 왕국이 약 천 년 동안 있었다. 남부 지역은 캄보디아에서 볼 때 남쪽 변방이었다. 베트남은 독립 이후 500년 동안 줄기차게 남쪽으로 팽창하여 참파 땅을 차지했고(15세기), 더 남진하여 약 300년 뒤(18세기)에는 남부의 사이공·메콩 델타를 다 흡수했다. 다시 말하면, 조선이 500년 동안 대체로 한 영역 속에서 단일 운명체로서 의식을 강화하던 시기에 베트남은 참파와 캄보디아를 베트남의 일부로 끌어들이느라 분주했던 것이다. 그러므로 중부와 남부 지역에 베트남인이 이주해 살며 선주민인 참파인, 크메르인과 섞이고 새로운 지리 환경에 적응하는 가운데 세 지역 사람들의 문화, 인성에서 차이가 생기게 되었음은 쉽게 짐작할 수 있다. 19세기경 약 2천 킬로미터 떨어진 북부 홍하 델타와 남부 메콩 델타의 농민이 만났다면 같은 민족임에도 불구하고 원활한 의사소통이 불가능할 정도였다.

단지 말이 통하지 않을 뿐 아니라 서로 우호적이지도 않았다. 정치적 배경은 이러하다. 지금의 하노이에 수도를 둔 왕조 입장에서 보자면 지배 영역의 남부 끝이던 베트남 중부에서 16세기에 한 '반역 정권'이 수립되었다. 응우옌(Nguyễn 阮)이라는 성을 가진 인물이 수장이었다고 해서 응우옌 정권이라고도 부르는 이 권력 집단은 중앙 정권과 대결하면서 남쪽으로 진출하여 영토를 확대했다. 18세기까지 베트남이 메콩 델타 전체를 흡수했다 함은 이 정권에 의한 것이었다. 물론 독립 국가도 수립되었다. 16세기부터 18세기까지 약 200년에 걸친 남북 간의 치열한 전쟁과 대립이 낳은 적대감은 깊었다.

하나가 되기 위한 첫걸음은 18세기 말 중부 사람들에 의해 시작되었다. 빈딘(Bình Định 平定) 성 떠이썬(Tây Sơn 西山) 출신 삼 형제가 이끄는 군대는 먼저 응우옌 정권을 쓰러뜨리고 북으로 진격해서 홍하 델타도 장악했다. 떠이썬 군대는 베트남 사태에 개입한 중국군을 격퇴하고, 남부로 들어온 태국군도 물리치는 등 강력한 힘을 발휘했다. 그러나 수백 년 동안 이질화된 베트남의 세 지역을 하나로 묶는 일은 전쟁을 치르는 것보다 힘겨웠다.

떠이썬이 남과 북의 정권을 다 무너뜨리고 새로운 왕조를 수립했던 1788년, 남부 사이공에서는 또 다른 정권이 탄생했으니 남부 즉 사이공·메콩 출신들이 주체가 된 쟈딘(Gia Định 嘉定, 쟈딘은 베트남 남부를 가리키는 명칭이다) 정권이었다. 또다시 시작된 내전은 약 15년 지속되었다. 마침내 남부 사람들이 주체가 된 세력이 19세기 초 떠이썬에 승리하고 새로운 왕조를 열었으니 이것이 베트남의 마지막 왕조이자 현재 베트남의 북·중·남부를 포괄하는 최초의 통일 왕조였다. 이를 우리는 응우옌 왕조(1802-1945)라고 부른다. 응우옌 왕조의 국호가 '비엣남(Việt Nam 월

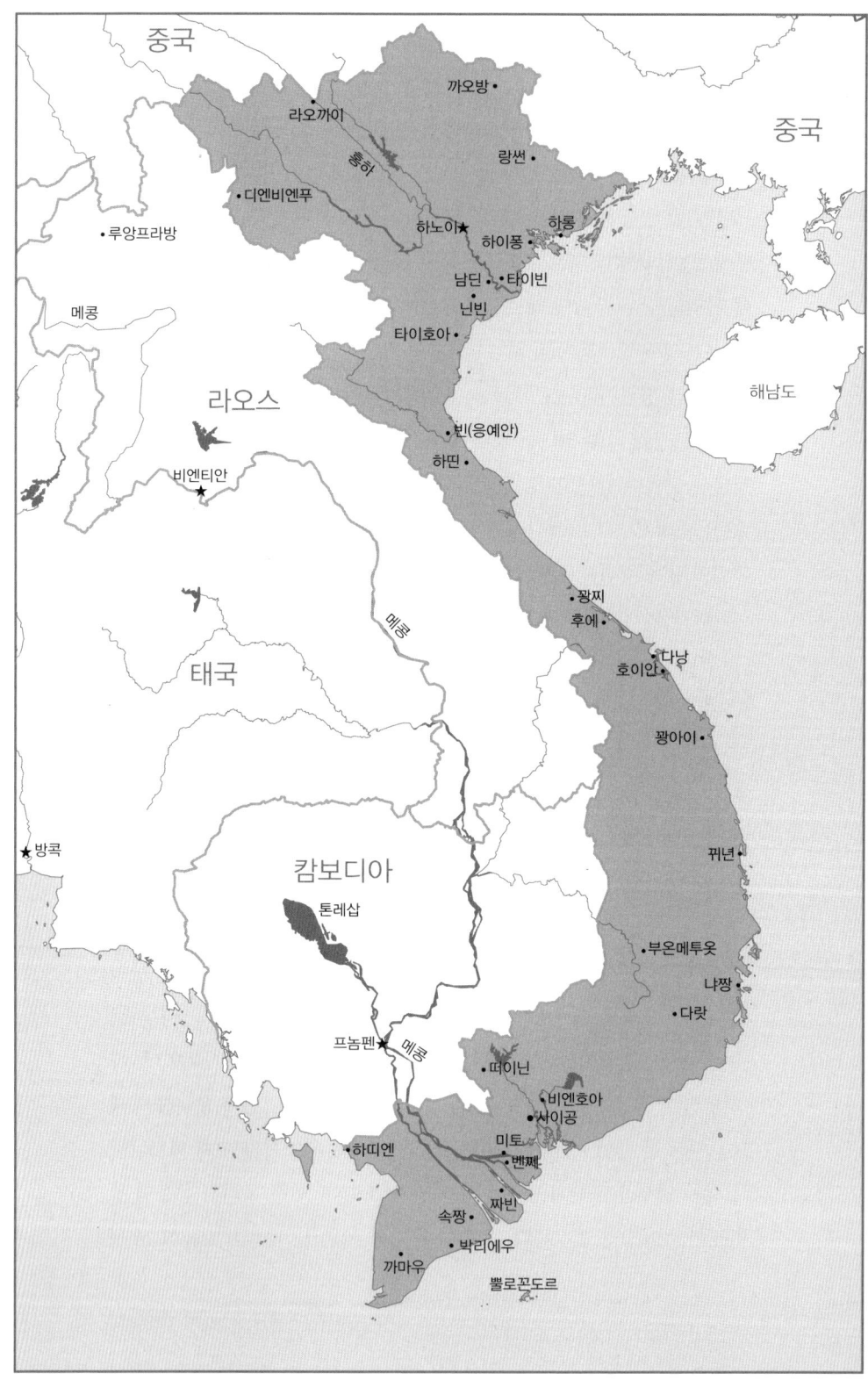

남)'이었는데, 이것의 한국식 발음이 '베트남'이다. 20세기가 시작될 무렵의 베트남인들에게 '베트남'이 생긴 지는 약 100년도 채 되지 않았다는 이야기이다. 이 왕조가 프랑스의 식민 지배로 들어가기 시작하는 해가 1859년이니 전통 시대 통일의 경험은 고작해야 57년이었다.

제1장

'나를 불태워라'
— 응우옌 왕조 최고 공신 보따인

보따인(Võ Tánh 武性, ?-1801)은 베트남인 사이에서(특히 북베트남인에게) 잘 알려진 인물도 아니고 외국의 베트남 역사 연구자들도 이름을 알고 있는 사람이 그리 많지 않다. 그의 주된 활동 시기는 18세기 말이었으니 비슷한 시기의 쟁쟁한 역사 인물 응우옌반후에(Nguyễn Văn Huệ 阮文惠, 떠이썬 왕조의 황제)나 응우옌푹아인(Nguyễn Phúc Ánh 阮福映, 응우옌 왕조의 창시자 쟈롱 Gia Long 황제, 1802-1820), 레반주엣(Lê Văn Duyệt 黎文悅, 1763-1832, 응우옌 왕조 초기의 명장) 등에 가려진 인물이다. 특히나 '떠이썬 봉기'[1]을 이끌었고 왕조를 수립한 후 여러 개혁을 실시한 인물로 알려진 데

---

1) 떠이썬의 실체에 관해서는 규정이 통일되어 있지 않다. 이를 '농민 운동'으로 보는 입장이 한동안 지배적이었고, 토지 분배, 공용어로서의 쯔놈 선택 등을 이유로 하여 "근대의 시작"으로 볼 수도 있겠다는 시각도 있다. Alexander Barton Woodside, *Vietnam and the Chinese Model* (Harvard University Press, 1971), p. 4. 그러나 떠이썬 시기 여러 개혁은 단지 구호에 불과했으며 농민 운동은 더더욱 아니라는 의견도 있다. George Dutton, *The Tây Sơn Uprising* (University of Hawaii Press, 2006), pp. 9-10. 나의 입장은 후자에 더 가까운 편이다.

다가 북으로는 중국, 남으로는 태국의 침입까지 물리쳤던 민족적 영웅 꽝쯩(Quang Trung 光中) 황제 응우옌반후에도 근대 이전의 인물로 여겨 제쳐둔 마당에, 떠이썬을 멸하는 선봉장이었으며 또 하나의 '봉건 왕조'인 응우옌 왕조 건국에 가장 공이 큰 인물로 평가받는 보따인이 어떻게 근대의 시작을 상징하는 인물이 될 수 있을까?

보따인은 사이공 출신으로 알려져 있다. 아버지와 형들이 응우옌 정권 치하에서 무관직에 있었다고는 하나, 보따인도 관직에 있었는지는 불분명하다. 그는 내전의 와중에 실력자로 성장했고, 메콩 하류 고꽁(Gò Công)을 근거지로 삼고 있었다. 『대남식록(大南寔錄)』[2]에 의하면, 보따인은 응우옌푹아인의 간곡한 권유로 쟈딘군에 합류하기는 했지만, 그를 설득하기 위해서 왕은 피를 말리는 노력을 기울여야 했다. 보따인이 합류를 결정하자 응우옌푹아인은 그에게 왕실의 부마 지위까지 부여했을 정도였다.

응우옌푹아인의 쟈딘 군대가 사이공에 근거지를 마련한 이후 북진을 개시할 때 돋보이는 전략이 있었으니, 계절풍을 이용한 기동이었다. 여름에 남서풍이 불면 바람을 타고 수륙병진으로 북을 향해 나가 일정 지점을 점령하고, 바람이 바뀔 때면 수비대를 남기고 철수했다. 이때 수비대의 역할이 중요했다. 이들이 다음 해 남서 계절풍이 불 때까지만 버텨주면 다시 주력군이 올라와 지원하고, 다음 공격 목표 지점은 더 위로 올라가는 식이었다. 수비대 입장에서 보면, 적진 한가운데 내던져진 꼴이기 때문에 보통 위험한 일이 아니었다. 견고한 성, 정예 부대, 지휘 능력,

---

[2] '대남(大南 Đại Nam 다이남)'은 전통적으로 황제국임을 자처하던 베트남이 내부적으로 또는 캄보디아, 라오스 등의 조공국에게 사용하던 국호이다. '실록(實錄)'이 아니라 '식록(寔錄)'인 것은 '실(實)'이 2대 황제 첫 부인의 이름이라 휘자(諱字)로서 피하는 글자가 되어 대신 '식(寔)'을 썼기 때문이다. '寔'은 베트남 발음으로 '實'과 성조까지 똑같은 '특(thực)'인 데다가 의미도 적당하여 채택된 글자이다. 이하 『大南寔錄』은 『寔錄』『식록』『실록』 등으로 줄여 표기한다.

우수한 무기 등이 뒷받침될 때나 시험할 수 있는 작전이며 응당 수비대의 몰살도 각오해야 한다.

이런 작전은 베트남의 이전 역사에서 전혀 찾아볼 수 없는 발상에 근거한 것이었다. 18세기까지 베트남은 계속 남진하면서 남쪽의 참파와 캄보디아 영토를 점령해왔는데 그 과정에서 병력 운용은 주로 육군 중심이었다. 베트남군은 물론이고 중국군, 참파군, 캄보디아군 등 베트남 역사의 주요 조역이던 외국군들이 계절풍을 이용해 뱃길로 이동한 사례는 물론 많다. 하지만 그것은 정교한 작전과는 거리가 있는 단순한 이동이었을 뿐이다. 계절풍을 타고 온 군대가 한차례 전투나 약탈을 벌인 후 다시 바람을 기다려 퇴각하는 형태로, 떠이썬 군대가 꾸이년(Qui Nhân 歸仁)[3] 을 근거지로 해서 계절풍을 타고 내려와 사이공을 공격했던 적이 있었다. 하지만 그뿐이었다. 바람의 방향이 바뀌면 떠이썬 주력군은 곧 철수했다 (Dutton 2006: 44). 설사 수비대를 남겨놓았더라도, 그 군사력은 겨우 주변 지역 민간인을 통제할 수 있는 정도였다. 적군의 공격을 막아내면서 다시 북동풍이 불 때까지 견디는 작전 개념과는 거리가 멀었다.

이에 반해 쟈딘군의 작전은 대단히 과감했으며, 그 중심에 보따인이 있었다. 1793년 꾸이년을 공격했던 응우옌푹아인의 쟈딘 군대는 퇴각하면서 꾸이년보다 아래쪽에 있는 지엔카인(Diên Khánh 延慶, 냐짱 Nha Trang 을 이름)을 수비 거점으로 삼아 성곽을 수리하고 군량을 비축했다. 수비사령관을 임명할 때, "사람 구하는 일이 어려웠다"고 전한다. 초유의 작전이니 그럴 만도 했다. 이때 보따인이 나섰다. 예상한 대로 적의 치열한 반격이 있었으나, 보따인은 이듬해 구원병이 도착할 때까지 성을 지켜냈

---

3) 이곳의 떠이썬 지방에서 떠이썬 봉기가 시작되었다. 삼 형제가 전국을 북, 중, 남으로 삼분했을 때 이곳은 중부를 지배하던 맏형의 통치 중심지였다. 지금 꾸이년은 빈딘 성의 성도이다. 베트남전쟁(제2차 인도차이나전쟁) 때 한국군 맹호 사령부가 있던 곳이다. 꾸이년은 전쟁이 끝날 때까지(1975) 인천의 자매도시였다.

다. 이로 말미암아 보따인의 위상은 더욱 높아졌다.

기미년(1799) 여름, 유명한 티나이(Thị Nại 施耐) 전투를 거치면서 응우옌푹아인의 군대는 꾸이년 성을 함락시켰다. 이제 이곳을 근거지로 원래 응우옌 정권의 수도였지만 당시는 떠이썬의 수도가 된 푸쑤언(Phú Xuân 富春, 현재의 후에 Huế)을 탈환할 차례였다. 하지만 꾸이년 함락을 위해 군사력을 너무 소모했기에 쟈딘군은 다음 해를 기다려야 했다. 주력군은 다시 사이공으로 돌아갔고, 보따인이 꾸이년을 지키기로 했다. 이때 꾸이년이 빈딘으로 개칭되었다. 빈딘의 한자명은 평정(平定)인데, 떠이썬의 원 근거지를 깨뜨렸으니 '평정'인 것이다. 아울러 이곳을 근거지로 '반란군' 떠이썬을 '평정'하겠다는 의미도 이 지명은 담고 있다. 중요한 거점인 만큼 쟈딘 정권의 예부상서 응오똥쭈(Ngô Tòng Chu 吳從周)가 보따인을 보좌하기로 했다.

푸쑤언을 근거지로 한 떠이썬 군대가 앉아서 다음 해의 공격을 기다리고 있을 리가 없었다. 빈딘을 그대로 두면, 그 다음 해 푸쑤언이 공략당할 것은 명약관화했으니 말이다. 떠이썬의 명장 쩐꽝지에우(Trần Quang Diệu 陳光耀)가 대군을 이끌고 수륙으로 남하하여 빈딘을 공격하기 시작했다.

보따인은 역시 명장이었다. 계절풍이 바뀌고 이듬해 사이공으로부터 지원군이 도착할 때까지 그는 성을 잘 지켜냈다.

하지만 티나이 해구까지 올라온 응우옌푹아인의 주력군이 떠이썬의 해구 봉쇄를 좀처럼 뚫지 못하는 것이 문제였다. 이 부분은 보따인과 응우옌푹아인 사이의 관계를 이해하는 데서 다양한 해석 거리를 남긴다. 『寔錄』의 '무성열전'에서는 떠이썬의 방어선이 너무 견고했음을 구원 실패의 원인으로 들고 있다. 지원군이 도착했어도 쟈딘군의 수륙 주력군이 서로 합치지 못하고 성내에 있는 보따인과의 협조도 이루지 못했다는 것이다. 떠이썬의 지휘관이 명장 쩐꽝지에우였다는 점과 떠이썬 군대 역시 빈딘 탈환에 필사적이었던 사정을 고려한다면 그럴 수도 있다는 생각이 든다. 그리고 별생각 없이 사료를 계속 읽다보면, 보따인의 절묘한 작전 제안, 그의 장렬한 죽음 등에 가려 보따인 구원 실패에 대한 의구심은 쉽게 잊는다.

애초에는 나 역시 그저 보따인의 살신성인하는 희생정신과 그의 죽음이 보여주는 극적 비장미에만 관심을 갖고 있었을 뿐이다. '무성열전'에 의하면, 좀체 지원군과의 연계가 이루어지지 않고 수비군의 식량이 바닥을 보이기 시작하자, 보따인은 응우옌푹아인에게 은밀히 서신을 보내 "지금 푸쑤언이 비어 있으니, 빈딘을 버리고 그곳을 공격하시라"고 권했다. 자기가 떠이썬의 주력군을 빈딘에서 잡고 있는 동안 푸쑤언을 탈환하라는 권유였다. 이를 받아들여 응우옌푹아인은 떠이썬을 견제할 정도의 수군 병력만 티나이에 남겨놓고 곧바로 북진해 푸쑤언을 점령했다(1801).

그 후 1년 안에 탕롱(Thăng Long 昇龍, 하노이의 옛 이름)까지 점령하면서 베트남의 통일이 이루어지고 새 왕조가 들어서게 되었으니, 푸쑤언 점령이 얼마나 큰 의미를 갖는지 알 수 있다. 아울러 푸쑤언 점령을 가능케 했던 빈딘 작전의 중요성도 이해할 수 있다. 보따인은 떠이썬의 포위를 무려 2년 동안이나 견뎌내며 응우옌푹아인의 푸쑤언 점령을 도왔다. 성을 버리고 탈출하자는 부하들의 권유도 있었다. 그러나 보따인은 "명을 받아 성을 지키는 자가 되었으니 마땅히 성과 더불어 존망을 함께할 것"이라는 의지를 보였다. 하지만 아무리 아껴 먹어도 식량이 떨어지는 데는 도리가 없었다. 코끼리며 말까지 잡아먹어 가며 버텼지만 지원군은 도달할 기미를 보이지 않았다.

이때 보따인의 선택은 비범하고 또 절묘했다. 그는 적장에게, 먹을 것이 바닥났으니 더 이상 성을 지켜낼 수 없음을 솔직하게 고백하고 사졸들은 죄가 없으니 해하지 말기를 바란다고 당부했다. 물론 수장(守將)으로서 보따인 본인은 죽음을 택했다. 하지만 자신의 주검을 적에게 보이기 싫어서 스스로 불에 타 죽기로 했다.

빈딘 성의 팔각루 위에 나무를 쌓고 화약을 뿌렸다. 그는 몸을 깨끗이 한 후 망궐례를 드리고 나뭇단 위에 올라앉았다. 그리고는 자기가 사용하던 '쌍기조창(雙機鳥槍, 소총의 일종)'을 부하에게 건네며 "너는 이것을 가지고 있다가 쩐꽝지에우에게 내가 선사하는 것이라 하라"고 말했다. 승자에게 주는 패장의 선물이었다. 아끼던 부하 한 사람에게 불을 붙일 것을 명하니 그는 도저히 할 수 없다고 울며 달아났다. 이에 보따인은 담배를 한 대 태운 후 남은 담뱃불로 화약에 불을 붙여 맹렬한 화염 속에서 분사(焚死)했다. 그를 보필하던 예부상서 응오똥쭈는 하루 전에 이미 보따인의 자살 의지를 간파하고, "무신이 저리하겠다는데 하물며 문신임에랴"며 약을 먹고 자살했다.

보따인이 죽고나서 성을 접수한 떠이썬의 지휘관 쩐꽝지에우는 눈물을 흘리며 예를 갖추어 후히 장사지내고, 보따인이 부탁한 대로 성안의

▌보따인 무덤 (빈딘, 윤대영 촬영, 2015. 7)

군사들에게 일체 해를 입히지 않았다고 하니 그 역시 큰 인물이었음은 분명하다. 그는 더 나아가 쟈딘 병사들로 하여금 거취를 자유롭게 선택하라 했는데, "한 사람도 도적들을 위해 일하려고 하지 않았다 (無一人肯爲賊用)"고 하니 "무릇 보따인의 충성이 사람을 감동시킴이 이와 같았다"고 '무성열전'은 평하고 있다.

보따인의 최후를 떠올릴 때마다 드는 생각은 고립된 섬 같은 빈딘에서 무려 2년을 버티는 동안 정말 응우옌푹아인의 지원이 불가능했을까 하는 것이다. 일반적인 군사 작전에서 양군이 치열한 공방전을 전개하다 보면, 수비하는 쪽이나 공격하는 측이나 모두 지치게 마련이다. 그럴 때 수비군을 위한 지원군이 들이닥치면 전세는 그쪽으로 기울어지게 되어 있다. 더구나 바로 전해의 티나이 전투에서 떠이썬의 주력 수군은 거의 궤멸하였고, 설사 다른 수군이 잔존해 있다고 해도 쟈딘의 수군과는 선박, 무기, 항해술 등에서 현격한 차이가 있었다. 앞에서 언급한 대로 보따인이 펼친 작전은 계절풍을 이용하는 수군의 우월한 전투력이 보장될 때 성공 가능한 것이었다.

쟈딘 군대의 군사력이 떠이썬 군대에 비해 월등히 우월할 수 있었던 이유는 무엇일까? 응우옌푹아인이 사이공에 근거지를 마련한 해가 1788년, 그리고 삐뇨 드 베엔느(Pigneau de Béhaine) 신부가 인도에서 서양인 용병과 기술자들을 모집해 사이공에 도착한 때가 1789년이었다. 쟈딘 정권은 이들의 도움으로 서양식 공법을 도입하여 축성하고, 범선을 건조하고, 대포를 주조하거나 사들였다. 당시 사이공에는 동남아시아에서 활동하던 스페인, 네덜란드, 영국, 포르투갈 상선들이 들락거리며 무기와 탄약을 날랐고, 쟈딘의 관원들 역시 직접 동남아시아 각지로 항해하며 고급 무기들을 사들였다. 반면 떠이썬 군대에는 외부로부터 물자 공급이 거의 없었다. 마카오에 있는 포르투갈인들만 주변국의 눈치를 보아가며 떠이썬 군대에 무기를 팔기는 했으나 수량은 미미했다. 이런 형편에서 응우옌푹아인 수군이 티나이에서 떠이썬의 방어선을 뚫지 못하다니 이상하지 않은가.

2001년 사이공에서 한 달 정도 머물 때였다. 사이공의 유명한 사학자 중에 나보다 네댓 살 위로 기인 기질도 약간 있으면서 대단한 필력을 자랑하는 까오뜨타인(Cao Tự Thanh)이란 분이 있다. 특히 남부베트남의 역사에는 해박한 지식을 갖고 있는 귀한 학자다. 어느 날 그 선생의 집을 방문해 낮술 한잔 하면서 역사 얘기를 나눌 기회가 있었다.

나는 왜 보따인이 죽어야 했는가에 관해 듣고자 했다. 그의 대답은 주저함이 없었다. "응우옌푹아인이 보따인을 죽였지"란다. 적어도 응우옌푹아인은 보따인이 사라지길 바라지 않았겠느냐며, 보따인의 자살 역시 그런 응우옌푹아인의 심중을 헤아린 선택이었다는 주장이었다. 나도 동의했다.

그러나 아직 구체적인 결론을 내릴 만한 사료를 찾지 못하고 있다. 또 어찌 보면 응우옌푹아인이 보따인을 죽인 것인가 아닌가의 사실 여부를 밝히는 게 꼭 필요한 일은 아니다. 오히려 중요한 것은 그의 행적에서 찾아낼 수 있는 역사성(historical meanings)이다.

베트남 역사상 최초인 것으로 보이는 계절풍을 이용한 군사 작전은 18세기 말 베트남 역사의 적극적인 대외 접촉과 국제화를 반영하며, 베트남 역사에서 사이공이 국제 교역의 중심지로 부상하기 시작하고 메콩 델타의 경제력이 베트남의 정치적 변화에 지대한 영향을 미치는 시대가 도래했음을 의미했다. 사이공을 근거지로 한 북진의 모습도 18세기 말부터 새로 나타난 베트남 역사의 신모형으로 평가될 수 있다. 우수한 무기를 바탕으로 하는 거점 마련과 신기술을 동원한 추가적 지원 확보는 보따인으로부터 약 60년 후에 사이공을 근거지로 한 프랑스군의 베트남 전역 점령, 다시 그로부터 약 백 년 후 디엔비엔푸 분지에서 견고한 요새를 구축하고 비행기로 물자, 인력 보급을 구사했던 프랑스군의 전술, 제2차 인도차이나전쟁(1960-75) 중 미군이 중부 케싸인(Khê Sanh)을 근거지로 구사했던 전술을 방불케 한다.

한 가지 추가할 것은 보따인이라는 인간형의 역사성, 그중에서도 근대성이다. 보따인은 남부 출신이다. 이전에는 남부 출신으로서 보따인처럼 고위 관직에 오른 인물이 없었다. 18세기 말부터 보따인을 위시하여 남부 출신 인사들이 권력 중심부에서 주도적 역할을 하기 시작했다. 게다가 그는 출신 내력을 알 수 없는 평민에 가까운 사람이었다. 이런 인물들이 내전 승리의 주역으로서 이후 성립된 응우옌 왕조의 개국 공신이 되었다. 떠이썬의 지도자들도 이와 비슷하기는 하지만, 그들은 스스로 왕이 되고자 했던 전통적 권력 지향 즉 봉건성을 탈피하지 못했다. 더구나 파당적 권력 투쟁에서 자유롭지도 못했다. 그런데 18세기 말 권력 핵심부에 등장하기 시작한 남부인들은 자기 밥그릇 챙기기 경쟁에서 자유로운 모습을 보인다. 일단 보따인의 단계에서는 군주나 왕실 같은 충성 대상에게 거의 무조건적인 자기희생을 감수한다. 이것은 딱히 유교적 이념이라고만 볼 수 없는 것으로 남부인의 독특한 성격과 관련된 것이 아닌가 싶다. 스스로의 믿음에 충실하고, 자신의 소임을 다했다 싶으면 스스로 선택했든 아니든 기꺼이 역사의 장에서 퇴장하며, 모든 기득권을 포기한다. 그들은 배신당했다고 항의하지 않고 복수하려 들지 않는다. 이런 인간형은 1860년대부터 남부에서 시작된 반불 운동과 제2차 인도차이나전쟁시 민족해방전선의 지도자나 전사들의 모습이기도 하다. 그들은 '배신당했다'고 울분을 토하기보다는 스스로 자기 역할을 다한 것에 만족하고 역사의 장에서 사라졌다. 베트남 역사의 중심에 사이공 · 메콩 델타의 남부 사람들이 등장하는 18세기 말부터 현재에 이르기까지 중요한 시기마다 베트남의 변화를 이끌어온 '남부'의 인물군 맨 앞에 보따인이 있다.

제2장

"남북은 한집안"

베트남의 남과 북이 한집안이라는 주장은 통일 국가를 유지하기 위한 이념적 근거로서 19세기 사료에 빈번하게 등장한다.

베트남은 남북으로 길게 뻗은 나라이다. 허리 부분이 유난히 잘록하고 남과 북 양쪽이 불룩한 것이 마치 양쪽에 무게추가 있는 역기를 세워놓은 듯하다. 북쪽은 중국 운남성(雲南省)에서 발원하는 홍하가 흘러내려 오면서 형성한 델타가 넓게 펼쳐져 있고, 남쪽에는 저 멀리 청해 고원(青海高原)으로부터 티벳, 운남을 지나고 버마, 라오스, 태국, 캄보디아를 거쳐 흐르는 메콩(일명 '끄우롱 Cửu Long 九龍' 강)이 만들어놓은 거대한 메콩 델타가 자리 잡고 있다.

원래 베트남 민족의 중심 무대는 북부 홍하 델타였다. 이곳으로부터 점차 남하한 베트남 민족은 지금의 베트남 중부 지역에 거주하던 오랜 숙적 참파 왕국을 압도하고, 17-18세기에 걸쳐 메콩 델타까지 차지했다. 이 역사적 흐름은 흔히 '남진(南進 nam tiến 남띠엔)'이라고 한다. 민족의 거주지가 남북으로 점차 길어지게 됨에 따라 새로운 땅의 베트남 사람들과 홍하 델타 사람들 사이에는 문화적, 인성적, 심지어는 혈연상의 차이가 생기기 시작했으며, 이 차이에 기인한 새로운 정치권력도 등장했다.

그 본격적인 시작은 16세기 중엽부터였다. 당시 베트남의 '남쪽 변경' 투언호아(Thuận Hóa 順化, 후에 지방) 부(府) 수장으로 응우옌호앙(Nguyễn Hoàng 阮潢)이 부임하던 1558년을 그 기점으로 잡는다. 응우옌호앙과 그의 후손들이 세운 나라는 북부 홍하 델타에 남아 있던 레(Lê 黎) 황실(15-18세기)의 허울뿐인 황제를 형식상으로 받들고 연호도 레 황실의 것을 그대로 사용했지만, 독립적인 국가나 마찬가지였다. 응우옌가 지배자들은 자신이 독립국가의 수장임을 자처했다. 물론 북부 레 왕조의 실권자 찐(Trịnh 鄭) 가문도 대대로 왕위를 이어갔다. 남북은 16세기부터 으르렁거리기 시작해 17세기 전반 치열한 전쟁을 치르고, 군사 목적상 서로 장성도 쌓았다. 격리된 두 개의 국가가 생긴 것이다.

사이공·메콩을 향한 남부로의 팽창은 응우옌 정권에 의해서 적극적으로 추진되었으며, 18세기 말까지 메콩 델타 전역이 거의 다 장악되었다. 그런데 1771년 떠이썬 봉기를 시작으로 내전이 전개되면서 다양한 지역을 근거지로 삼는 정치권력들이 등장했다. 떠이썬 정권도 수립되었고 사이공을 중심으로 하는 쟈딘 정권도 수립되었는데, 떠이썬은 다시 삼 형제에 의해서 북·중·남 세 정권(각 중심지는 푸쑤언, 꾸이넌, 사이공. 이중 사이공 정권이 가장 단명)으로 분리되니, 1771-1802년까지 이어진 내전 기간에 왕이나 황제를 칭하는 이가 이끄는 정치권력이 무려 일곱이나 되었다. 궁극적으로 남부 사이공에 근거한 쟈딘 정권이 승리함으로써 남부인이 주체가 되는 통일 왕조가 수립되었다.

이 왕조의 성립은 현재와 비슷한 모습의 베트남을 통치하는 하나의 권력이 역사상 처음으로 등장했음을 의미한다. 다시 말해, 나라가 남북으로 길어짐에 따라 둘 또는 셋 이상의 권력이 독립적으로 등장하던 현상이 종결되면서 베트남 민족이 비로소 하나의 정치 체제 아래 통합되기 시작했다는 것이다. 그것도 남진의 제일 끝자락 사람들에 의해서 말이다. 본격적인 남진이 10세기부터 시작된 이래 6세기만에 남쪽으로 나라가 하나 더 생겼다. 이후 2세기가 넘는 전쟁, 반목, 경쟁 끝에 비로소 19세기 초 하나의 왕조가 수립되었을 때, 이 왕조가 지배해야 할 베트남인의 영역은 16세기에 비해 거의 두 배가 늘어나 있었다. 그리고 백성들은 지역적 배경을 바탕으로 심각하게 반목하고 있었다. 어떻게 한 나라를 유지할 수 있을 것인가? 그것이 19세기 왕조 지배자들의 최대 관심사였다. 반발 세력을 누르고 안정을 유지한다는 차원의 문제가 아니라, 200여 년을 따로 존재했던 국가들이 하나가 되는 일이었다. 그동안 따로 살아왔던 구성원들로 하여금 '우리는 하나'라고 생각하게 만드는 과제가 그들 앞에 놓여 있었다.

19세기 황제들이 자주 되뇌었던 "남북은 한집안(南北一家)"이란 주장은 이런 배경에서 나온 것이며, 단일 국가 형성 내지는 유지를 위한 고차원의 근대적 레토릭(rhetoric)이었다. 언제 그들이 하나인 적이 있었던가? 설사 16세기에 이미 남쪽에 흘러들어 와 살고 있던 사람들의 연원이 북쪽이었다 하더라도 남북에 서로 다른 국가가 수립되고 장성으로 막힌 후에 남쪽에 태어난 사람들에게, 또 그렇게 해서 이미 200년 넘는 세월 동안 이질화된 남베트남 사람과 북베트남 사람 사이에 과연 한집안이라는 의식이 있었을지 의문이다.

더구나 이 말을 남쪽 사람들이 하고 있었다. 예를 들어 조선 초기에 함경도에서 반란을 일으켰던 이시애가 독립하고 이후 북진을 계속해서 만주 영역을 대부분 지배하는 국가로 200여 년 성장했는데, 수십 년의 전쟁 끝에 그쪽 사람들에 의해서 한반도와 만주를 포괄하는 단일 국가가 수립되었다 치자. 이시애의 후손이 왕이 되어 '우리는 한집안'이라고 한다면 충청도 아산쯤에서 수백 년 대대로 살아온 한 농민은 눈만 껌뻑껌뻑할 것이며 안동쯤에서 살고 있던 꼬장꼬장한 선비는 고개를 외로 꼬지 않을까?

그래서 "남북은 한집안"이란 말은 그 안에 이미 '한집안'이 아니었다는 사실이 전제되었을 터인데, 한집안이 아니었던 사람들을 한집안 사람으로 만들겠다는 의지의 표현이라 아니할 수 없다. 한집안 사람을 만들기 위한 노력으로 교육 기관 확대, 역사 서술의 통일, 소수민족 동화, 남북의 복식 통일에 이르기까지 다양한 정책이 추진되었다. 이는 인류사에서 19세기에 나타난 보편적 역사 현상의 하나로 통합적 민족주의의 선구적 형태이다. 그런데 집안이나 혈육을 강조한다는 점에서 매우 동양적이고 베트남적인 발상으로 보여 흥미롭다.

남북은 한집안이 아니었다는 증거 즉 남북의 차이, 남북의 갈등을 보여 주는 사례는 19세기 사료들 속에서 수없이 찾아낼 수 있다. 그중 하나는 황제를 도와 국가의 통합을 주도해야 할 지식인 그룹에서 보이던 모습이라 주목된다. 수도 후에(Huế)에 있는 국자감은 우리의 성균관과 마찬가지로 최고 고등교육 기관으로서 전국의 수재들이 모여 공부하던 곳이다. 이곳에서 남부 출신 학생들이 한 교사의 부인에게 욕설을 퍼부어댄 사건이 일어났다. 이유인즉슨, 이 부인이 북부 출신 학생들만 편애했기 때문이었다. 이는 어느 날 갑자기 돌발적으로 발생한 사건이 아니었다. 남북 출신 학생들 사이에는 적대감이나 경쟁심이 있었는데, 어떤 연고에서인지 북부 학생들만 싸고도는 '사모님'에게 남부 학생들의 불만이 누적되었다가 급기야 폭발한 것이다.[4]

중앙 조정의 노력에도 불구하고 '한집안' 만들기는 쉽지 않았다. 1833-1835년에는 사이공·메콩 지역의 독립을 기도하는 반란이 일어났고(반란 주모자의 이름을 붙여 '레반코이의 반란'이라고도 함) 1854년에는 북부에서 레 왕조의 부흥을 기도하는, 그것도 조정의 향시에 합격하고 중앙 조정을 거

---

4) Choi Byung Wook, *Southern Vietnam under the Reign of Minh Mạng - Central Policies and Local Response* (Southeast Asia Program Publications, Cornell University, 2004), p. 110.

처 한 부(府)의 교육 책임을 맡고 있던 까오바꽛(Cao Bá Quát 高伯适, 북부 박닌 출신)이라는 인물이 끼어 있는 반란이 일어났다. 19세기 내내 저류하던 북부의 불만은 프랑스군이 들어오기 시작하던 1850년대부터 하노이가 함락되던 1870년대와 수도 후에가 점령되는 1880년대는 물론 황제가 황궁을 탈출해 '근왕의 조서'를 내리고 몸소 반불 투쟁을 지휘할 때도 (1885-1888, 이 경과에 관해서는 제10장 참조) 북부 사인층을 꿈쩍도 하지 않게 만들었다.[5] 북베트남 지식인들이 갖고 있던 19세기의 지역성이란 이토록 무서운 것이었다.

'한집안 만들기' 작업의 지연은 응우옌 왕조가 주권을 상실하는 데 직접적 원인이 되었다. 1858년 프랑스-스페인(마닐라에 있던 스페인군은 스페인 선교사 살해의 책임을 묻겠다고 참전했음) 연합 함대는 다낭을 공격했지만 실패하고 기수를 남으로 돌려 사이공 성을 점령했다. 상식적으로 생각한다면, 베트남 조정의 정예군이 이제 남부로 향해야 했다. 하지만 불행히도 북부에서 레 왕조의 부흥을 주장하는 반란이 일어났다. 응우옌 조정으로서는 앞뒤로 적을 맞은 셈인데, 이런 상황에서 외국군을 축출하는 일이 급선무일까, 반군 진압이 우선일까? 당시로서는 북부 반군 진압이 더 급했다. 기독교 탄압을 구실로 공격해온 서양인과는 추후 타협의 여지가 있어 보였지만 왕조 타도를 겨냥하는 반군 세력을 용납하면 순식간에 북부 전역으로 반란이 확대되어 왕실이 위태로워질 것이었다. 아직 "남북은 한집안"이 아니었기 때문에 생긴 묘한 현상이며 해법이었다. 프랑스군은 여유 있게 남부 전역을 점령했고, 이곳은 '코친차이나(Cochinchina)'라는 이름으로 프랑스의 직할 식민지가 되었다.

1880년대에 북부는 '통킹(Tonking) 보호령'이 되었고, 중부는 '안남(Annam)'으로서 명목상이지만 황제가 직접 관할하는 지역으로 남았다.

---

5) 최병욱, 「까오바꽛(Cao Ba Quat 高伯适)의 반란(1854) 원인에 대한 일 고찰」, 『동남아시아연구』 14권 2호, pp. 147-148.

남북은 한집안이 되기도 전에 다시 베트남은 북부의 통킹, 중부의 안남, 남부의 코친차이나 이렇게 셋으로 나뉘었다. 형식상이나마 '한집안'이었던 시기는 19세기 전반 약 반세기뿐이었다. 게다가 이 '반세기'라는 시간조차 냉정하게 말하면 더욱 줄어든다. 그것은 가정성총진(嘉定城總鎭)의 존재 때문이다.

응우옌 왕조가 수립되었으나 유사 이래 가장 길어진 영토를 중앙 정권이 직접 지배하기에는 벅찼다. 그래서 조정은 나라를 북·중·남부로 나누었다. 중앙은 황제가 직접 지배하는 직할령이고, 북부와 남부는 황제의 왼팔, 오른팔에 해당하는 개국 공신 무장이 다스렸다. 이들이 반(半)자치적으로 현지를 지배했으니 북부 지역을 일러 북성(北城)이라 하고 남부 사이공·메콩 델타를 일러 가정성(嘉定城)이라 했다. 각 성은 수 개의 진(鎭)으로 나누었기 때문에 이 진을 모두 총괄한다고 해서 각각 북성총진, 가정성총진이라는 명칭으로 통치기관이 마련된 것이고, 그 수장을 일러 북성총진관, 가정성총진관이라고 했다. 두 지역 총진관에는 모두 남부 출신 장군들이 임명되었다. 개국 공신 대부분 특히 무관은 남부 출신이었기 때문이다. 북성총진은 1803년, 가정성총진은 1808년에 만들어졌으니, 약 30년 후 전국을 모두 성(省) 단위로 개편하고 황제의 직할령으로 삼는 중앙집권화 개혁이 있던 때까지(북부는 1831년, 남부는 1832년) 베트남은 북·중·남 셋이었다.

남부는 제국을 건설한 주체로서 총진관 이하 모두 남부인으로 똘똘 뭉친 남부인의 나라나 마찬가지였다. 그리고 총진관 중 가장 재임 기간이 길고 남부인의 신망이 두터웠던, 그러나 그 때문에 제2대 황제 민망(Minh Mạng 明命, 1820-41)이 견제한 인물이 레반주엣(Lê Văn Duyệt, 레반코이는 이 사람의 양자임)이었다.

환관 출신인 레반주엣은 남부인 사이에서는 아직도 입지전적인 영웅이다. 메콩 델타의 평범한 농가에서 태어나 처음에는 떠이썬에게 쫓기는 응우옌푹아인 그룹에서 환관으로 봉사했으나, 우연한 기회에 자신의 군사적 재능을 발휘하면서 승승장구해 응우옌 왕조 건국 때에는 최고의 지휘관 반열에 올랐다. 하지만 그의 진가는 군인으로서만이 아니라 남부를 지배할 때 보인 탁월한 행정 능력, 외교 기술, 국제 감각 등에서 찾을 수 있다. 그가 남부를 지배할 때는 도둑이 사라지고 쌀 생산과 세수가 증대되어 창고에 물자가 차고 넘쳤으며, 외국의 교역선이 사이공 강에 북적거리고 기독교도의 활동도 자유로웠다. 이 시기 사이공을 찾은 푸른 눈의 방문자들 중 레반주엣을 만난 크로퍼드(John Crawfurd), 핀레이슨(George Finlayson), 화이트(John White) 같은 외국 사절이나 따베르(Jean Louis Taberd)를 비롯한 다양한 국적의 선교사들은 하나같이 그의 개방성, 진지함, 성실성 등을 칭찬했다. 1812년 캄보디아에서 내전이 일어나 그 나라의 왕이 사이공으로 도망쳐와 구원을 요청했을 때 대군을 이끌고 캄보디아로 들어가 왕권을 다시 회복시켜준 인물도 레반주엣이었다. 어찌 보면 '침략자'인데도 레반주엣에 대한 캄보디아인의 평판, 기억이 의외로 우호적이다. 엄격한 규율 준수와 캄보디아 왕에의 깍듯한 예의가 캄보디아 사람들의 마음을 움직였던 것 같다.

민망 황제는 즉위 직후부터 남부인의 벽을 뚫고 가정성으로 자신의 권력을 확대하려 노력했으니, 그의 가장 큰 상대는 레반주엣이었다. 레반주엣 자신이 황제에게 도전하려 했던 흔적은 찾을 수 없다. 오히려 황제에게 충성을 과시하려 줄곧 노력했지만 남부의 힘과 결집력, 잠재적 위협을 우려한 황제는 그를 견제하는 고삐를 내내 늦추지 않았다. 그러다 1832년 레반주엣이 사망하자 기다렸다는 듯이 총진을 해체하고 레반주엣의 죄상을 조작하여 '부관참시'까지 운운하다가, 형을 낮춘다고 낮추어 그의 묘를 밀어 평지로 만들어버렸다. 이는 남부인의 구심점이 되어왔던 레반주엣의 그림자를 거두어내고 남부인을 황제의 아들딸로 만들려는 노력이었다. 이 과정에서 레반코이의 반란이 발생했고, 황제의 군대는 수만의 남부인을 죽이고나서야 남부 직할지화의 공식적인 작업을 완성했다. 한편 북부는 비교적 수월하게 성제로 재편되었다. 북부인의 입장에서 보면, 남부의 장군들이 지배하는 것보다 문관 총독이 지배하는 새로운 제도가 나쁠 게 없었던 것 같다.

이렇게 보면 베트남에서 남북이 하나가 되었던 경험은 1835년 레반코이의 반란이 진압된 이후부터 프랑스군이 들어올 때까지 약 20년밖에 되지 않는다는 결론이 나온다. 따라서 프랑스의 삼분 정책은 베트남의 역사적 경험과 그에 따른 베트남인의 정서를 정확하게 반영했다고 할 수 있다.

역설적이지만, 그래도 베트남은 프랑스 지배체제 아래서 다시 하나였다. 적어도 반불 운동가들 사이에서 프랑스는 공동의 적이었고, 프랑스의 지배를 받는 민족이라는 데서 '일가'라는 의식이 식민 지배기 동안 강화되었음도 부정할 수 없다. 저항적 민족주의가 베트남의 남북을 일가로 만드는 데 공헌했다 할 것이다.

그럼에도 불구하고 분립성(分立性) 내지 다립성(多立性)은 끊임없이 저류했다. 프랑스 총독의 거소가 하노이였으므로 자연히 정치의 중심축이 하노이로 옮겨갔다. 아울러 이곳에 베트남 최초의 대학이 1906년에 설립되었다. 이 현대적 대학 안에서 '한집안' 사이에 벌어지는 갈등·대립·긴장은 19세기 전반 후에의 국자감에서 벌어진 상황과 유사했다. 즈엉반마이(Dương Văn Mai)는 하노이 대학 학생이었던 아버지의 경험을 다음과 같이 전한다. "가장 심각한 분열은 통킹 학생들과 코친차이나 출신 학생들 사이에 있었다. 그들은 서로 사귀는 일이 좀처럼 없었다. 안남 학생들은 대체로 중립적이었다."[6] 이러한 경향은 해외에서도 나타났다. 후술하겠지만, 1900년대 초에 베트남 민족주의자 판보이쩌우의 노력으

---

6) Duong Van Mai Elliot, *The Sacred Willow: Four Generations in the Life of a Vietnamese Family* (Oxford University Press, 1999), p. 78.

로 베트남 젊은이들을 일본에 유학 보내는 '동유운동(東遊運動)'이 전개되었다. 베트남의 지역적 갈등은 일본의 동경에서도 골칫거리였으니, 유학생들을 관리하던 판보이쩌우는 '이들 세 지역 유학생들 사이에 언제 돌출할지 모를 충돌에 대해 고뇌하면서 이들을 조화시킬 수 없는 자신의 부덕함을 한탄했다'고 한다.[7]

프랑스가 들어온 지 약 백 년 후인 1945년부터 베트남에는 지역에 따라 상이한 정치권력들이 등장했다. 이는 하나로 있던, 또는 하나여야 했던 나라가 분열된 것이 아니라 원래의 분립성 내지는 다립성이 재현되는 현상이라고 이해해야 한다.

그런데 북부의 지도자 호찌민의 입에서 "남북은 일가(nam bắc là một nhà)"라는 말이 또 나오기 시작했다. 전쟁 때 북쪽에서 남쪽으로 내려가는 군대들의 선전 문구에는 "남쪽으로 간다, 같은 배에서 나온 형제자매들 때문에(Đi vào Miền Nam vì anh chị em ruột)."라는 구절이 단골메뉴였다. 게다가 최근에는, 베트남 민족과는 전혀 인종적 유사성이 보이지 않는 베트남 내 소수민족들에게도 같은 배에서 나왔다는 의미의 '동포(同胞)'라는 말을 가져다 붙이니 난 가끔 '동포'라는 말처럼 '공포'스러운 단어도 없다는 생각이 든다.

"남북은 일가이다. 한 배에서 나온 형제이니 결코 나뉠 수 없다". 호찌민
(호찌민 박물관, 하노이, 1994. 3)

---

7) 유인선, 「판보이쩌우(Phan Boi Chau, 1867-1940): 방황하는 베트남 초기민족주의자」, 『역사교육』 90호, p. 189.

제3장

바타비야 거리의 베트남 유학자

바타비야(Batavia)는 자카르타의 옛 이름으로서 17세기 초 네덜란드 동인도회사가 건설한 도시다. 유럽식으로 조성된 이 도시에 동서양의 물산이 모이고 세계 각국의 다양한 인종들이 북적였다. 1652년 우리나라에 표류해온 하멜 일행은 바타비야의 동인도회사 소속 선원들로서 당시 일본으로 항해하다 풍랑을 만나 제주도 해안으로 밀려온 것이다. 나폴레옹이 네덜란드를 점령한 19세기 초, 영국으로 망명한 네덜란드 왕실의 요청으로 잠시 영국이 바타비야를 차지한 적도 있으나 나폴레옹 몰락 후 다시 네덜란드가 바타비야로 돌아와 20세기 중반까지 지배했다.

동아시아 세계는 19세기 초반에 이미 세계화 되어가고 있었다. 필리핀의 마닐라, 자바의 바타비야, 말레이 반도의 말라카 등지에는 16-17세기부터 유럽인의 거점 도시가 형성되었고, 중국의 광동, 마카오, 일본의 나가사끼 등지에서 유럽인을 만나는 일은 어렵지 않았다. 이에 더해 1819년에는 싱가포르가 동서 무역 거점 도시로 등장하자 동아시아에서 서양인의 활동은 더욱 활발해졌고, 중국인의 해외 진출 역시 폭발적으로 증가했다.

　유학자들에게 외래인이나 외래인의 믿음 체계는 위험한 것으로 간주되었다. 강제 개국 전의 조선은 물론 일본, 중국 등 유교의 영향 아래 있던 나라의 지식인들 대다수는 서양을 경계하고 그들의 종교를 적대시했으며 서양 문물을 혐오했다. 그중 일본은 유교적 이념이 다소 약했던 데다가 역사적으로 늘 대외 교역에 적극적이어서 외국 문물에 비교적 포용적이었지만, 그런 일본조차도 19세기 전반에는 폐쇄적이었다. 베트남도 이런 경향에서 크게 벗어나지는 않아 보였다. 이제 막 하나의 국가를 이룬 나라로서 다양한 지역민과 계층, 더 나아가 여러 민족을 하나의 공동체로 묶는 이념으로 신유학이 강조되었기 때문에 농본(農本), 서학 배척, 유학 존숭 등은 베트남에서도 보이던 현상이었다.

　그런데 베트남은 다른 한자 문화권 국가들과 비교되는 독특한 면모를 갖고 있었다. 1820년에 민망 황제가 등극한 후 조정에서는 매년 한 척당

▎바타비야 (자카르타, 2005. 8)

▎말라카의 옛 거리 (2006. 11)

승선 인원이 수백 명에까지 이르는 선단을(적게는 2척, 많게는 6척) 해외로 파견하기 시작했다. 이 파견단의 활동을 '공무(公務)'라고 칭했는데, 대체로 '여동공무(如東公務)'와 '하주공무(下洲公務)'로 대별된다. 여동공무는 중국 '광동(廣東)'으로 가는(如) 공무이며 하주공무는 하주를 다녀오는 공무를 말하는데, 하주란 베트남 '아래 있는 땅' 즉 말라카, 페낭, 싱가포르, 바타비야, 마닐라 등을 말하며 때때로 인도까지도 행선지에 포함되었다. 종종 지역을 구체화하여 '소서양(小西洋) 공무'라는 표현도 나오는데 인도 동부의 고아나 퐁디셰리 등이 행선지이며, 마닐라로 다녀오는 일을 일러 '여송(呂宋, 여송은 루손을 칭함) 공무'라고 하며 바타비야에 다녀오는 여행은 '강류파(江流波, Kelapa는 바타비야의 다른 이름이다) 공무'라고 불렀다. '신가파(新嘉波) 공무'는 행선지가 싱가포르였다.

하주공무의 목적은 다양했다. 첫째는 원거리 항해를 통해 수군을 조련하고 바닷길을 익히기 위함이었다. 둘째는 물자 구매로서, 궁중에서 사용될 소비재로부터 각종 선진 군수물자까지 구매 품목에 포함되어 있었다. 포도주, 다이아몬드를 비롯해 서양 사냥개, 싸움닭 같은 재미있는 구매품도 있었지만 소총, 탄약, 대포, 심지어는 증기선 등 국방력 증대에 소용되는 물자들이 구매 대상이었다. 광동을 다녀오는 배에는 서적, 약재, 비단, 도자기 같은 전통적 수입품이 실렸지만 광동에는 서양 배들이 머물렀고 베트남 사절들은 근처 마카오에까지 들르기도 했기 때문에 광동행 역시 서양 세계와의 접촉을 의미했다. 미국 애팔래치아 산맥에서 채취되어 광동으로 건너온 산삼이 베트남으로 들어오는 것도 이 여행을 통해서였다. 셋째는 기술 습득이었다. 하주로 가는 배에는 왕실의 기술자, 의사, 통역관도 승선했으니 이들은 관선의 현지 체류 기간에 새로운 기술을 익히고 정보를 수집하며 언어를 배웠다. 이들 중 일부는 현지에 남아 유학생이 되기도 했다. 넷째는 국제 정세 탐색이었다. 관선에는 젊은 유가 관료들이 승선하여 수개월을 머물면서 현지 사회를 관찰하는 기회를 가졌다. 그들이 본 바는 조정에 보고되었고, 이 보고서는 베트남의 정책 입안에 적극적으로 활용되었다.

승선한 젊은 관료들은 하나같이 과거 시험을 거쳐 중앙 요처에서 활동하던 엘리트들이었다. 이런 공무는 짧게는 반년, 길게는 일 년 정도의 고단한 여정인 데다가 항해 도중 폭풍이나 해적을 만날 위험도 있었기 때문에 탐나는 기회인 동시에 꺼리는 모험이기도 했다.

하주공무의 이러한 이해 양면성을 반영하듯 파견자의 선정 방식이 흥미롭다. 엘리트 중에서 최근에 징계를 당한 자를 선발한다는 거였다. 특히 젊은 관료들은 시험을 통해서 갑자기 고위직에 올라 직무를 수행하다 보면 본의 아니게 여러 가지 실수를 하게 마련이어서 때에 따라 품계 강등, 직책 박탈 등의 징계를 받게 되는데, 이 경우 하주공무를 명받으면 죄도 씻고 해외여행 기회도 얻게 되는 것이다. 선발 대상은 기본적으로 능력 있는 청장년들로서 황제가 인재로 점찍은 사람들이었다. 하주공무를

┃ 포르투갈 포대 (마카오, 2012. 5)

다녀온 관료들 중 한두 명을 제외하고는 훗날 대부분 조정의 대신으로 성장한 것을 보면 파견자 선발 방식이 얼마나 절묘하고 효과적인 것이었는가를 알 수 있다.

나는 싱가포르, 마닐라, 자카르타, 말라카 등 과거 베트남 관선의 하주 공무 행선지를 방문할 때마다(광동의 광주 꽝쩌우와 마카오에서도) 그 시절 이국의 도시 이곳저곳을 어슬렁거렸을 베트남 유학자들의 모습을 상상하곤 한다. 유학 경전의 내용으로 머릿속을 가득 채운 동업(同業)들이 중국에서 조선에서 그리고 일본에서 서책이나 풍문에 의한 지식과 하늘 바라보기로 우주며 지구를 논하고 있던 때에, 이들은 서양인이 만든 도회지를 거닐며 서양의 기술과 무기와 문명과 종교를 직접 보고 만지고 느끼면서 새로운 세계와 옛 세계를 비교하고 있었던 것이다. 아울러 이들은 육로, 해로를 통해 북경과 광주를 방문할 기회도 가졌거나 가질 사람들이었다.

하주공무를 수행했던 인물들 중 잘 알려진 사람으로 판타인쟌(Phan Thanh Giản 潘清簡), 리반푹(Lý Văn Phức 李文馥), 응우옌찌프엉 (Nguyễn Tri Phương 阮知方), 까오바꽛, 판후이쭈(Phan Huy Chú 潘輝 注) 등이 있다. 이들은 모두 여행 기록을 남겼는데, 당시 유가 지식인들의 세계관을 보여주는 귀중한 자료들이다. 다만, 여행 후 제출하는 공식 보고서는 아직 누구의 것도 발견되지 않았고, 여행 도중이나 여행에서 돌아와서 쓴 시, 산문 등이 개인 문집 안에 또는 문집 형태로 남아 있다.

그중에서 판후이쭈(1782-1840)가 남긴 『해정지략(海程志略)』은 가장 견고한 견문기이다. 이 책은 프랑스와 베트남 학자들이 공동 작업으로 번역하여 출판했다(1994). 음력으로 1833년 정월 북동 계절풍을 타고 떠난 그의 선단은 먼저 싱가포르에 들렀다가 거기서 다시 항해를 계속해 바타비야에 이르렀다. 이곳에 머무르는 수개월 동안 판후이쭈는 말레이 세계의 역사, 바타비야를 둘러싼 네덜란드와 영국 사이의 분쟁, 서양인의 풍속, 바타비야 도시의 발전상, 바타비야와 싱가포르 비교, 바타비야에 살고 있는 중국인의 경제적 역할, 서양인의 활동상 등을 세세하게 살폈다. "무릇 그들의 습속은 부녀를 귀하게 여겨 [···] 매번 외출을 위해 수레에 오를 때마다 남편은 반드시 아내를 부축해 먼저 오르게 한다 [···] 항구로부터 건물들이 수십 리에 걸쳐 있고 2층 이상의 건물에는 물자가 넘치고 있으며 강과 항구의 연결, 선박의 왕래, 길 위의 수레와 말의 왕래는 흐르는 물과 같다 [···] 서양인의 수레는 섬세하고 정교하며 가볍고 튼튼함이 중국의 것에 비교해 더 낫다 [···] 이 증기선은 규모와 짜임새가 매우 기묘하다. 길이가 6-7장이며 양 측면엔 수레바퀴가 있어 물에 잠겨 있다. 쇠로 만든 화로가 있어 탄을 태우는데 [···] 내가 일찍이 외국 방문에서 돌아온 자들의 얘기를 들으니 모두 이르길 서방 여러 나라 중에 영국과 미국이 수전에 뛰어나 그들 배의 기동이 선두를 다툰다고 하니 [···] 배워야 할 것이다."[8)]

이런 제안이 받아들여졌음인지, 조정에서는 공부(工部)의 기술자들을 동원하여 증기선 제작을 시도했다. 그러나 자체적으로 이 작업이 성공하긴 불가능했다. 그러자 외국어에도 능했던 유능한 관리 다오찌푸(Đào Trí Phú 陶致富)가 1839년 바타비야에서 증기선 한 척을 구입해 들여왔다. 이 증기선은 운행을 위한 것이 아니라 자체 제작을 위한 모델이며 재료였다. 일부 부품은 직접 만들고, 일부 부품은 바타비야에서 온 증기선에서 뜯어내 붙이면서 공부의 장인들은 기선을 만들어냈다. 베트남 관료들은 1844년까지 4척의 증기선을 사들였으며 이를 모델로 하여 몇 척의 증기선을 더 제작해서, 황제가 참관한 가운데 시험 운행을 했을 때 적어도 양쪽 바퀴가 도는 데 성공했다.[9)]

한동안 나는, 이들의 경험이 베트남 지식인 세계에 어느 정도 충격을 주었고, 그것이 근대적 개혁 또는 적어도 개혁을 향한 일련의 움직임을 유발하지 않았을까 하는 데에 관심을 가진 적이 있다. 그에 관한 연구가 관선에 승선한 한 젊은 관료의 행적을 다룬 「까오바꽛의 반란(1854) 원인에 대한 일 고찰」(2004)이었다. 하지만 나는 하주 경험과 개혁 지향의 상호 관련성을 속 시원히 파헤치지 못했다. 그러니 제목이 명확하지 않고 '~ 일 고찰'에 지나지 않았던 것이다.

그런데 요즘 다시 드는 생각은, 개혁 논의에의 내 기대 그 자체가 이미 내가 그토록 혐오하는 오리엔탈리즘적 사고의 산물이 아니었던가 하는 것이다. 베트남은 1859년부터 주권을 상실하는 길로 가기 시작했으니 그 시점만 놓고 볼 때 실패한 나라였으므로 그 실패를 모면하기 위해서

---

8) 潘輝注, 'Récit sommaire d'un voyage en mer' (1833), Hai Trinh Chi Luoc(海程志略), trans. and ed. by Phan Huy Le, Claudine Salmon, Ta Tong Hiep(Paris: Cahier d'Archipel, 1994), pp. 192-208.
9) 최병욱, 「19세기 전반(1823-1847) 베트남의 동남아시아 官船貿易」, 『동양사학연구』 70호(2000), pp. 181-184.

는 개혁, 적어도 개혁 관련 논의가 나왔어야 한다는 생각이 앞섰던 것이 아니었나 한다. 근대화의 시작을 식민 지배 전후한 시기에서 찾는 관행, 그리고 외부의 충격과 개혁 논의의 병치를 자연스럽게 생각하는 태도 등 동북아시아 역사에 익숙해 있는 나의 관행적 사고방식의 반영이 아니었던가 하는 생각이다. 나는 「까오바꽛의 반란 원인에 대한 일 고찰」에서 하주 경험이 개혁의 방향으로 수렴되지 못하고 왕조 타도 주장, 레 왕조 부흥 운동으로 나아갔음을 아쉬워했다. 기실 이는 북경 정도만 보고 와서도 북학파라고 불릴 수 있을 만큼 새로운 사상 그룹을 만들었던 조선의 경우나 네덜란드와의 접촉을 통해 발전한 일본의 난학(蘭學) 등이 갖는 역사성을 너무 의식하고 있었던 결과가 아니었나 하는 반성을 종종 한다.

중요한 것은, '우리도 있었다'(we had it, too)가 아니라 '우리는 이랬다'(we did it so)이다. 서양식의 근대화 방향, 개혁 또는 개혁 논의를 염두에 두고 '우리도 있었다'라는 식으로 연구 주제를 잡는 방식은 내가 매우 꺼려하는 것임에도 불구하고 베트남에는 무언가 있지 않았을까 하는 기대감에 너무 끌렸다. 역시 '우리도 있었다'는 증거는 찾기 힘들었다. 가까스로 견강부회의 유혹을 이겨내고 그나마 내가 찾은 결론은 하주공무가 일정 부분 당시 지식인들에게 각성을 가져다 주었음은 인정한다 하더라도 개혁 논의와는 별 상관이 없었다는 것이다. 필요성이 느껴지지 않으면 하주공무가 아니라 유럽·아메리카 공무에 더해 그 지역으로 단체 유학을 다녀와도 개혁 논의는 일어나지 않는다.

오히려 우리는 하주공무 그 자체에서 베트남 고유의 근대성을 보아야 할 것이다. 승선 인원 수백 명의 거대한 다색(多素) 범선을 건조하고, 거기에 최신식 대포를 장착한 후 국산과 수입산 라이플로 무장한 병사들이 승선했다. 이 선단이 광동으로, 말라카로, 바타비야로, 인도로 다니며 거래하고 구경했다. 역관은 언어를 습득하고 의원은 신의학을 연구했다.

유가 관리는 신문물을 견학하면서 세상 보는 안목을 넓히고, 당시 유난히 이들의 호기심을 끌던 증기선을 구입해 들여오면, 공부 소속의 장인들이 그것을 분해, 조립, 제작까지 했으니 이것 자체가 이미 베트남적 근대성이 아니고 무엇이겠는가?

제4장

말레이 해적과 베트남 여성

베트남 사람들은 말레이인, 그러니까 지금의 말레이시아, 인도네시아 주 민족을 '짜바 사람'이라 통칭한다. 말할 것도 없이 '짜바'란 자바(Java)에서 온 말인데, 사료에는 '짜바 하이피(Chà bà hải phỉ 闍婆海匪)'가 자주 등장한다. 자바로부터 올라온 해적이라는 뜻이 아니라 말레이계 해적을 총칭하는 말로서 동남아시아 연구에서 거의 역사 용어화된 말레이 해적(Malay pirates)을 가리킨다. 해적사 연구자들에 따르면 동아시아 역사에서의 해적은 세 가지로 분류되는데 첫째가 왜구(Japanese pirates), 둘째가 중국인 해적(Chinese pirates), 그리고 마지막이 말레이 해적이다. 편의상 주민족의 이름을 붙인 분류이지만 이들 사이의 민족적 경계는 명확하지 않다. 왜구에 조선인, 중국인이 섞이고, 중국 해적에 베트남인 말레이인, 일본인이 보이기도 한다. 조선인이 중국 해적은 물론 말레이 해적의 일원으로 활동했을 가능성도 전혀 없지 않다. 하여간 이 말레이 해적은 베트남 동해안 일대에 출몰하던 '타인피(Thanh phỉ 淸匪, 중국인 해적)'와 더불어 19세기 베트남의 커다란 골칫거리였다. 여동공무와 하주공무가 갖는 군사적 기능 중 하나는 이 해적 세력의 제압과도 관련이 있었다.

그런데 주목할 만한 것은 말레이 해적에 의한 베트남인의 피해 사례가 1830-40년대에 급속도로 증가했다는 사실이다. 이전까지 말레이인은 해적으로서가 아니라 말레이 상인 또는 군인으로서 남부 지역을 배경으로 하여 종종 사료에 등장했다. 메콩 유역, 사이공 지역까지 교역하러 들어오는 말레이 상인들이 있었고, 18세기 말 내전 기간에는 간혹 말레이인들이 용병으로 전쟁에 참여하는 경우도 있었지만 말레이 '해적'이 출몰했다는 기사는 없었다.

그러다가 19세기에 들어 말레이 해적에 의한 피해 기사가 나타나는데, 그 이유는 두 가지이다. 하나는, 영국이 동남아시아에 적극적으로 개입하기 시작하고 중국인의 해외 이주가 활발해지는 가운데 동서를 오가는 해상 물동량이 많아졌기 때문이다. 또 하나, 특히 1830-40년대에 피해 사례가 늘어나는 이유는 베트남인 교역상의 해상 여행이 잦아졌기 때문이다.

새로운 세기에 접어들어 정권이 안정됨에 따라 남부베트남은 농상(農商) 분야에서 괄목할 만한 성장을 보였다. 인구압이 높은 북부·중부에서 남부의 메콩 델타로 활발한 이주가 이루어졌고, 중앙 조정은 적극적으로 이 지역의 토지 개간을 장려했다. 남부의 쌀 생산은 급속도로 증가해 베트남 전체를 먹여 살릴 정도였으며 일부는 해외로 팔려나갔다. 산간 지대의 임산물 생산도 풍부했으며, 도시화가 진행되면서 도기, 목기, 칠기 및 사탕 제조 등 수공업도 성장해 상품화되어 사이공 항구를 중심으로 국제 교역이 활발해졌다.

원래 국제 교역은 남부베트남에 거주하던 중국인들이 주로 담당했지만 민망 황제 때부터는 국가를 전반적으로 베트남화하는 정책이 시행됨에 따라 중국인의 활동이 위축되었다. 그러자 중국인이 담당하던 교역 분야에서 베트남인의 성장이 눈에 띄게 빨라졌다. 남부베트남은 물길이 많고 쌀 이외에는 생산물의 지역적 편재가 심했다. 강으로 캄보디아와 연결되고 바닷길로는 샴 만으로 태국과의 왕래도 원활했기 때문에 사람들은 국제 교역에 익숙했다. 조정에서 종종 '남부인들은 본업(本業) 보다 말업(末業)을 더 좋아한다' 즉 농업보다 상업을 더 좇는다고 걱정했던 것은 이 같은 남부인의 특성을 말함이었다. 19세기 전반에는 남부에서 베트남 토착 상인층이 성장하고 있었다. 이들이 중국인 대신 교역 활동을 장악해 가고 원양 항해를 통한 도서부 동남아시아 방문이 많아졌으니, 말레이 해적에게 입는 베트남인의 피해들도 보고된 것이다.

그럼 왜 '말레이 해적과 베트남 여성'인가? 베트남 여성이 대체로 대담하며 활동 범위가 넓음은 잘 알려진 사실이다. 국내에서 농업, 상업 또 유사시 전쟁 참여도도 내가 알기에는 동아시아 어떤 나라 여성보다 높다. 특히 남부 여성의 활발한 교역 활동은 눈에 띈다. 오늘날의 '자가용'에 해당하는 작은 1-2인승 보트를 철들기 시작할 무렵부터 자기 몸처럼 부리고 다니는 남부 여성들은 물길이 이어지는 곳이면 어디까지고 간다. 강을 타고 바다로 나가 해안을 누비며 교역을 하는 일도 흔했다.

응우옌 왕조의 개국 과정과 관련되어 다음과 같은 이야기가 남부인 사이에서 전해진다. 1775년에 14살의 왕자 응우옌푹아인이 메콩의 한 지류에서 벌어진 떠이선 군대와의 전투에서 패하고 방콕으로 달아나던 길에 풍랑을 만나 배의 돛이 찢어지자 오도 가도 못하게 되었다. 그때 두 자매가 모는 조그만 배가 나타나 거기 실려 있던 직물로 돛을 만들어 왕자 일행이 무사히 탈출했다는 것이다. 이 자매는 직물 장수였다.[10] 어떤 책에는 왕자가 이 여인들을 만난 곳이 바다로 되어 있고 어떤 책에는 강으로 되어 있다. 하지만 설사 강이라고 하더라도 이야기의 배경이 되는 곳은 거의 바다에 인접한 곳인 데다가 강으로부터 바다 쪽으로 도망쳐

---

10) Huỳnh Minh, *Địa Linh Nhơn Kiệt, tỉnh Kiến Hòa (Bến Tre)*(끼엔호아(벤쩨) 성의 지리와 인물)(Saigon, 1965), pp. 56-60.

나가던 응우옌푹아인 일행이 그녀들을 만났을 터이니, 이 자매는 다른 지방에서 직물을 구입해 해안을 타고 오다가 강으로 올라오고 있었다고 보아야 한다.

이렇듯 자유자재로 배를 부리며 연안을 누비던 남부베트남 여성들이 19세기에 들어와서는 점차 원양 교역선에도 올라 싱가포르, 바타비아, 말라카 등지를 여행하게 되는 변화를 나는 1999년 호주국립대학의 멘지스 도서관에 있는 한 자료를 통해 발견하게 되었다. 응우옌 왕조 때 관료들이 보고서를 작성해 황제에게 올리면 황제가 붉은색 잉크로 비답(批答)을 해 다시 시행처로 넘겼는데, 이 문서를 일러 주본(朱本)이라고 한다. 이 주본은 20세기 중반 남베트남 정권이 관리하다가 전쟁 후 하노이로 옮겨져 현재는 하노이 문서보관소에 깊이 감추어져 있다. 역사가에게는 귀중한 사료임에도 무슨 이유 때문인지 국내외 학자에게 모두 접근이 차단되어 있던 문서다. 그런데 이 자료 중 일부가 과거 남베트남과 미국의 협조로 마이크로필름에 담겨 미국의 몇몇 도서관으로 넘어갔고, 그 복사본이 멘지스 도서관으로 와 있었던 것이다. 이 자료 중에 장사하러 나갔던 한 베트남 여성이 바다에서 말레이 해적에게 잡혀갔다가 몇 년 만에 구출되어 돌아왔다는 기사가 있었다. 그러나 이러한 사료가 있음에도 불구하고 나는 '설마 그 험하고 먼 바닷길을 여성이 …'하는 의심을 떨치기가 쉽지 않았다.

그런데 이것이 충분히 가능한 일임을 확신하게 된 것은 2000년 겨울의 경험 때문이었다. 인천에서 사이공으로 향하던 베트남 에어라인에서 나는 20대 중반의 베트남 여성과 동석한 적이 있다. 이 여성은 미국 시민권 보유자였다. 베트남을 탈출해 미국으로 갔다는 것이다. 베트남에서 전쟁이 끝난 지가(1975) 언제인데… 그럼 엄마 뱃속에서나 갓난아이일 때? 아니란다. 전쟁 종결 직후가 아니라 1980년대 중반에 베트남을 탈출했단다. 열 살 무렵 초등학교 다니던 자기를 부모가 탈출하는 사람들이 탄

배에 실은 건데, 울고불고하는 아이를 부모가 고집을 피워 무작정 보낸 게 아니라 떠나겠다고 아이가 동의했단다. 아니 열 살짜리 소녀가 무슨 배짱으로? 그녀는 호탕하게 웃었다. 그때는 그게 별로 어렵게 여겨지지 않았다네. 배는 흘러 흘러 말레이시아 방면으로 내려갔고 거기서 구조되어 미국으로 보내졌다. 미국인 양부모 슬하에서 성장했으며, 요즘은 미국과 베트남을 오가면서 사업을 한다고 했다. 열 살 때 배를 타고 떠난 베트남 소녀는 십오 년 뒤 비즈니스우먼으로 미국 - 사이공을 왕래하고 있었다.

그때부터 나는 자신감을 갖고 사료들을 다시 검토하여 여성과 교역의 문제를 다룬 「19세기 중반 남부베트남의 대외 교역과 베트남 상인층의 성장」(2002)과 「19세기 남부베트남의 여성상: '음탕함'과 그 함의」(2003)를 집필한 바 있다. 이들 논문에서 베트남 여성들의 적극적 교역상과 관련해 소개한 다양한 사례들 중 하나가 멘지스 도서관의 자료에 나오는 한 여인의 행적이다. 메콩 델타 딘뜨엉(Định Tường 定祥) 성 관리의 1832년 보고문에 의하면, 이 여성이 배를 타고 장사하러 나갔다가 말레이 해적에게 붙잡혔고, 말레이의 한 술탄국에 노예로 팔려가 살다가 영국인의 도움으로 구출되어 돌아왔다는 것이다. 이 시기 말레이 해적들에게 붙잡힌 베트남인이 구출되어 귀국하는 기사가 '선행'을 베풀던 영국인들의 기록에도 남아 있고, 동남아시아 항구도시 곳곳에서 베트남인들이 자주 목격되는 것을 볼 때, 베트남 교역선이 원양 항해에서 해적들에게 나포되었던 경우가 적지 않았음을 짐작할 수 있다. 이런 배에 여성들이 타고 있었다는 말이다.

2006년 2월 동양사학회 동계워크숍에서 '아시아 여성의 경제 활동과 사회적 지위'라는 주제를 다룬 적이 있다. 베트남의 경우를 얘기해 달라는 요청을 받고 발표 원고를 준비하면서 베트남 역사 전체에서 여성의 교역 활동 범주의 변화를 살펴보았다. 나는 19세기의 변화를 강조하면서

「전통시대 베트남 여성의 교역 활동」이란 제목에 부제를 '촌락에서 대양으로'라고 정했다. 베트남에서 여성의 교역 활동이 활발하다는 일반적 사실에 기초하여 시대적으로 여성의 활동 범위가 확대되고 있었다는 새로운 패러다임을 만들어본 것이다.

발표문의 개괄적 내용은 다음과 같다. 촌락 내부에서 이루어지던 여성의 교역활동 범위는 베트남이 중국으로부터 독립한 10세기 이후 점차 촌락 바깥으로 확대되어 도시의 교역 활동까지 장악했다. 15세기에 수립된 레 왕조의 수도가 지금의 하노이에 있었으니, 조선의 종로 육의전에 해당하는 '36거리'는 여성의 세계였다. 16세기에 홍하를 따라 올라온 서양 교역상들이 상대하던 베트남 상인이란 곧 여성들이었으니 바야흐로 여성은 국제교역 분야에까지 활동의 장을 넓히고 있었음을 의미한다. 이런 현상은 줄곧 이어져서 17세기에 베트남 중부에서 발전한 유명한 무역항 호이안에서도, 18세기 말부터 번창하던 사이공에서도 베트남을 방문한 서양인들의 교역 상대는 여성들이었다. 물론 중국인도 많았지만 베트남인 중에서 그랬다는 말이다. 그런데 사이공 시대가 시작되고 민망 황제 시기부터 대외 교역에서 베트남인의 약진이 두드러지게 되니 이제 여성은 원양 교역선을 타고 남지나해를 건너 동남아시아 각지로 진출했다. 19세기의 변화는 이렇듯 여성에 의해서도 구현되고 있었다.

첨언하자면, 2006년 동양사학회 겨울 워크숍의 대주제가 경제 활동과 사회적 지위의 상관 관계였는데 내가 참가자들에게 제공해야 할 정보는, 그렇다면 베트남 여성의 사회적 지위는 어땠느냐는 것이었다. 당연히 예상되는 대답은 '활동 범위의 확대에 따라 여성의 사회적 지위도 상승했다'일 것이다. 그러나 베트남 여성상의 실체는 그런 안이한 대답을 방해한다. 오히려 나는 정반대의 결론을 내려 참석자들을 어리둥절하게 했으니, 여성의 사회적 지위는 경제 활동과는 무관하게 오히려 추락하고 있었다는 것이다.

중월 국경도시의 한 쇼핑센터. '테저이 푸느(thế giới phụ nữ)'와 이를 중국어로 번역한 '여인 세계(女人世界)'가 보인다. (랑썬, 2006. 1)

베트남에서 여성의 경제적 활동과 사회적 지위는 비례하지 않는다. 전통 시대 사회를 구성하는 대표적 계층이자 직종 구분이기도 한 '사·농·공·상'에서 농업과 상업 분야는 여성이 담당해왔다. 벼농사를 예로 들면 씨앗 뿌리기, 모내기, 수확 등 모든 단계의 작업을 여성이 담당한다. 시장은 '부녀의 세계(thế giới phụ nữ 테저이 푸느)'라 일컬을 정도로 여성의 교역 활동이 활발하다. 군사 분야에서도 남성 못지않은 활동을 여성들은 해왔다. 그런데도 여성의 사회적 지위는 더불어 상승하지 않았다. 여기에는 유교 이념의 확산, 교역을 사적 영역이라 인식하는 베트남인의 전통적 관념, 식민 지배, 중국인과의 관계, 가족 관계, 부엌에서 나오는 권리 및 권위에 대한 베트남 여성의 독특한 집착, 가사와 교역을 하나의 연결선상에 있는 것으로 보는 관념 등 다양한 이유가 있다.

한 가지 에피소드. 지난 2007년 7월 우리 학계에서 활발하게 활동하는 교수 몇 분과 베트남을 여행하고 있었다. 어느 자리에선가 요즘 한국 여성들이 출산을 꺼린다는 얘기가 나오고, 아마 베트남도 경제가 발전하고

▎군복 속에서도 유지해야 할 여성의 미 또는 덕성을 강조하는 선전 사진들. 시계방향으로, 귀걸이, 모자 아래 찰랑이는 긴 머리, 모성의 미소 등이 눈길을 끈다. *Ảnh Nghệ Thuật Việt Nam* (베트남 예술 사진)(Hanoi: Nxb. Mỹ Thuật-Âm Nhạc, 1971), 작품 번호(작가): 39(Đinh Quang Thành), 34(Đoàn Công Tính), 32(Mai Nam).

여성들의 사회 참여가 늘어나면서 그리될 것이라는 말도 당연히 뒤따랐다. 그런데 그보다 다섯 달 전에도 사이공의 어떤 점심 식사 자리에서 베트남을 연구 대상으로 삼기 시작한 지 얼마 되지 않은 미국 모 대학의 사회학 전공 교수와 동석한 그의 부인이 여성 문제에 관심을 보이면서 그런 말을 했었다. 너무나도 인류 보편적인 현상이기 때문에 그런 얘기는 주장이라 할 것도 없고 그저 당연한 상식이고 예견일 것이다. 하지만 함께 식사를 하던 베트남 남녀 학자들은 이구동성 '베트남은 다르다'고 하니, 이 부부는 당황스러워했다. 거기에 베트남 여성과 삼십 년을 살고 있는 일본인 남성이 가세하고 베트남 여성을 '알 만큼은 안다'는 나까지 슬쩍슬쩍 거드니 '거 이상한 나라도 있네'라는 표정이었다. 그 사건이 생각나서 출산 전망에 딴죽을 걸었더니, 중국사를 전공하는 B 교수가 베트남도 마찬가지일 것이라고 강력하게 나온다. 그러면서 내기를 해도 좋다고까지 하길래 그럼 쌀국수 열 그릇을 걸자고 했다. 베트남 쌀국수 맛에 반해 있던 B 교수는 흔쾌히 동의했고, 옆에 있는 분들도 증인이 되기로 했다. 다음 날, 다섯 달 전에 점심 식사 자리에 함께했던 베트남인 L 교수를 만난 자리에서 내기 얘기를 하며 누가 쌀국수를 사야 할 것 같으냐고 물었다. 먼저, 그는 몇 년 뒤의 상황을 보자고 했느냐 묻는다. 아차 그걸 정하지 않았다. 역사가들은 과거의 시간에는 본능적으로 민감하지만, 미래의 시간을 두고는 다소 허술한 면이 있다. 이 양반(철학 교수임) 왈, 한 십 년 뒤라면 B 교수가 쌀국수를 사야 하는 게 당연하고, 글쎄 30년 뒤면 혹 모르겠는데, 그러나 아마 그때도 별 변화는 없지 않겠느냐는 거였다. 이 이야기를 B 교수에게 전했더니(난 30년이 아니라 삼백 년이 지나도 마찬가지일 거라 생각하지만), 하여간 두고 보자 한다. 그게 몇 년 뒤에 보자는 얘기인지는… 시간 정하는 일을 또 잊어버렸다. 역사가는 미래를 전망은 하되 시간은 다소 고무줄인 게 약점이다.

제5장

유가 관리의 토지개혁 – 무상몰수, 무상분배

'무상몰수 무상분배'라는 혁명적인 토지개혁을 19세기 유가 관리들이 시행했다면 믿지 못할 사람들이 많을 것이다. 그런데 베트남의 1830년대는 '토지개혁의 시대'(Age of the Land Reforms)라 해도 과언이 아닐 정도이다. 유가 관리들이 이 개혁을 주장하고 시행했다. 토지사유제가 일반적이었던 중국, 조선에서 양심적인 유학자들의 '주장'으로만 그쳤던 각종 개혁안이 이 시대 베트남에서는 중앙 조정의 관리들에 의해서 척척 시행되었다. 베트남이 우리보다 덜 유교적이어서 그렇지 않았을까 생각할 수도 있겠는데, 절대로 그렇지 않다. 고조선이 멸망하고 한사군이 설치된 때가 기원전 108년인데, 이보다 3년 전인 기원전 111년에 베트남의 전신인 남월이 멸망하고 그 땅에 7개 군이 두어졌다. 현 베트남 땅에 속한 군은 3개였으니 베트남이 한나라의 지방 군(郡)으로 편입되어 유교가 전파된 시기는 우리보다 앞서면 앞섰지 늦지는 않았으며, 10세기까지 중국의 지배를 받았기 때문에 그 영향의 강도 또한 컸다.

단지, 한 가지 달랐던 것은 꽁디엔(công điền) 즉 공전(公田)의 존재이다. 베트남 촌락은 전통적으로 내부의 결속력이 강하며 공전이 있었다. 공전이란 촌락의 공동 소유 토지를 말한다. 이 토지는 매년 재분배되며 빈민의 구휼, 유산자 방지 등의 수단으로 기능했다. 아울러 공전은 사회적 정의 구현의 척도이기도 했다. 공전이 세력가들에게 겸병되어 촌락 내 공전 비율이 줄어드는 현상은 사회 질서의 적신호로 간주되었다. 따라서 적정 비율의 공전을 유지하는 일은 역대 왕조의 주요 관심사였다. 하지만 대부분의 경우 공전 창출은 왕조 교체 시 전 왕조 실력가들의 토지를 몰수하거나, 황무지를 새로이 개간하는 방식으로 이루어지곤 했다. 1771년에 시작된 떠이썬 반란 때 농민군이 부자의 토지와 재산을 빼앗아 가난한 자들에게 나누어주었다는 이야기도 있으나, 그것은 반란 초기에 보이는 민심 획득 수단이었지 체계적 정책은 아니었다. 그런데 19세기에는 새 왕조가 수립된 지 30여 년이 지난 시점, 정권이 가장 안정된 시기에 조정의 관료들이 부자의 토지를 빼앗아 공전으로 만드는 정책을 대대적으로 전개했던 것이다.

시작은 남부에서부터였다. 1835년 레반코이의 반란이 진압된 이후, 남부를 직접 지배하기 위해서 파견된 조정의 관료들은(북·중부 출신) 그동안 남부에서 대토지 소유가 널리 퍼져 있었고, 촌락에는 공전 자체가 아예 존재하지 않는다는 사실에 경악했다. 그들이 보기에 이것은 불의였다. 토지 몰수, 공전 창출 건의가 조정에 빗발쳤다. 이리하여 1836년에 토지를 몰수해서 공전으로 만들어 농민에게 나누어주는 정책이 실시되었다. 이를 '균전제'라 한다. 관료들은 토지의 단위를 통일한 후 대대적인 토지 측량(탁전度田이라고 함)을 통해 토지대장을 만들고, 대지주들이 소유한 토지의 일정 분을 '희사'받아 공전을 만들었다. 그런데 문제가 된 것은 공전을 나누어주려 해도 받으려는 농민이 없다는 현실이었다. 이제껏 열심히 공전을 만들어온 조정의 관료들은 어리둥절했다.

남부는 땅이 많았다. 경작지 자체가 인구를 부양하고도 남을 정도로

메콩 (미토, 2007. 1)

충분했으며, 쉽게 경작지로 전환 가능한 미개간지도 무한정 널려 있었다. 남부를 여행하다 보면 물이 종횡으로 흐르는 기름진 땅이 풍요로운 햇살 아래 얼마나 많이 널려 있는지 모른다. 그래서 남부 메콩 유역의 띠엔쟝(Tiền Giang) 대학에 근무하는 나의 오랜 벗 응우옌푹응이옙(Nguyễn Phúc Nghiệp) 교수는 언젠가 "그 누구도 광활한 메콩 델타를 보기 전에 베트남의 잠재력을 논하지 말라"고 얘기한 바 있다. 더구나 19세기에는 토지에 비해 인구 비율이 턱없이 낮았다. 토지 분배는 인구에 비해 나누어가질 토지가 부족한 곳에서나 필요로 하고 환영받는 정책이다. 그런데 남부에서는 토지보다 사람이 더 귀했다. 때문에 소작인의 지위가 높을 수밖에 없었는데, 사실 말이 소작인이지 이들은 자유로운 임노동자에 가까웠다. 조건이 맞지 않으면 언제라도 떠나 다른 곳의 소작인이 되었으며, 마음만 먹으면 널린 황무지를 개간해 자작농 또는 지주까지 될 수 있었다. 단지 소농이나 지주가 되면 국가에 등적(登籍)되어 조세를 부담하고 군역 대상자로 노출되어야 하는 관계로 국가에 구속된 소농보다는 자유로운 소작인의 지위를 택한 사람들이었다. 이들에게 공전을 받으라는 말은 그 대가로 국가에 구속되라는 말인데 누가 선뜻 토지를 받겠는가?

남부의 특수성을 이해한 조정은 곧 정책 방향을 수정해서 무한정의 대토지 소유제를 인정하고 공전 창출 정책은 파기했다. 당시 베트남으로서는 남부에서의 쌀 생산 증대가 더 필요했다. 왜냐하면 남부의 쌀이 전국의 쌀 가격을 좌우했기 때문이다. 19세기에 북·중부에서는 인구압이 높았고 종종 자연재해도 발생해서 수시로 쌀값 파동이 일어났기 때문에 남부의 쌀 증산이 조정의 중요 관심사였다. 느긋한 대지 메콩 델타에서 생산된 쌀은 부리나케 중부와 북부로 수송되어 쌀값을 안정시키는 역할을 했다.

단지, 남부와는 상황이 크게 달랐던 중부 빈딘 지역의 토지개혁은 눈여겨볼 만하다. 이곳에서의 경과를 보면, 19세기 유가 관료들의 토지개혁이 단지 허울뿐이거나 명분상의 공론만은 아니었다는 사실을 발견하게 된다.

빈딘은 인구에 비해 늘 토지가 부족한 곳이었다. 과거 수 세기 동안 참파 왕국의 중심지이기도 했던 빈딘은 풍광이 수려하고 수산·임산 자원이 풍부하며 비옥한 평야도 곳곳에 자리하고 있기는 하다. 그러나 토지의 생산력이 인구의 증가를 따라가지 못하는 독특한 지역이다. 참파가 일찍이 10세기에 풍요로운 꽝남(Quảng Nam 廣南)을 버리고 새로운 수도를 삼은 곳이니 어느 정도 농업 생산 능력은 있던 곳이라 할 수 있다. 또한 참파가 이곳에 있었을 때 인구 부양이 문제가 된 적은 없었다. 그런데 베트남인이 이 지역에 살게 된 이후부터 빈딘은 중부에서 가장 가난한 곳, 그래서 인구 유출이 활발한 지역, 경쟁이 심한 지역, 따라서 강한 성격의 소유자들이 많은 곳으로 유명해졌다. 떠이썬 반란의 시발점이 빈딘이었던 것은 결코 우연이 아니다. 아울러 남부로 내려온 이주민 중에 빈딘 출신이 많다. 요즘도 사이공 시내에서 밤이면 조그만 쇳조각으로 '딱 딱딱딱' 소리를 내며 돌아다니는 아이들을 볼 수 있는데, 싸구려 국수 장수의 일원이다. 그런 아이를 불러 국수를 시키면 몇 분 뒤에 배달해준다. 근처 어딘가에 있는 초라하고 조그만 국수 수레에서 가져오는 것이다. 이런 식의 국수 장사는 남부로 이주해온 빈딘 사람들이 종사하는 대표적 업종이다.

조정 관료의 눈에 비친 1837년 빈딘의 토지 소유 불균형은 심각했다. 빈딘의 토지개혁이 언급될 때마다 이용되는 보쑤언껀(Võ Xuân Cẩn 武春謹, 당시 빈딘과 푸옌을 관할하던 총독)의 상소문 내용은 다음과 같다. "빈딘 한 성의 공전은 단지 약 5천 무(畝, 1무는 약 3천 평방미터)인데 반해 사전(私田)은 1만 7천여 무에 이르니 이 사전은 부호들에 의해서 겸병된 것입니다. 청컨대, 법도를 만들어 사전은 5무를 한도로 하고 나머지는 [몰수하예] 모두 공전으로 만들어 병사와 백성에게 나누어주어 양전구분(糧田口分, 생계용 토지)을 삼아 먹고 살게 하십시오." [11]

여기서 토지 소유 한도로 잡고 있는 5무는 우리 개념으로 약 5천 평을 말한다. 이 이상의 토지는 몰수해 가난한 자들에게 나누어주자는 제안이었다. 이에 황제가 놀라서, "토지를 고루 분배하는 게 예로부터 아름다운 제도이기는 하나, 이미 사유 재산이 된 지 오랜 것을 강제로 빼앗으면 큰 소요를 일으킬 수 있다"고 달랬다. 긴 논의 끝에 절충안이 만들어졌는데, 그 내용만 보아도 퍽 진보적인 방식이었음을 알 수 있다. 각 지역별로 공전과 사전 비율을 조사해서 공전에 비해 사전의 비율이 높은 곳이 개혁의 대상이 되었다. 사전 비율이 높은 데서 토지를 5무 넘게 소유한 이들은 초과분을 모두 공전으로 내놓아야 했다. 이렇게 개혁을 실시한 결과, 개혁 전에 공전이 전체 토지의 10퍼센트 정도였는데 개혁 후에는 60퍼센트

---

11) 『大南寔錄正編第二紀』(1861. 慶應義塾大學言語文化研究所, 東京, 1963) (이하 『寔錄』 2), 196:23.

로 증가했으니(Choi 2004: 163) 굉장한 비율이다.

그렇다면 사적 소유를 승인한 남부에서는 어떤 일이 벌어졌을까? 나는 남부의 토지 소유 관행에 관심을 가지고 메콩 지역을 여행하면서 당시의 토지대장, 토지 거래서, 유언장, 소작료 계약서 등을 수집한 바 있다. 이들의 내용을 살펴보면, 토지 집적은 상속이라든가 불법적 겸병, 공전의 갈취, 국가의 토지 하사 등에 의해서 이루어지는 것이 아니었다. 토지 집적은 주로 개간과 매매에 의해서였으며 일부 증여도 포함되었다. 조정이 '경작할 수 있는 한은' 얼마든지 토지를 소유할 수 있다고 공식적으로 인정함으로써 토지 집적은 활발해졌다.

이후 베트남 조정은 다시 한 번 기상천외한 정책을 선보이니 소위 1850년대의 둔전입읍(屯田立邑)이었다. 이는 둔전을 만들고 촌락을 세운다는 뜻이다. 원래 둔전은 병사들로 하여금 토지를 개간하고 경작하게 하는 병농 일체화의 수단을 말하는데, 우리와 중국에서도 이러한 제도가 있었고 15세기 이후 베트남에서도 이 제도가 종종 시행되었다. 그런데 19세기 중반에 새로 만들어지는 둔전은 대지주에 의한 것이었다. 지주는 기존의 토지를 바탕으로 하든가 새로운 땅을 개척하여 새 촌락을 만들고 그 운영은 둔전의 형태 즉 병농 일치 방식을 취했다. 둔전입읍을 주도하는 지주에게는 규모에 따라 천호(千戶), 백호(百戶)의 직책과 더불어 6품에서 9품까지 품계를 주었다. 지주들은 둔전입읍 대가로 중앙 조정과 연결되는 위계질서 속으로 편입된 셈이다. 다시 말하면, 토지 경영은 완전 민영화되는 대신 지주는 국가 권력의 대리인으로 전환되는 현상이다. 이는 빈딘 성의 토지개혁과 더불어 베트남 조정이 시도한 또 하나의 베트남적 실험이었다고 볼 수 있다.

20세기 들어 대규모 고무 농장 같은 플랜테이션을 '돈디엔(đồn điền)' 즉 둔전이라 함은 남부에서 둔전의 성격이 군사적이라기보다는 토지 사유제, 대토지 경영 방식이었음을 반영한 것이다. 20세기 후반 통일이 되자, 북부인에 의해 다시 남부의 대토지 소유는 악으로 간주되고 집체화의 과정을 밟았다. 그러나 곧 실패가 인정되고, 지금 남부에는 국가의 묵인, 때로는 권장(농업 기계화 추진과 함께) 속에서 대토지 경영이 빠르게 증가하는 중이다. 적어도, 남부의 대토지 소유제를 둘러싼 역사는 두 세기에 걸쳐 유사하게 반복되는 모습을 보인다.

제6장

민망 황제와 고려인삼

동서고금을 막론하고 왕 또는 황제 중 50명 이상의 자녀를 둔 경우가 별로 없다. 정비, 후비는 물론이려니와 궁중에 널린 궁녀 취사권이 자유로웠던 제왕들이 50명 이상의 아이를 가지기 힘들었다고 말한다면 많은 이들이 고개를 갸우뚱할 것이다. 하지만 이는 사실이다. 가깝게는 우리 조선 왕조 500년의 역사를 돌아보아도 역대 왕 중 가장 많은 자녀를 둔 왕은 태종으로서 56세에 사망할 때까지 29명을 두었다. 총 27명의 조선 왕 중 20명 이상의 자녀를 둔 경우는 일곱 왕(정종 23, 태종 29, 세종 22, 성종 28, 중종 20, 선조 25, 영조 24)뿐이며, 열 명 이상이 둘이고 나머지는 열 명 미만이다. 27명 중 4명은 아예 자손이 없다.[12] 구중궁궐에서 태어나 성장한 관계로 기력이 약해져서 그리되었을 수도 있겠다. 그러나 왕조 초기의 태조(13)나 정종, 태종 역시 그저 그렇다.

---

12) 강영민,『조선시대 왕들의 생로병사』(파주: 태학사, 2002), pp. 265-266.

그런데 지금 얘기하고자 하는 민망 황제(Minh Mạng 明命, 1820-1841)는 아들 78명, 딸 64명, 도합 142명의 자녀를 두었다. 나는 『寔錄』을 읽다가 처음 이 내용을 보았을 때 눈을 의심했다. 잘못 읽었는가 싶어서 몇 번을 다시 살펴보았을 정도였다. 혹시 오기인가도 여겼으나 『寔錄』 그 자체의 오기 여부 확인은 역사가의 책임 밖인 데다가, 민망 시기 『식록』을 샅샅이 뒤져왔던 나로서는 이 수치가 불가능한 것이 아니라고 여기게 되었다. 그는 보통 정력적인 사람이 아니었다. 성적 능력만을 말하는 게 아니라 제왕의 사업 제 분야에서도 말이다.

민망 황제가 자녀를 많이 두었다는 사실은 베트남인 사이에서도 널리 알려져 민망 황제가 장복했다는 '민망 탕'은 정력에 관심이 많은 베트남 남성들에게 인기다. '탕'이라고 해도 약이라기보다는 각종 약재를 넣은 술이다. 민망 황제의 왕궁이 있던 후에에서 일반 가정집을 방문하면 이런 술을 민망 탕이라며 손님에게 내어놓는 집이 있다. 하노이나 사이공 거리의 상점에서도 종종 민망 탕을 만날 수 있다. 베트남인들이 민망 탕의 가장 핵심적인 재료로 여기는 것은 고려인삼이다. 질 좋은 민망 탕을 만들기 위해서는 좋은 인삼이 필요하며 인삼 중 가장 최상품은 고려인삼을 꼽는데, 민망 황제 정력의 비밀은 바로 고려인삼에 있었다는 것이 베트남인 사이의 정설이다.

민망 황제는 정사(政事)에도 보통 열정적인 인물이 아니었다. 서른한 살에 등극해서 20여 년간 황제 자리를 지켰던 그는 그 시대의 『寔錄』 내용이 황제의 거취, 정책 결정, 신하들과의 적극적 토론 등 개인적 일대기로 채워진 듯 느끼게 할 정도로 열정이 넘치고 개성이 강한 군주였다. 그 시대의 실록은 한 편의 소설과도 같아서 읽으며 느끼는 재미가 보통이 아니다. 민망의 실록을 읽다보면 고려인삼이 종종 눈에 뜨인다. 민망은 공이 큰 신하에게 내리는 상급으로서 또는 연로한 신하에의 예우로서 고려인삼을 몇 뿌리씩 하사하곤 했다. 민망 황제 때뿐만 아니라 그의 뒤를 이은 티에우찌(Thiệu Trị 紹治, 1841-1847) 황제와 뜨득(Tự Đức 嗣德, 1848-1883) 황제 시기에도 이런 관행은 이어졌다. 티에우찌는 41세에 사망할 때까지 65명의 자녀를 두었으니 적은 수는 아니다.

국권을 상실한 마지막 왕조라서 그런지 응우옌 왕조에의 베트남 역사학계의 태도는 호의적이지 않다. 민망 황제에게도 마찬가지이다. 남부에서 토지 사유제를 보장한 정책은 지주 세력 비호로 비판되며, 기독교 탄압은 시대착오적 실정으로, 동남아시아로의 관선 파견은 사치품 구매 목적으로 폄하된다. 캄보디아 점령은 제국주의적 팽창, 중국인 압박은 쇄국 정치의 일환이고, 각종 교육, 행정, 제도 개혁은 중국적인 것만 따라하려는 우스꽝스러운 태도로 치부된다. 소수민족 동화 정책 중에 발생한 수많은 저항은 모두가 농민 반란이라고 이름 붙여져, 민망 시대는 가장 많은 농민 반란이 있었던 반(反)농민적 시기로 매도된다.

하지만 내가 보기에 민망은 치적으로 볼 때 베트남 역사학계에서 가장 위대한 군주로 꼽는 15세기 레 왕조의 성종(聖宗 Thánh Tông 타인똥) 못지않다. 그래서 역사는 쓰기 나름이고 해석하기 나름이라고 했던가. 1990년대 중반만 해도 내가 민망을 호의적으로 이야기하면 베트남에서는 냉소적인 반응이 일반적이었다. 그런데 요즘은 차차 민망에의 태도가 달라지고 있음을 느낀다. 발전하고 있는 시장 경제, 대외 교역, 메콩의 쌀 생산 증대, 대토지 경작(실제는 소유)의 확대, 기독교 문제, 다민족 사회 유지, 캄보디아와의 관계 같은 이슈에 직면해서, 이와 유사한 일이 이미 19세기에 있었고 민망 황제도 같은 문제로 고민하면서 해결 방법을 찾아내고자 노력했음을 사람들이 이해하기 시작했기 때문이다.

민망은 쟈롱 황제의 넷째 아들로 태어났지만, 위로 세 형이 모두 병으로 또는 전장에서 일찍 사망하는 바람에 계승권자가 되었다. 큰형이 남긴 아들이 있어서 후계자로 선정되는 과정이 순조롭지는 않았으나, 아버지의 적극적인 지원으로 왕이 되었다. 그가 등극한 이후 20년의 세월은 베트남 역사상 가장 역동적인 시기였다. 닌빈(Ninh Bình 寧平)의 광대한 염해 습지(鹽害濕地)를 농지로 바꾸고, 전국을 중앙 직할지화 하고, 토지 개혁을 실시했으며, 캄보디아를 점령하고 내지화하면서 베트남 역사상 가장 큰 제국을 건설했고, 전국적인 지도 및 해도 작성(국가 영역 개념의 출현과 민족 공동체 형성의 문제와 관련해서 중요한 의미를 가짐), 각종 서적 편찬 사업, 소수민족 동화 정책, 남북 일체화 작업, 동남아시아와 중국으로 관선단을 파견해 신무기를 도입하고 기선을 제작한 것, 기독교 통제, 남부의 개간 사업과 쌀 생산 증대, 중국과의 국경 분쟁 해결 등등… 민망은 책도 열심히 읽는 독서광이었고, 시문 짓기도 즐겼다. 이 많은 일을 하려면 하루 24시간도 모자랐을 법한데 어떻게 142명의 자녀까지 만들었는지 놀라울 뿐이다. 그래서 오래 못 살고 50살에 사망했다고 얘기하는 사람들도 있지만, 그 시절 수명 50살이란 평균치보다 못하지는 않다.

이 밤과 낮의 왕성한 활동 뒤에 고려인삼이 있었으니, 19세기 베트남의 역사는 고려인삼이 쓴 게 아닌가 하는 생각마저 나는 가끔 들 때가 있다. 19세기의 역사를 부정적으로 평가한다면, 우리 고려인삼은 멀리 베트남까지 가서 '반동적'이고 '악질적'인 여러 정책 시행을 위해 공헌하면서 자식을 142명이나 만든 기괴한 음행을 도운 거의 주술적 약재였다. 그러나 당시의 역사를 좀 더 적극적이고 낙관적으로 평가한다면, 고려인삼은 강력한 베트남을 만들고 인도차이나 3국(베트남, 캄보디아, 라오스)의 역사를 바꾸고, 귀한 황제의 자녀를 그것도 절묘하게 적당한 비율로 만들어낸 천하의 명약이었다. 내가 보기에 베트남인에게는 후자의 인상이 훨씬 강한듯하다. 고려인삼은 죽은 사람도 살린다는 믿음이 있었으니, 1990년대 초 양국 관계가 정상화되었을 때 한국 사람에게서 받는 선물로 가장 선호하던 것이 인삼이었으며, 한국을 방문하는 베트남인이 가장 사고 싶어 하는 물품은 그때나 지금이나 인삼이다. 베트남 사람들에게 얼마나 인삼=한국이었으면, 전쟁 시기 한국군을 일러 '인삼 군인(lính cù sâm 린꾸썸. 린은 병사, 꾸는 구근 종류에 붙는 단위, 썸은 삼 즉 인삼)'이라고도 했다는 말을 C라고 하는 베트남 학자로부터 들은 적이 있다. 그(통일 전 남부 출신임)에 따르면, 이 말은 미군을 칭하는 '린엉클샘'과 짝했다. 남부 사람들 발음으로 엉클샘은 '엉꾸쌈' 정도에 가깝고 '린꾸쌈'의 '꾸쌈'은 '꾸쌈' 정도가 가능하니 한국군은 '린꾸쌈'이고 미군은 '린엉꾸쌈'인 것이다. 이는 나란히 싸우는 두 국가의 군대를 비슷하게 부르는 일종의 말 유희였는데, 두 국가 또는 그 나라에서 온 사람들의 이미지로 엉클샘과 인삼을 선택한 게 흥미롭다.

그런데 내게 고려인삼의 존재가 중요하게 느껴지는 이유는 오래전부터 갖고 있던 '인삼 네트웍'에의 관심 때문이다. 일반적으로 조선 시대는 괴상하리만치 동아시아 해상 교역망에서 소외된 시기로 이야기된다. 특히 19세기에 접어들면 관계를 유지해야 할 외국은 중국밖에 없었고, 교역의 상대도 중국이 유일하게 여겨졌다. 기회가 있을 때마다 내가 하는 얘기지만, 조선처럼 성공적으로 국제 교역망에서 스스로를 소외시킨 나라도 없었다. 난 이 때문에 조선의 위정자들을 별로 좋아하지 않는다. 내가 보기에 우리 민족은 기질이 매우 역동적이며 진취적이다. 요즘 세계 구석구석 우리나라 사람들이 안 가 있는 곳이 없다. 이런 활발한 민족을 무려 500년이나 꽁꽁 가두어놓고 중국적 이데올로기 세례만을 해대고 있었으니(그중 다수는 상놈, 천민이라 하여 그나마 그 '세례'에서도 배제되었고), 이것은 뒤에 얘기할(19장) '재교육 수용소'의 거국적 버전이라 할 만하다.

그러나 질식할 것 같은 갇힌 공간에서도 어떻게 해서든지 탈출구를 찾는 사람들은 있다. 이런 사람들에 의해서 인적·물적 교류가 끊이지 않았다. 조선 땅에서 자란 인삼은 대륙을 넘거나 바다를 건너 베트남까지 갔을 것이다. 조선의 '완전한 고립' 혐의는 인삼에 의해서 벗겨질 수 있으며, 인삼 네트웍의 재구성은 19세기 동아시아 교역망의 온전한 복원이라는 새로운 역사 쓰기에 공헌할 수 있다.

베트남에서 고려인삼을 입수할 수 있었던 몇 가지 예상 가능한 경로가 있다. 첫째는, 북경에 조공차 갔던 사절단이 황제의 하사품으로 고려인삼을 받아온 경우이다. 둘째, 북경 사절단이나 광동에 간 물자 구매단이 중국 상인으로부터 사들였을 수도 있다. 셋째, 공식적 물품 거래 외에 사무역을 통해서 구입했을 가능성도 있다. 하지만 아직껏 그 어느 경우도 확인된 바는 없다.

단지 19세기 전반 조선의 거상 임상옥의 행적과 관련해서 인삼의 유통 경로 중 두 번째와 세 번째의 가능성을 추측할 수 있다. 잘 아는 이야기지만 조선의 북경 사행에는 상인 집단이 포함되었다. 국가에서 지정한 상단이 사절을 수행했는데, 이들은 일정량의 인삼을 가지고 가 북경에서 거래할 수 있었다. 중국에서 인삼과 관련한 임상옥의 행적이란 이렇다. 중국 상인들이 담합해서 인삼 가격을 터무니없이 깎으려 하자 임상옥은 싼값에 넘기느니 차라리 태워버리겠다며 인삼을 다 쌓아놓고 불을 붙였다(실제 불을 붙인 것은 대부분 도라지였다고 함). 그러자 혼비백산한 중국 상인들이 불에 그슬린 인삼까지도 거금을 주고 다 사갔다는 일화다.

이 상인들에 의해서 인삼이 중국 전역에 유통되고 이는 다시 화교 네트웍을 통해서 동남아시아로 판매되어 나가니, 인삼은 베트남에서도 앉아서 구입할 수 있었고, 광동에 간 구매 사절이 구입할 수도 있었으며, 베트남 측 사절들이 북경에서 조선 상인들로부터 직접 구입할 수도 있었을 것이다. 아무리 금지품이라 하더라도 이윤이 많이 남으면 밀무역이 없을 수가 없는 법. 중국과 밀무역이 성했던 우리나라 서해상에서 은밀한 인삼 거래도 많았으리라 추측된다. 이렇게 거래된 인삼은 중국으로 들어갔다가 육로를 통해 광동을 비롯한 중국 동남 해안 지대 교역 지점으로 이동한 후 해외로 반출되기도 하고, 처음부터 서해상으로부터 내내 바다를 타고 내려가며 몇 번의 거래를 거쳐 동남아시아로 향하기도 했을 것이다. 중국인 이주자들이 1830년대 초까지 특히 남부베트남으로 쏟아져 들어왔는데, 이들이 타고 온 배에 인삼이 실렸을 가능성도 매우 높다.

　사신들의 이동 경로를 통해서 인삼이 베트남으로 들어갔다면, 고려인삼은 압록강을 건너 만주를 통해 북경으로 갔다가 하북성(河北省)을 넘어 하남성(河南省)으로 들어간 후 다시 호북성(湖北省), 호남성(湖南省)을 거쳐 광서성(廣西省)으로 갔다가 중월 관문인 진남관(鎭南關, 현재는 우의관友誼關)을 통해 베트남으로 들어갔을 것이다. 이는 베트남 사신단의 일반적 행로에 기초한 여정으로 중국의 중심부를 종단하는 루트다. 바다를 통해 갔다면 우리의 서해, 중국 황해, 베트남 동해를 전부 또는 일부씩 거치면서 수송되었을 것이다. 물건은 가기만 하지 않는다. 가는 길을 따라 오는 것도 있다. 각종 한약재(빈랑, 두구, 계피 등)를 비롯해서 소위 '남방'의 물산이라는 것은 항상 한약방에, 관아의 공창에 있지 않았던가. 인삼을 중심으로 한 유통 경로를 추적해 베트남과 조선을 잇는 19세기 동아시아 교역사를 재구성해보는 작업은 오랫동안 궁글리고 있는 나의 또 다른 희망 연구 주제이다. 민망 황제가 고립의 조선 역사를 흔들어 깨우는 역할을 할 것인가.[13]

---

13) 이 글을 처음 쓴 2008년 이후 나는 기회가 생겨 인삼 유통에 관한 연구를 시작할 수 있었다. 응우옌 왕조 시기 대외 교역 발전에 관심을 갖는 몇 나라 학자들이 2012년 5월 홍콩에서 학술회의를 갖게 되었는데 거기서 내가 베트남으로의 고려인삼 유입 문제를 논하게 되었기 때문이다. 연구 결과는 "Korean ginseng, *nhân sâm Cao Ly*, as a vitalizing tool for the imperial body of Vietnam in the Minh Mạng-Thiệu Trị period, 1820-1847"이란 제목으로 발표되었다. 이 글은 더 다듬어져서 "Korean Ginseng (*nhân sâm Cao Ly*) in Vietnam during the First Half of the 19th century"라는 논문이 되었는데, 이런 과정을 통해 나는 이 책에서 가정된 인삼 유통 경로가 대부분 맞아떨어짐을 확인했다. 고려인삼을 비롯한 다양한 인삼(미국 인삼, 백두산 산삼까지)의 베트남 유입 경로, 그중 고려인삼(홍삼)이 베트남 문·무 대관들에게 분배되는 모습이 포착되었고, 베트남 제국을 건설하고 유지하는 데 이 상품이 기여했다는 결론이 나왔다. 1858년부터 시작된 프랑스군과의 싸움에서 분투하던 원로 응우옌찌프엉(Nguyễn Tri Phương 阮知方)이 부상을 입어 고생할 때 그의 쾌차를 비는 간절한 마음으로 황제가 진중으로 챙겨 보낸(1860년) 약재들에도 고려인삼이 포함되어 있었다.

제7장

좌도(左道)를 멸하라

좌와 우의 우열은 일정하지 않다. 때에 따라 좌가 높을 수도 있고 우를 높이 치기도 한다. 삼정승 중 영의정 다음 좌/우 의정이 있는데 좌의정 서열이 높으며, 군사 작전에서 중군/좌군/우군이면 좌군이 우군보다 우위에 있는 것으로 받아들여질 때가 많다. 반면 '오른팔'의 경우 우의 우월성을 전제한 용어 혹은 개념으로 이해된다. 좌도란 정도(正道)가 아닌 사도(邪道)를 의미하는 말로, 베트남에서는 19세기에 기독교를 적대적으로 대할 때부터 사용되기 시작했다.

베트남에서 기독교를 지칭하던 용어는 다양했다. 중국에서 차용한 말로서 우리에게 익숙한 야소교(耶蘇教, 예수교의 음역)도 있지만 베트남인이 만들어낸 어휘도 있다. 화랑도(花郞道)가 대표적인데, 화랑은 홀란드 즉 네덜란드를 가리키는 말로, 16세기부터 동남아시아에서 활발히 활동하던 네덜란드가 베트남인에게는 서양의 대명사였으니 곧 서양의 도가 기독교였다.

기독교는 16세기에 처음 베트남으로 들어왔고, 17세기에 빠른 속도로 확산되었다. 알렉산드르 드 로드 신부나 크리스토포로 보리 신부처럼 베트남에서 오랜 기간 선교 활동을 한 신부들은 자신의 경험을 토대로 17세기 베트남에 관한 글들을 남겼다. 이것들은 귀중한 사료로서 베트남 역사 연구에 이용되고 있다.

그런데, 17세기 중반 이후 기독교계에서 예수회보다 훨씬 교조적인 프랑스 외방선교회의 영향력이 커지면서, 조상 제사를 엄격히 금지하자 죽은 조상에게 신격을 부여하는 경향이 전통적으로 유난히 강한 베트남 사회에서 기독교도와 비기독교도 간의 갈등이 심각해졌다. 남북 베트남에서 모두 기독교 탄압이 시작되었다. 그리고 18세기 말 떠이썬 반란 시기에 이 탄압은 극에 달했다.

마지막 왕조를 연 응우옌푹아인은 기독교도와 우호적 관계를 유지했다. 외방선교회 소속 프랑스인 삐뇨 드 베엔느 신부는 베트남과 프랑스를 오가면서 쟈딘 정권을 도왔다. 왕복하는 데 수년이 걸리는 프랑스 여행에 응우옌푹아인이 장남 까인(Cảnh) 왕자를 딸려 보냈다. 워낙 프랑스의 지원이 절실했기 때문이기도 했지만 지극히 우호적인 관계나 상호 신뢰가 전제되지 않으면 프랑스인 신부에게 응우옌푹아인이 큰아들을 맡길 리가 없었다. 응우옌 왕조 건국 이후에도 기독교 선교의 자유가 보장되어 베트남 곳곳에 교회가 들어섰다. 사이공은 특히 더 자유로웠다. 만일 여러분이 1810년대 말에 사이공을 방문했다면, 포도주 기운으로 얼굴이 발그레해진 서양인 신부가 거리를 어슬렁거리며, 담뱃대를 들고 뒤따르는 소년에게 베트남 말로 뭔가를 얘기하는 모습도 볼 수 있었을 것이다(Choi 2004: 60).

그러나 이런 자유로움은 1820년에 끝났다. 민망과 티에우찌 황제 때를 거치면서 일반인과 기독교도 사이에는 갈등의 골이 메울 수 없이 깊어지고 왕조의 관료들은 물론이고 일반 유사(儒士)들에게 기독교는 좌도 즉 그릇된 도리가 되었다. 화랑도라고 하는 다소 객관적인 가치 기준이 반영된 피안의 신앙이 주체적 판단을 거쳐 그릇된 도리로 규정된 것이다. 이념적이고 폭력적이며 조직적인 충돌이 정학(正學, 신유학)과 좌도 사이에서 일어났다. 레반코이의 반란을 진압한 후 조정에서는 본격적으로 기독교도 탄압에 들어갔다. 반란군에 기독교도들이 많았으려니와 마르샹(Joseph Marchand)이라는 프랑스인 신부도 끼어 있었고 이들은 태국의 개입을 요청하는 일에도 앞장선 것으로 알려졌다. 조상 제사도 지내지 않겠다는 기독교도들은 외세와 연계하여 황제까지 부정한 셈이었다. 그러니 황제에게 기독교는 신유학 이념에서 가장 중요한 덕목인 효에 더해 충까지 어기는 자들로 여겨질 수밖에 없었다.

민망 시대 말기 1839년에 있었던 한 사건은 황제의 입장에서 보면 기가 막혀서 말도 안 나올 일이었으나, 베트남 기독교도의 신앙심 정도와 그 성격을 엿볼 수 있어서 흥미롭다. 그런데 황제의 반기독교 논리나 기독교도의 신앙 고수 논리가 모두 유교적 가치에 기반하고 있음에 주의를 기울여 볼만하다. 이해 북부 남딘(Nam Định 南定, 유교 이념의 뿌리가 깊은 곳으로 잘 알려져 있음) 성의 병사 둘이 수도로 올라와서 조정에 호소한 일이 있는데 내용은 다음과 같다. "할아버지, 아버지 대대로 기독교를 믿어왔는데, 작년에 십자가를 밟았습니다. 그것은 성의 관리들이 강제로 핍박했기 때문이지 진심에서 나온 행동은 아니었습니다. 이 도를 지킴으로써 자식의 효도하는 마음을 온전히 하고자 하니, 죽어도 아까울 것이 없습니다." 이에 화가 머리끝까지 난 황제는, 군인으로서 멋대로 대오를 이탈한 죄까지 적용해 둘 다 큰 도끼로 허리를 끊어 죽이는 벌에 처하고 시신은 바다에 버리도록 명했다(『寔錄』 2, 202:2-3).

그리고는 황제 역시 유가 선현의 말을 들추며 자기의 결정을 합리화했다. 그는 "어찌 할아버지와 아버지가 행한 바를 고치지 않는 것을 일러 효라 하는가? 공자가 이르기를 '아버지의 가르침을 3년 동안 고치지 않으면 효라 한다' 했다. [그러나] 주희(朱熹, 신유학은 이 인물을 비조로 삼는다. 때로는 공자도 신유학의 비판 대상이 됨)는 '만약 [진짜] 가르침이라면 평생 고치지 않아도 가한 것이지만 올바른 가르침이 아니라면 어찌 3년을 기다리리오'라 한즉 조부가 행한 것이 옳지 않다면 자손이 마땅히 고쳐야 할 것"이라며 병사들의 주장을 반박했다. 더군다나 조상에게 제사도 안 지낸다는 기독교도가 효 운운하는 게 얼마나 가소로운 일인가도 지적했다(『宸錄』2, 202:4-6). 기독교 문제에서뿐만 아니라 각종 정책 입안에서도 '아버지의 도라도 잘못된 것은 고쳐야 한다'는 입장이던 민망 황제로서는 집안 대대로 이어온 종교라고 해서 버리지 못한다는 기독교도들의 주장은 궤변에 불과했다. 남딘의 병사들로서는 복잡한 신앙의 체제를 설명하기보다는 서로에게 익숙한 '효' 윤리로 황제에게 호소하려던 것이겠으나 민망의 논리로 보자면 그들의 주장은 씨도 먹히지 않는 소리였다.

    제사 문제를 제외하고 19세기 유가 황제와 문신 관료들이 기독교를 못마땅해 한 이유는 대략 세 가지로 모아진다.

    첫째, 기독교 경전의 내용이 믿을 수 없는 허황한 내용으로 채워져 있다는 것이었다. 중국에서, 그리고 동남아시아 각처에서 부지런히 성경책을 구해 들여와 읽어본 황제와 대신들이 어느 날 나눈 대화의 내용을 보면 이들이 성경을 얼마나 조직적으로 비판하고 있는지 알 수 있다. 예를 들어, '노아의 방주' 이야기나 '바벨 탑' 사건이 이들에게는 웃음거리였다. 신유학적 지식인들에게 모든 사물, 현상, 이치는 전후의 인과 관계가 명확해야 한다. 그래서 신유학은 인간 중심적이고 과학적이다. '노아의 방주' 이야기는 "큰 배 한 척에 사람들과 동물들을 싣고 높은 산꼭대기로 피했다가, 물이 빠진 후 나라 전체에는 [배에 탔던] 일곱 사람밖에 남지 않았으나 이들이 만인의 선조가 되었다 하니 실로 무계(無稽)한 말"이라 여겨졌다. '바벨 탑' 이야기는 "또 이르기를 그 나라에 한 왕이 있어 백성을 이끌고 하늘 탑을 만들어 올라가니 그 높이가 수천만 장이어서 하늘나라에 올라가 […] 탑은 완성되지 못하고 지금 그 나라의 각처 언어가 다른 바가 되었다니 이 이야기는 더욱 무리(無理)하다"(『寔錄』2, 202:6)고 비판했다.

둘째, 산업혁명과 나폴레옹 전쟁을 거치면서 이전과 비교해 질적으로 달라진 서양 세력의 속성에 대한 의구심이었다. 베트남은 16세기부터 서양인과 접촉해왔는데, 19세기의 서양인은 많이 달라져 있었다. 이전의 그들은 동남아시아 각지에 항구 도시를 건설하고, 이 도시를 거점으로 무역만 했으므로 베트남인에게는 무역 상대자였을 뿐이다. 그런데 이 세기의 서양인들은 '영토'를 차지하고 나라를 만들어갔다. 동남아시아 제국과 광동, 마카오를 관찰하고 있던 베트남인은 이미 아편전쟁의 경과를 알고 있었으며, 기독교도와 선교사들이 서양 제국의 침략 전쟁에 기여하고 있다는 사실도 관찰하고 있었다.

셋째, 기독교가 국가 통합을 해칠 수 있다는 우려였다. 앞에서 소개한 '남북은 한집안'이라는 주장에서 나타나듯 19세기 베트남의 위정자들은 국가 통합에 고심했다. 남·중·북 사람들이 하나의 백성이 되기를 바랐고, 중국인을 비롯한 수많은 소수민족을 베트남인으로 만들려고 노력했다. 통합 과정에서 여러 진통을 겪고 있는 마당에 위정자들이 보기에 기독교도는 통합을 방해하고 심지어 위협하는 존재였다. 기독교도라서 탄압했다기보다는 이질적 집단을 베트남인으로 동화하려는 데 따르지 않아(십자가를 밟게 하여 출교의 기회를 주었다는 사실을 기억하자.) 가해진 핍박이었다고 보아야 할 것이다. 동시대에 기독교 탄압이 벌어졌던 중국과 조선에 비해 베트남은 훨씬 더 절실한 이유를 갖고 있었던 것이다.

프랑스와 스페인 연합군이 베트남을 공격한 이유 중 하나는 선교사 탄압 중지, 기독교 포교 자유를 위해서였다. 그도 그럴 것이, 뜨득 황제가 즉위한 1848년부터 20여 년 동안 처형당한 사람이 서양인 선교사 25

명, 베트남인 사제가 300명, 평신도가 2만 명 이상이었다.[14] 민망 시기 즉 1835년 이후부터 치자면 희생자가 얼마나 더 되었을지 알 수 없다. 이때까지의 갖은 핍박으로 인해 기독교도의 삶은 지옥 같았고, 그들은 베트남의 주류 사회로부터 멀어져갔다.

기독교도는 '베트남인'으로 여겨지지 않는 지경에까지 이르렀다. 판타인쟌이라는 한 고명한 대신은(하주에 다녀온 바 있는 인물임) 프랑스가 남부베트남을 차지했을 때 경략사로 임명되어 프랑스와의 교섭을 담당했다. 그때의 일화가 있다. 프랑스인과 협상하는 자리에서 프랑스군을 돕고 있는 베트남인을 발견한 판타인쟌이 노하여 그 반역적 행위를 꾸짖었다. 그러나 이 '반역자'가 "어른, 저는 기독교도올시다"라고 하자, 판타인쟌은 자세를 바꾸고 고개를 끄덕였다는 것이다. 기독교도라면 우리 백성이 아니니 프랑스에 부역해도 이해할만하다는 뜻이었다.

이쯤이면 갈등의 주체는 조정과 기독교도가 아니라 기독교도와 비기독교도가 된다. 아니 정확하게 말하자면, 비기독교도의 기독교도를 향한 증오라고 해야 할 것이다. 기독교도 공격, 살해가 다반사로 벌어지자 기독교도들은 더욱더 프랑스인에게 의지할 수밖에 없었다. 우선 남부를 점령한 프랑스군은 북부 점령을 목표로 1873년 11월 프란시스 가르니에(Francis Garnier)를 북부로 보냈다. 그가 이끌고 간 병력은 고작 200여 명이었는데, 이해 12월까지 불과 20일 동안 이 인원을 가지고 하노이 성을 비롯해 훙옌(Hưng Yên 興安), 하이즈엉(Hải Dương 海陽), 닌빈, 남딘 등 홍하 델타의 4개 성을 점령했다. 어떻게 그런 일이 가능했을까? 그 이유는 프랑스군이 도착하자마자 기독교도 수천 명이 삽시간에 모여들어 호응했기 때문이다. 홍하 델타에서는 프랑스 - 베트남 사이의 싸움이 아니라 기독교도와 비기독교도 사이의 싸움이 벌어졌던 것이다.

---

14) 유인선, 『새로 쓴 베트남의 역사』 (서울: 이산, 2002), p. 275.

동아시아 식민지화 과정에서 이런 식의 종교전 양상을 띠는 공방전은 다른 나라에서 없었다. 일본에 의해서 식민지화된 조선, 대만, 유구(오키나와), 프랑스의 식민지였던 캄보디아와 라오스, 스페인과 미국의 식민지 필리핀, 네덜란드의 식민지 인도네시아, 영국의 식민지 버마, 말레이시아, 싱가포르 등 그 어느 나라의 식민화 과정에서도 이렇듯 극렬한 종교적 대립은 결코 없었다. 오직 베트남만이 그러하였으니, 베트남 근대사에서 기독교도의 위상은 각별하다.

한 가지 내가 그동안 베트남을 다니면서 가진 의문은 기독교도와 비기독교도 사이의 갈등이 언제 치유되었느냐 하는 것이다(요즘은 거의 문제가 없어 보임). 여러 사람과 이야기를 나누어 보았지만 명확한 대답을 들을 수 없었다. 앞서 1870년대의 홍하 델타 싸움에서 기독교도의 역할을 이야기했는데, 1885년부터 3년간 중부를 중심으로 근왕운동(이에 대해선 10장에 소개함)이 일어나면서 유학자들의 지도 아래 기독교도 살육이 곳곳에서 자행되자 두 집단 사이의 싸움은 더 격렬해졌다. 근왕운동이 진압되면서 기독교도의 피해는 줄어들었지만 기독교도와 비기독교도 사이 감정의 골은 깊어졌다. 그런데 이상하게도 20세기에 들어서면서 도통 이 둘 사이의 반목 현상은 역사 속에서 그리 눈에 뜨이지 않는다. 오히려 기독교도 집단 출신인 응오딘지엠이 황제의 최측근으로 발탁되어 베트남의 독립을 위해 두 사람이 협조했고, 황제의 아내로 기독교도 여성이 황실에 들어갔다. 이 화해가 참으로 놀랍다.

나는 그 이유를 다음과 같이 생각하고 있다. 기독교도들이 프랑스에 협조는 했으되, 베트남적 윤리에도 역시 충실했기 때문이 아니었을까? 남딘에서 올라온 두 병사가 '효도' 운운했음이 주목된다. 설사 기독교도라 하더라도 그들 역시 전통적 윤리를 중시했다. 무지막지한 탄압에 휘둘리면서 생존을 위해 동포를 향해 무기는 들었지만, 이제 그런 위협이 없어지자 기독교도는 베트남인으로서 전통의 수호자 역할을 자처하고

▎팟지엠 성당 (2005. 2)

나서게 된 것이니, 이즈음에서 기독교도와 비기독교도 간의 공통분모가 찾아지지 않았을까? 기독교 지도자들이 제사 문제에서 한발 물러서는 융통성을 발휘한 것도 기독교도와 비기독교도 사이의 갈등을 완화하는 데 큰 역할을 했다고 본다.

가르니에가 일거에 점령했다는 4개 성 중 닌빈에는 기독교도가 많아서 교회가 한 집 걸러 하나씩 있는 것 같아 보일 정도이다. 이곳에는 베트남인은 물론이려니와 베트남에 관심을 갖는 사람이라면 꼭 가보아야 할 곳으로 추천되는 명소가 하나 있으니 바로 팟지엠(Phát Diệm) 성당이다. 성당은 성당이로되 베트남 고건축 양식이 혼합된 독특한 건물로, 동과 서 또는 프랑스와 베트남의 융합, 상호 존중 정신이 배어 있다. 이 성당은 1880년대에 짓기 시작하여 1901년에 완공되었다. 내가 1997년 이곳을 처음 방문했을 때 가장 관심을 끌던 것은 본당을 떠받치고 있는 우람한 흑단 나무 기둥들이었다. 전통 시대 베트남에서 이런 목재는 귀중한 건축물, 즉 왕궁이나 국자감, 문묘 같은 곳에만 사용되었다. 당시 성당에서 본 흑단 기둥의 굵기는 후에 왕궁의 중심 건물인 태화전(太和殿) 기둥보다 굵었다. 옛날이라면 있을 수 없는 일이다. 왕을 능멸하는 짓이니 말이다. 하지만 베트남 기독교도들은 하나님의 전을 그렇게 황궁의 것보다 더 굵은 흑단 기둥으로 만들었다. 내게는 기독교들의 오만처럼 비추어졌다. 그러나 2005년 겨울, 한국의 건축사 전공자들과 다시 이곳을 찾아 안내자의 친절한 설명을 들으면서 자세히 살펴보니, 기둥에서 느껴지는 오만보다는 베트남 문화의 수호자로서의 고민이(베트남적 고건축 양식의 혼합 같은 것) 더 크게 다가왔다. 기독교도는 '좌도'가 아니라 '정도'의 반열로 들어가고 있었던 것이다.

제8장

인도차이나와 코친차이나

'인도'와 '차이나'의 합성어인 인도차이나는 한때 인도와 중국 사이의 지역 즉 동남아시아를 가리키는 용어로 사용된 적이 있다. 하지만 동남아시아 전체를 가리키는 개념으로서의 인도차이나는 이젠 잊어버려도 될 만큼 사용 빈도가 거의 없다. 더군다나 이런 의미의 인도차이나라는 것이 인도와 중국 사이에 있는 곳으로서의 중간 지대라는 수동적 문화 개념까지 수반된다는 데 문제가 있다. 그럼에도 불구하고 난 어감 그 자체로서 친밀함을 갖고 있기 때문에 개인적으로는 이 단어에 그리 적대적이지 않다. 두 개의 대 문명 사이에 낀 지역이라기보다 양쪽 문명을 다 차용하고 포용했던 역사를 이해한다면 의미 그 자체로도 호감이 간다.

그런데 베트남과 동남아시아의 근현대를 이야기할 때 인도차이나는 인도차이나 반도를 지칭하는 의미로 이해하면 된다. 그 기원은 '프랑스령 인도차이나'인데, 1887년 성립된 이 단위는 처음에는 베트남만 가리키다가 1893부터는 캄보디아와 라오스까지 포함하게 되었다. 여기에서 인도차이나 반도라는 명칭도 생겼다.

 한국과 베트남이 공히 반도국이긴 하나 베트남의 경우 반도 서쪽은 캄보디아, 라오스가 차지하고 있는 관계로 동해와 남해만 있지 서해는 없다. 캄보디아는 서해만 있고, 라오스는 내륙 국가다. 바다의 존재가 강국의 필수 조건은 아니지만, 적어도 인도차이나 반도 내 삼국의 역사 속에서는 그랬다. 원래는 동해밖에 없던 베트남이었지만 점차 남으로 내려가서 사이공, 메콩 델타를 확보함에 따라 남해가 생겼다. 그러자 베트남은 인도차이나에서 최강국 지위가 확고부동해졌다. 이에 따라 인도차이나 3국의 정치적 변화는 베트남의 상황에 따라 좌우되는 형편이 되었으니, 20세기의 공산주의 운동, 전쟁 등이 모두 베트남에 중심을 두고서도 '인도차이나'란 이름 아래서 진행되는 현상을 보게 된다. 베트남전쟁이 종종 인도차이나전쟁이라고도 불리는 것은 베트남이 인도차이나여서가 아니라 베트남전쟁이긴 하되 캄보디아와 라오스가 다 관련된 전쟁이었기 때문이다. 그래서 베트남전쟁보다 인도차이나전쟁이라고 하는 게 더 정확하다고 할 수 있다.

 전쟁 동안의 인도차이나 형편을 좀 더 소개해 보기로 하겠다. 제1차 인도차이나전쟁(1946-1954)은 호찌민의 북베트남 군대와 프랑스 간의 싸움이었다. 전쟁을 종결짓는 일전이 디엔비엔푸 전투였는데, 프랑스가 이 결전을 치르기로 한 직접적 이유 중 하나는 북베트남 군대가 라오스 경내로 들어가 라오스 공산혁명군과 협조하며 라오스 왕정 타도를 기도했기 때문이다. 라오스를 통과하여 프랑스군의 배후를 치려는 북베트남군의 작전을 저지하려는 의도도 있었다.

 제2차 인도차이나전쟁(1960-1975)은 베트남 통일로 가는 전쟁이었으며 흔히 '베트남전쟁'이라고 불린다. 이때 베트남 중부 고원지대와 라오스, 캄보디아 영토를 통과하는 호찌민 통로가 건설되었다. 이 통로를 차단하기 위해 미군은 라오스, 캄보디아에서도 군사 작전을 수행해야 했기에 전장은 베트남만이 아니라 인도차이나였던 것이다. 캄보디아의 수장 시하눅이 자국 영토 내에서 공산 계열 베트남군(북베트남군과 남부의 민족해방전선 군대)의 활동을 묵인하는 태도로 일관하자 미군은 론놀 장군을 지원해 쿠데타를 일으키게 한 후 시하눅을 축출하고 친미 정권을 세웠다.

제3차 인도차이나전쟁은 우리가 흔히 '중월전쟁'(1979)이라 부르는 사건이어서, 중국군의 침략에 대응해 베트남 내에서 일어난 전쟁으로 여기기 쉽다. 하지만 중국의 '베트남 응징' 구실은 베트남의 캄보디아 점령이었음을 주목할 필요가 있다(이 문제는 20장에서 다룸). 베트남의 행동에 중국이 나섰다. 베트남의 군사력 견제, 국경 분쟁 해결, 베트남 통일 후 베트남 거주 중국인 보호 등을 위해 고심하던 중국에게 베트남군의 캄보디아 '침략'은 중국의 군사 행동에 명분을 제공했다. 그래서 일어난 전쟁이 중월전쟁이고 제3차 인도차이나전쟁이었다. 학자에 따라서 베트남의 캄보디아 개입을 제3차 인도차이나전쟁의 시발로 잡기도 한다.

그렇다면 '코친차이나'의 유래는 무엇일까? 코친은 교지(交趾)에서 생긴 말이다. 교지는 중국의 한나라 무제가 남월을 멸하고 설치한 7군 중 홍하 델타 중심부에 위치한 군을 가리킨다. 이후 베트남을 지칭하는 말로서 흔히 사용되었다. 당나라 지배기를 거치면서 안남(安南)이란 이름이 교지를 대치해갔고 10세기에 베트남이 독립하면서는 안남이 베트남을 가리키는 용어로 정착되었다. 그러나 중국인, 특히 중국 상인들 사이에서 '교지'는 여전히 살아 있었다. 고려가 망한 지 한참 되어도 조선인을 일러 고려인이라 한다든가, 당나라가 망한 지 천 년이 다 되어도 당인, 당화라는 말이 통용되던 형편과 유사하다. 참고로, 꼬레아가 고려에서 유래했다고 하지만 고려 시대나 그 이전 시대에 꼬레아가 생겨난 것이 아니다. 동아시아에 포르투갈, 스페인을 위시한 남부 유럽 서양인들이 들어오기 시작한 16세기부터 꼬레아가 생겨났을 가능성이 높은데, 당시 그들이 접하던 중국인이 우리나라를 지칭해 조선 대신 까오리(고려)라 하는 데서 기인했을 것이다. 꼬레아라....라틴계 발음법에 가깝지 않은가.

'코친차이나'의 등장도 16세기 서양인의 동아시아 진출과 관련이 있다. 우선, 교지의 중국 표준어 발음은 쟈오찌(Jiao Zhi)이다. 따라서 북경을 중심으로 하는 표준어 발음은 코친과 별 상관이 없어 보인다. 그러나 베트남을 비롯한 동남아시아와 접촉이 빈번했던 중국 동남부 복건, 광동 사람들의 발음은 이와 다른데, 그들은 교지를 대략 꾜찌로 발음한다. 이것이 서양인들의 청음과 표기법, 그리고 다시 그 표기에 따른 새로운 발음 탄생을 통해[15] 코치가 되었다가 차이나와 결합하여 코친차이나가 될 준비를 하게 된다.

코친차이나는 교지-중국이니, 베트남은 중국의 일부라는 인식이 배어 있는 말이다. 형용사가 앞에 놓이고 명사가 뒤로 가는 영어식 해석은 '교지의 중국' 즉 교지 땅에 있는 중국 또는 중국인이 되며, 형용사가 명사 뒤에 가서 붙는 라틴식으로 해석하자면 '중국의 교지'가 된다. 하지만 '코치차이나'가 아니고 '코친차이나'인 것은 두 단어 사이에 전치사가 하나 붙었기 때문일 터인데, 영어식 'in' 또는 프랑스어식 'en' 같은 단어들이다. Cochi 'in' China는 영어식이고 Cochi 'en' China는 프랑스어식인데, 어떤 방식이든 코친차이나는 '중국의 교지'라는 의미다.

코친차이나는 결국 교지이며 베트남이었다. 때문에 16세기부터 유럽인들이 본격적으로 동아시아로 들어오면서 코친차이나는 베트남을 지칭하는 용어로 사용되었다. 그런데 16세기 중반부터 베트남에 두 개의 왕조가 각기 따로 발전하게 됨에 따라 외국인으로서는 두 나라를 구분해서 불러야 할 필요성이 생겼다. 북베트남은 통킹이 되었고 코친차이나는 남부가 가져갔다. 왜 원래 있던 이름을 새로운 땅에 옮겨다 붙였는지 그 이

---

15) 예를 들어 고려의 중국 남부식 발음 '꼬레' 또는 '꼬리'를 라틴계 서양인이 '꼬레아'라 발음하고 이것이 Corea라 표기되지만, 앵글로 색슨계가 Corea를 '코레아'로 읽게 되면서 Corea를 Korea로 다시 표기하는 과정.

유는 분명치 않다. 흥미로운 것은, '코친차이나'가 남진을 계속하고 있었다는 사실이다. 대략 18-19세기부터는 남부베트남 중에서도 특히 사이공 주변과 메콩 델타를 일러 코친차이나라고 불렀으며, 프랑스가 들어오면서 코친차이나는 사이공·메콩 델타를 가리키는 말로 고정되었다.

프랑스는 1858년, 수도 후에 점령의 전 단계로 다낭 항구를 공격했다. 그러나 베트남 수비대의 견고한 방어선을 깨지 못한 프랑스군은 대신 사이공을 공격하여 1859년 초에 점령했다. 이후 약 20년에 걸친 싸움 끝에 과거 베트남의 가정성에 해당하는 남부의 6개 성을[16] 프랑스가 다 차지했고 이 지역을 코친차이나라고 명명했다.

이후 프랑스가 1882년까지 북부를, 1885년에는 중부까지 다 장악한 후, 북부는 통킹, 중부는 안남, 남부는 코친차이나가 되었다. 통킹은 보호령으로서 프랑스와 베트남 관리가 공동으로 관리하는 체제였고, 안남은 명목상이나마 황제를 비롯한 전통 지배 체제가 그대로 유지되었으나 남쪽만은 프랑스인이 지방 현 단위까지 직접 지배하는 식민지였다. 따라서 식민지 시대 코친차이나는 프랑스령 인도차이나 중에서 프랑스의 직접 지배를 받는 베트남 남부를 지칭하는 용어였다.

인도차이나와 코친차이나의 차이는 크다. 그리고 이 두 용어의 명확한 구분은 베트남 근현대사 이해에서 중요한 기초가 된다.

---

16) 동쪽으로부터 비엔호아(Biên Hòa 邊和), 쟈딘(Gia Định 嘉定), 딘뜨엉(Định Tường 定祥), 빈롱(Vĩnh Long 永隆), 안쟝(An Giang 安江), 하띠엔(Hà Tiên 河僊) 성이다.

제9장

아편을 먹어다오, 술도 더 많이 마시고

베트남 사람들은 술을 참 좋아한다. 이들이 즐겨 마시는 술은 쌀로 빚은 소주다. 나는 우리나라에 소주가 전래된 경로가 베트남으로부터라고 믿고 있다. 흔히들 우리나라 소주의 기원을 13세기 몽골 병사들이 우리나라에 들어왔을 때, 그들이 소주를 고아 마시던 것을 보고 배운 걸로 알고 있다. 그러나 초원에 살던 몽골 사람들이 쌀로 소주 빚는 법을 알고 있었을 리 없다. 초원을 떠나 전 세계를 휩쓸고 다니다가 소주를 배웠을 터인데, 우선 소주가 생산되기 위해서는 쌀이 흔한 지역이어야 한다. 남중국으로부터 동남아시아가 그런 곳이다. 그런데 남중국에서 소주는 흔하지 않다.

나는 중국 최남단 광동, 광서, 운남을 여행하면서, 그중 가장 후미진 운남의, 그것도 수도 곤명에서 한참 서쪽에 있는 대리(大理, 대리석으로 유명한 곳)에 가서야 사람들이 쌀 소주 마시는 것을 발견할 수 있었다. 몽골 군대가 들어왔던 13세기까지 이곳은 백족(白族)이 중심이 되는 대리국이었으니 몽골 사람들이 운남에서 쌀 소주 만드는 방법을 배웠을 가능성도 조금은 있다. 이곳 대리에서 홍하가 발원하여 동동남쪽을 향해 거의 직선으로 흘러내려 가면서 만들어낸 땅이 홍하 델타이다. 이곳은 쌀이 많이 생산되고 소주 마시는 풍습이 보편적이다. 임진왜란 시 일본군에 끌려갔던 조완벽이라는 진주 선비가 17세기에 북베트남을 방문했을 때 인상적인 모습을 소개하며 이곳 사람들은 "늘 소주를 마신다(常飮燒酒)"[17]고 한 말도 기억할 만하다. 몽골군은 베트남에 세 번 침입했다. 몽골 원정군의 이동 경로 중 하나는 운남을 통해 홍하를 따라 남하하는 것이었으니 진격이나 전쟁, 후퇴 과정에서 베트남, 운남의 소주 만드는 법을 배울 기회는 많았을 것이다. 하지만 운남, 대리가 해발 1,500미터를 넘는 고지인데 반해 베트남 중심지는 델타 지역이라 벼농사가 훨씬 흥해서 소주 생산 역시 많았으니 소주 발상지는 베트남이었을 가능성이 높다.

  더운 나라에서 웬 소주냐고? 모르시는 말씀. 홍하 델타의 겨울은 춥다. 주변 산악 지대는 더 춥다. 델타의 중심지인 하노이를 예로 들자면 겨울 평균 기온이 영상 10도 안팎이지만, 햇빛이 없는 날이 많고 가느다란 이슬비도 자주 내린다. 겨울은 겨울이로되 어중간한 겨울이라 특별한 난방 시설도 없이 지내는 고로 몸과 마음에 느껴지는 추위가 만만치 않다. 노인들은 겨울을 못 넘기고 사망하는 경우가 많다. 따스한 춘신(春信)을 맞는 봄의 첫날인 설(뗏 Tết)은 그래서 일 년 중 가장 큰 명절이다. 추우니 독한 술이 어울린다. 그러나 즐겨 마시는 술의 도수는 꼭 기후와 반비례하지는 않는다. 남부베트남은 사철 30도 이상으로 덥지만(그래도 밤에는 추위를 느끼는 경우가 많음) 이곳 사람들이 알코올 도수 40도 안팎 되는 소주를 즐김은 북부 사람보다 훨씬 더하다. 그래도 북부인은 대체로 고량주 술잔만 한 작은 소주잔을 사람마다 앞에 놓고 조금씩 마시는 데 비해 남부

---

17) 최상수, 『한국과 월남과의 관계』(서울: 한월교류협회, 1966), p. 97.

인은 잔을 하나만 놓고 서로 권하며 마신다. 나는 1997년 여름 메콩 변의 어느 시골에서 이 주법을 만나 크게 혼난 경험이 있다. 마침 방문한 가정에서 새집을 짓느라고 상량식이 있던 터라 조촐한 잔치가 벌어져 나를 포함해 대략 10명의 남자들이 자리를 같이 했다. 한 사람이 잔에 철철 넘치게 술을 들고 내게 와서는 "쭉 쓱쾌(chúc sức khỏe 건강하시기를)!"하고 꿀꺽꿀꺽 잔을 비운다. 그러고는 잔을 채워 내게 주면 난 그걸 다 마셔야 한다는 거였다. 그게 공평한 것이고 우의를 받아들이는 표시란다. 먼저 마시는 이유는 권하는 술에 독이 없음을 증명하기 위함이라는 익살스러운 설명도 덧붙여진다. 일반적으로는 반잔 먹고 나머지를 권한다. 이는 베트남인의 메콩 델타 개척기 이민족들과 관계 속에서 상호 신뢰를 보이기 위해 고안된 음주법이라는 견해도 있다. 이유는 어찌되었거나, 그렇게 서로 술잔을 돌리니 마시는 양이 엄청나다. 그 뒤로 남부를 여행하며 관심을 갖고 살피니, 여럿이 식당이나 술집에 가서 술을 시켜도 잔은 늘 한 개만 나온다. 좀 더 절도 있는 술자리라면, 술병을 한 사람이 책임지고는 공평하게 이 사람 저 사람 형편을 보아가며 권하는데(자기도 마셔가며, 그리고 술잔은 역시 한 개) 잔을 건네받는 사람의 의사를 존중해 가면서 병을 잡은 사람은 술잔 주는 횟수를 적당하게 조절한다. 술이 과하다 생각해서 사양하게 되면 주위에서 더 마시라고 강권하지는 않지만 그 이후로 이 사람은 안주에 손을 대지 않는 게 예의이다. 그렇게 해서 술과 안주는 술잔을 받는 사람들과만 함께 간다. 조금씩 마시지만 북부인도 잔은 늘 가득 채워놓는 것을 예의며 정으로 여기는지라 상대방이 조금만 마셔도 얼른 부어서 잔을 가득 차게 유지해 술맛을 돋운다.

하여간 내가 관찰한 바로 베트남인은 술을 즐기고 또 많이 마시는 민족임에 틀림없으며(여성들은 여간해서 술을 마시지 않지만), 술 특히 쌀 소주 소비량은 동남아시아에서 단연 최고인 것 같다. 이웃 동남아시아 각국에서도 쌀은 많이 나지만 쌀 소주를 즐겨 마시는 경우는 드물다. 바나나, 야자 같은 과일로 만든 발효주가 많다. 필리핀을 빼놓고 이슬람 아니면 불교 국가가 대부분이니 경건한 신앙심이 음주를 자제하게 하는 요소로 작용하기도 할 것이다(단지, 불교도가 많은 나라임에도 라오스에는 찹쌀로 빚은 맛 좋은 소주가 있다). 필리핀인도 그렇게 맹렬한 애주가는 아니다. 기독교의 영향이 어느 정도 작용하기 때문일까.

이에 반해 베트남인은 종교의 계율적 속박에서 자유롭다. 게다가 베트남에서는 조상을 받드는 의식이 강하기 때문에 술 소비가 필연적이다. 한 집에서 일 년에 몇 번씩 치러야 하는 제사에 술이 늘 있어야 한다. 집에서 자유롭게 술을 담글 수 있고 각 지방에는 내로라하는 특산주가 있어 애주가를 유혹한다. 쌀이 풍부해서이기도 하지만, 베트남 사람의 유난한 술 애호는 전통이요 관습이요 미풍이기 때문에 우리에게 익숙한 소위 '금주령'은 베트남 역사 속에서 찾아보기 힘들다. 베트남 북부와 중부에는 간혹 자연재해가 발생하기 때문에 쌀이 귀해지는 경우가 있고, 지나친 술 소비가 풍속을 해칠 수도 있다는 근엄한 유가 지식인들도 있어서 간혹 술 소비 억제 제안도 없지는 않았지만, 이런 제안에는 왕까지도 반대하고 나서는 정도였다. 1841년 빈딘과 푸옌을 관할하던 총독이 관할지의 쌀 가격은 오르는데 민간의 술 빚는 자들이 쌀을 훑어 매입하고 백성들은 모여 술만 마시니 한 현당 한 곳만 술도가를 허용하자는 제안을 황제에게 올린 적이 있다. 이에 황제는 "주청한 바는 너무 편벽되어 오로지 다 옳다고 할 수 없으니, 무릇 술을 너무 많이 빚으면 미곡을 헛되이 소모하는 것이기는 하나 술의 쓰임은 인가에서 제사용으로도 필수적이니 없앨 수는 없는 것"이라며 각 지방관은 너무 과도하게 단속하지 말고 적당한 선에서 융통성 있게 대처하라 지시했다.[18] 그냥 내버려두라는 이야기나 마찬가지다.

---

18) 『大南寔錄正編第三紀』(1894. 東京: 慶應義塾大學言語文化硏究所, 1977)(이하 『寔錄』3), 13:5.

이 장의 제목 중 '술도 더 많이 마시고'는 프랑스 식민 정권의 목소리다. 술 좋아하는 베트남인의 전통, 습속을 존중해서였을까? 그렇지 않다. 식민 정권의 재정 수입을 증대하기 위한 바람이었을 뿐이다. 인도차이나를 경영하면서 프랑스 식민지 정부는 만성적인 재정 적자에 시달렸다. 도로, 교량, 철도 건설 등 인프라 구축에 돈이 들어갔다. 교육 시스템 구축도 비용이 만만치 않았고 직접 지배 방식에 따른 행정 체제 유지에도 돈이 많이 들어갔으며 끊이지 않는 항불 운동 진압을 위한 경비 소요도 많았다. 여기에 프랑스 정권의 산만하고 비효율적인 경영 방식도 한몫을 했다. 초기의 비용 투자는 어느 식민지 경영에나 있게 마련이지만 투자분을 회수하고 재정이 흑자로 돌아서는 데는 시간이 필요하다. 그 사이에 '잔혹한' 정책들이 다양하게 강구된다.

프랑스 식민정부는 재정을 흑자로 돌리는 방법을 찾느라고 고심하다가 특정 품목의 전매제를 실시하기로 했다. 아편, 술, 소금이 그 대상 품목이 되었다. 베트남에서 술의 특수성은 앞에서 길게 말한 바 있다. 소금은 말할 나위도 없이 세계 어디에서고 인간 생활의 필수품이다. 그런데 베트남에서 소금의 필요성은 각별하다. 느억맘(nước mắm) 때문이다. 느억맘은 생선과 소금을 함께 통에 넣어 수개월간 숙성시켜 만드는 생선장이다. 우리에게도 간장이 있어 식사와 조리에 필수품이었지만 베트남은 더운 기후 때문인지 짠 생선장의 소비가 많다. 짠 맛뿐만 아니라 느억맘은 비타민, 미네랄, 아미노산 등도 제공한다. 프랑스 당국은 소금을 전매함으로써 베트남인의 식단, 영양까지 통제한 것이다.

베트남인은 원래 아편을 그리 즐기지 않았는데, 19세기 전반에 베트남을 오가던 중국 상인들이 아편을 들여와 베트남 거주 중국인 사이에 많이 퍼졌다. 아편을 흡입하는 베트남인이 많아지자 아편의 밀반입을 단속하는 조치가 종종 내려지고는 했다. 중국의 아편전쟁 소식 역시 베트남 조정에 알려졌던 고로 아편의 폐해 그 자체뿐 아니라 아편의 국제 정치적 기능까지도 익히 알던 바였기 때문에 조정의 아편에 대한 태도는 적대적이었다. 기독교 탄압이 거세던 1840년대 중반, 기독교와 아편 중 어느 것을 더 두려워하느냐고 조정의 대신들과 황제에게 물어보았다면 아마도 아편이라고 했을 것이다. 1847년 티에우찌 황제와 대신 사이에 있었던 다음과 같은 대화를 음미해볼 만하다. "[황제가] 기밀대신에게 묻기를 오랑캐의 배가 와서 구하고자 하는 것은 기독교 금지 완화와 통상 허용 두 가지 뿐이다. 통상은 가능하다. 한데 기독교 금지 완화는 어떠할꼬? […] 서양 오랑캐는 본디 교활하고 거짓을 일삼으니, 만약 기독교 금지를 완화하기만 하면 영국이 이를 듣고선 아편의 금지도 완화하라 할 것이다." (『寔錄』3, 66:4) 이 대화에서 황제는 "기독교는 변방의 우환을 크게 하고 아편은 가산을 탕진하는 위에 인명까지 상하게 한다"면서 결국 두 가지를 다 금지하는 입장을 확인하니, 기독교 금지 완화를 고려하는 것 같다가 그만두는 이유가 영국의 아편무역 요구에의 의구심에 있는 것으로 보아 아편의 위험을 황제는 더 크게 인식하고 있었음을 알 수 있다.

정부에 의한 아편 전매제도 시행이란 곧 아편 흡입을 공식적으로 허용함을 의미했다. 베트남인의 아편 흡입이 급속도로 증가했다. 식민지 정권 입장에서 보자면 아편 흡입은 권장 사항이었다. 음주도 그러하고. 그래서 이 전매제는 "더 많은 알코올 소비를 강요하고 아편 흡입을 권장한"[19] 정책이라 할 만하다.

아편이든 술이든 판매량은 구매자의 의지에 달린 것인데, 안 먹거나 덜 먹으면 되지 않겠느냐고 생각할 수도 있을 것이다. 또한 제사 때 조상님께 바치는 술이야 얼마나 되겠느냐고. 그리고 판매량 유지를 위해서는 구매력을 감안해서 적당한 가격이 정해지기 때문에 술 전매가 술 소비자의 부담을 직접적으로 크게 가중시키지는 않을 수 있다고 생각할지 모르

---

19) Joseph Buttinger, *Vietnam: A Political History* (New York: Praeger Publishers, 1968), p. 124.

겠다.

그런데 이게 꼭 그렇지만은 않다. 아편은 유통을 방치하면 그 자체가 소비 조장을 의미한다는 게 너무나도 당연하고, 문제는 아편도 그렇고 술도 그렇고 주로 중국인들이 판매를 담당했던 데에 있었다. 동아시아 아편 유통의 중심지였던 싱가포르, 홍콩 등의 화교 네트워크에 연결되는 베트남 내 중국인이 아편 무역을 도맡았다. 아편 판매로 생기는 이윤은 일단 중국인 호주머니로 들어갔다가 일부가 세금 형태로 식민 정부에 납부되는 식이었다. 술은 자본력을 가진 중국인들이 설립한 공장에서 주로 만들었으니 베트남인은 술을 중국인으로부터 사 먹게 된 셈이었다. 욕심 사나운 술 제조업자들은 이윤이 만족스럽지 않을 때면 종종 식민 권력과 결탁해 촌락의 술 소비량(구매량)까지 할당해 매입을 강제하는 경우도 비일비재했다. 이런 경우는 그야말로 식민 정권과 중국인이 합작으로 베트남인에게 억지로 술을 먹이는 셈이었다 할만하다. 미식가 성향이 강한 베트남인에게 중국인 공장에서 만든 술을 먹어야 한다는 것은 고통이었다. 게다가 베트남 돈이 중국인 주머니로 들어간다는 박탈감과 함께 술이 가진 주술적 의미(산 자와 죽은 자를 연결하는)를 고려할 때[20] '공장 술 먹기'는 심리적 피해 의식까지 수반했다.

음식을 통한 역사 (food history, 음식의 역사 history of food가 아님) 연구로 명성을 쌓아가고 있는 에리카 피터스는 최근 저서 『베트남에서의 식욕과 갈망』에서 베트남의 쌀 소주가 19세기 동안 베트남의 상징이 되고 있었다고 진단하고 있다. 전매제에 맞서 베트남의 전통 쌀 소주는 베트남인을 하나로 묶고, 다시 그들을 조상들과 하나 되게 하는 역할을 하고 있었다는 주장이다.[21] 질 나쁜 공장 술은 베트남인의 정신을 훼손하는 것이었

---

20) 민망 황제는 일찍이 "술은 그것으로써 신을 대접하는 것이니 절대 폐할 수 없다.(酒以酬神亦不可廢)"고 했다. 『寔錄』 2, 199:2b.

21) Erica J. Peters, *Appetites and Aspirations in Vietnam, Food and Drink in the Long*

으니, 밀주를 제조하는 일은 베트남인의 순정한 영혼을 유지하기 위한 저항 활동이기도 했던 것이다. 술이 너무 미화되는 감이 없지는 않으나 맥주, 와인, 위스키, 보드카, 럼주 등의 민족사적 역할과 위상을 떠올려 보면 이 음식사가의 의견에 귀 기울일 만하다.[22]

프랑스 당국의 술, 소금, 아편 전매는 식민 정권의 재정 개선을 위한 것이었지만 부수적으로 중국인이 베트남의 의례, 취향, 건강을 통제하며 돈을 버는 결과를 가져 왔다(근대적 기술이 도입되고 생산 시설이 커지면서 중국인 자본이 소금 생산과 유통을 지배하는 경향도 나타났다). 결국 식민 당국의 전매제는 프랑스인에 더해 중국인이라는 또 다른 지배자를 등장케 했다고 할 수 있다. 중국에서는 아편이 민족의식을 자극했지만 베트남에서는 아편에 더해 술과 소금이 그 역할을 했다. 일본군이 들어와서는 쌀에도 손을 대면서 베트남인의 투쟁에 불을 끼얹게 되니(이 책 제14장의 주제임) 베트남 민족주의에서 식단이 차지하는 비중은 크다.

Nineteenth-Century (Lanham: Rowman & Littlefield, 2012), p. 95.

22) 베트남인에게 얼마나 술이 중요했는지, 20세기 중반 '혁명전쟁' 수행 중 공산주의 치하 북베트남에서 안정적 식량 수급을 위해 사적 술 제조가 금지되었을 때도 사람들은 여전히 몰래 술을 빚었다. 나라의 눈을 피한다고 해서 이런 술은 꾸옥루이(quốc lủi)라고 불렀다. 북베트남에서는 꾸옥루이가 질 좋은 사제 쌀 소주를 지칭하는 단어로 아직도 많이 사용된다.

제10장

아프리카로 간 황제들

메콩 변에 자리 잡은 도시 미토에는 이곳 사람들, 그리고 미토가 속한 띠엔쟝 성(대략 전통 시대 딘뜨영 성에 해당함) 사람들이 자랑스럽게 여기는 한 인물의 석상이 있다. 19세기를 살았던 완유훈(阮有勳 Nguyễn Hữu Huân 응우옌흐우후언, 1830-1875)이 석상의 주인공이다. 베트남에서는 드물게 석상의 재질이 화강암이다. 세워진 지 올해(2015년)로 만 30년이 되었지만(1982년 2월 기공, 1985년 4월 완성) 아직도 깔끔한 걸 보면 얼마나 정성스레 만들어진 작품인지 짐작할 수 있다. 입상인데, 자세와 표정, 크기에는 그의 삶에서 보여준 화강암 기질이 온전히 뿜어난다.

완유훈은 응우옌 왕조 특히 민망 황제가 노력을 경주한 일체화 정책의 산물이다. 레반코이의 반란을 경험한 민망 황제는 메콩 델타 사람들을 제국의 일부로 끌어들이는 일환으로 교육 기관을 확대하고 과거 시험을 통해 남부에서 지식층을 양성하는 데 힘썼다. 이런 노력은 민망의 후계자인 티에우찌 대에도 이어졌다. 완유훈은 이런 분위기 속에서 성장했

▌완유훈 (2011. 12)

다. 그는 미토에서 동쪽으로 약 15km 떨어진 쩌가오(Chợ Gạo)에서 출생했고 향시에 합격해 거인이 되었다. 응우옌 왕조 시기 과거제는 향시-회시-전시 체제였다. 향시에 합격하면 거인(擧人)이 되었다. 수석 합격자여서 그는 투코아 후언(Thủ Khoa Huân 首科勳)이라고도 불린다.

프랑스군이 들어왔을 때 완유훈은 의군을 조직해 싸웠고 1875년에 처형되었다. 그는 세 번 군대를 일으켰다. 첫 번째는 프랑스군의 첫 침입이 있었을 때였고, 두 번째는 1862년 베트남 조정이 동부의 3개 성(비엔호아, 쟈딘, 딘뜨엉)을 프랑스에 할양한 뒤 서쪽 3개 성(빈롱, 안쟝, 하띠엔)으로 물러가 봉기를 준비하다가 체포되었다. 그의 '열전'에 의하면 "프랑스 관리들에 잡혀서 해외로 나가 7년 유배되었다(爲法[國]官所執發出海外流謫七年)"고 하는데, 돌아와서는 또 군사를 일으켜 규합한 병력이 3천 명이었다고 한다. 어디로 유배를 다녀왔기에 힘이 남아서 해배되는 즉시 또 싸웠나? '해외'란 어디인가? 거기에 대해서는 이 장의 말미에 이야기하겠다. 그가 참수된 곳은 출생지였던 쩌가오였다. 2011년 그가 처형된 장소를 찾았을 때 그곳은 한 주택 앞마당 한 쪽이 되어 있었다. 조촐한 푯말이 나를 맞았다. "이곳에서 1875년 5월 19일, 식민 프랑스가 민족 영웅 투코아 응우옌흐우후언을 참수에 처했다." 전하는 말로는, 이곳으로 끌려온 완유훈은 마지막 청을 넣어 황제가 있는 후에의 궁궐을 향해 절을 한 후 칼을 받았다고 한다.

이제는 후에로 가 완유훈이 절한 황제, 그리고 그의 뒤를 잇는 황제들에 관해 살펴보도록 하자. 그가 절한 대상은 뜨득 황제였다. 그 당시 이 황제는 완유훈을 비롯한 남부의 저항자들에게 무기를 버리라고 했다. 프랑스의 침입을 맞아 조정은 주전파와 주화파 양편으로 나뉘었는데, 주화파의 발언권이 강해졌고 프랑스와는 협상을 통해 문제를 해결하려 했기 때문이다. 뜨득 황제 치하 베트남 조정은 화의와 전쟁을 왕래하고 중국(인)까지 끌어들이면서 프랑스군의 세력 확대를 막아보려 했지만 역부족이었다. 이런 가운데 황제는 의기소침해져 갔고 권신들이 기승을 부렸다. 그 대표적인 사람이 존실설(尊室說 Tôn Thất Thuyết 똔텃투엣)로서,

▌완유훈 처형 장소 (쩌가오, 2011. 7)

베트남 역사 속에 악명을 남겼다. 이 사람의 성은 존실인데, 존실은 원래 '종실(宗室)'이어야 한다. 그런데 종실의 '종(똥)'이 휘자이기 때문에 '존(暾)'을 쓴 것이다. 황제의 직계만 빼고 방계 쪽으로는 이 성을 쓴다.

뜨득이 사망한(1883) 후 열 달 동안 세 황제가 섰다가는 모두 죽었다. 자식이 없었던 뜨득은 세 양자를 두었다. 그중 첫째 양자가 황제 위에 올랐는데 육덕(育德) 황제라 한다. 그의 재위 기간은 단 3일이었다. 존실설은 새 황제가 탐탁지 않자 끌어내리고 감옥에 가두어 굶겨 죽였다. 그 뒤를 이어 뜨득 황제의 동생이자 티에우찌 황제의 아들이 황위에 올라 협화(協和)라는 연호를 썼지만 존실설을 제거하려다가 오히려 역습을 당해 자살을 강요받고 죽었다. 존실설 일파가 강제로 독약을 먹이고 몽둥이로 쳐서 죽였다는 끔찍한 이야기도 전한다. 재위 기간은 삼 개월이었다. 마지막 희생자는 건복(建福) 황제였다. 그는 뜨득의 세 번째 양자였다. 그러나 고작 일곱 달 자리를 지키다가 병들어 죽었다. 일설에는 병이 들어 누워 있을 때 존실설에 의해 독살되었다고도 한다.

이 세 황제의 죽음 뒤에 궁정으로 불려온 또 한 왕자가 함의(咸宜 Hàm Nghi 함응이, 1884-1888) 황제로 등극했다. 그의 나이 13살이었다. 선조인 쟈롱 황제가 14살이었을 때 떠이썬에 쫓겨 메콩으로 갔고 거기서 성장해 나라를 세웠으니 본인의 능력 위에 좋은 신하들의 성실한 보필이 더해진다면 세상을 바꿀 수도 있는 나이였다. 당시 존실설은 진퇴양난이었다. 전쟁과 협상 카드를 번갈아 이용하던 프랑스와의 교섭 속에서 조정 최고의 실권자로 위상을 확고히 했지만 어느덧 자신의 권력은 후에 왕궁 안으로 축소되어 있었다. 그는 FRS(French Resident Superior, 프랑스 고등 주재관)가 버거워졌다. 이 시점에서 그는 프랑스군 기지와 FRS 본부 공격을 명했다.(1885년 7월 4일) 그러나 프랑스군에게 밀리자 황제 이하 황실 가족을 이끌고 황궁을 떠났다. 이때의 숫자가 천여 명, 꽝찌(Quảng Trị 廣治)의 항전 근거지에 도착했을 때 그 반, 거기서 다시 근거지를 옮겨 하띤(Hà Tĩnh 河靜) 성의 산악 지대로 들어갔을 때 약 이백 명이 남았다고 전한다.[23] 황제는 14살이 되어 있었다.

이때부터 시작하여 체포되는 1888년까지 함의 황제는 항전의 지도자였다. 하띤의 항전 근거지에서 근왕의 조서가 반포되었다. 그중 유인선 교수가 번역한 다음과 같은 내용은 사뭇 감동적이어서 수업 시간에 종종 학생들과 함께 읽는다. "짐은 부덕한 사람으로서 이제 (프랑스의 침입이라는) 상황에 직면하여 앞장서 나아갈 힘이 없다. 도읍은 함락되었고 짐의 수레도 어디론가 가버렸다. 이 모든 것에 대해 짐은 책임을 통감하며, 아울러 한없는 부끄러움을 느낀다 […] 머리 좋은 자는 묘안을 내고, 힘 있는 자는 직접 싸우고, 재산 있는 자는 물자를 제공하라 […] 약자를 부축해 주고, 기운 없는 자를 붙잡아주며, 고난에 직면하여 위험을 덜어주기 위해 누구도 노력을 아끼지 말라. 다행히 하늘의 가호가 있으면 우리는 […] 전 국토를 되찾게 될 것이다 […]"(유인선 2002: 312-313) '근왕(勤王)'은 국어사전에 '임금을 위해 힘씀'이라 되어 있다. 영어로는 'loyalty to the king' 'save the king' 'aid the king' 등으로 번역된다. 한자보다는 영어가 더 실체를 명확하게 드러내는 것 같다. 충성하거나 구하거나 돕는다는 대상은 아무 일도 하지 않는 무력한 왕이 아니라 무언가 하고 있는 왕이다. 함의 황제가 산속에서의 고난을 기꺼이 감내하며 항전의 중심 역할을 하고 있었기 때문에 근왕의 조서는 설사 존실설이 주도하여 쓴 것이고 왕은 인준만 했다 하더라도 사람들의 마음을 움직일 수 있었다.

근왕의 영은 유교 중심 사회의 중추인 유학자들에게 내려진 것이었다. 그런데 현실적으로 농민을 동원할 수 있는 위치에 선 사람들은 과거 합격생들이었다. 근왕운동을 이끈 사람들 중에는 전직 관료들이 많았고 함의 황제가 있던 베트남 북중부에서 활발히 전개되었다. 황제를 잃은 FRS

---

23) Nguyễn Viết Kế, trans. by Nguyễn Phúc Vĩnh Ba, *Stories of the Nguyen Dynasty's Kings* (Danang: Danang Publishing House, 2006), p. 62.

와 후에 조정의 친불 고관들은 새 황제를 앉히고 함의를 반역자로 규정했다. 군사 작전과 회유가 이어졌다. 그러나 함의 황제는 흔들리지 않았다. 저항이 3년 지속되면서 그는 17세가 되었다.

그런데 황제가 존실설과 함께한 것은 근본적 약점이었다. 세 황제를 갈아치우고 네 황제를 세운 권신이 황제를 보필해보아야 얼마나 잘 할 수 있겠으며 존실설의 영향 아래 있는 황제를 위해 근왕의 지도자들이 얼마나 헌신적으로 싸울 수 있겠는가? 근왕운동이 성공하면 존실설이 득세할 판이었으니, 역신이 영웅이 되는 셈이었다. 근왕령에 호응한 사람들로서는 종종 곤혹스러운 상상을 해야 할 일이었다. 이들의 고민을 해결해준 사람은 황제의 근위병 지휘관이었다. 프랑스군에 매수당한 그는 존실설 측근을 처치하고 황제를 잡아 프랑스군에 넘겼다. 존실설은 중국으로 도망쳤다. 함의 황제는 프랑스의 또 다른 식민지였던 알제리로 유배되었고 거기서 생을 마쳤다.

함의가 탈출한 후 황제가 된 동카인(Đồng Khánh 同慶, 프랑스와 베트남 양국이 함께 기뻐한 선택이라 하여 연호를 이렇게 붙였다)이 사망하자 그 뒤를 이은 황제(안남의 황제)의 연호는 성태(成泰 Thành Thái 타인타이, 1889-1907)였다. 동카인 황제는 스물다섯의 나이로 세상을 뜰 때까지 6명의 왕자와 3명의 공주가 있었다. 그러나 새 황제는 이 왕자들 중에서가 아니라 육덕 황제의 아들 중에서 선택되었다. 애초에 뜨득이 지명한 후계자가 육덕이었고 존실설이 그를 폐위시키고 다른 계열의 왕자들로 황제를 세웠으니 존실설이 사라진 후 조정을 지키던 관리들은 육덕의 아들이 황제가 되는 게 순리라고 여겼다.

성태 황제의 면모는 상반된 해석을 낳게 했다. 그 하나는 이 황제가 지독한 여성 편집증을 갖고 있었다는 것이다. 수시로 그는 궁궐을 빠져나가 엽색 행각을 일삼았고 궁궐 안으로 여성들을 끌어들였다고 한다. 그 반대 견해는, 이 모든 행위가 꼭두각시 황제로서의 처지에 대한 반발이었으며, 심지어 그는 50명의 젊은 여성들을 훈련시켜 군사 행동을 시도할 계획까지 세웠다는 말도 있다. 어느 게 사실인지는 나도 잘 모르겠으나 성태 황제가 FRS에 고분고분하지 않은 인물이었음은 분명하다. 그가 28살이 되던 해 FRS는 그에게 양위를 요구했다. 그는 남부의 해변 도시 붕따우에서 가택 연금 상태에 있다가 1919년에 아프리카 레위니옹(Réunion) 섬에 유배되었다. 이곳도 프랑스의 식민지였다. 거기서 그는 1950년까지 지냈다. 이후 베트남으로 돌아와 1954년 사이공에서 사망했다.

▌유신 황제
Nguyễn Khắc Cần·Phạm Viết Thực, *Từ Đà Nẵng đến Điên Biên Phủ* (다낭으로부터 디엔비엔푸까지)(Hanoi: Nxb. Quân Đội Nhân Dân, 1994), p. 181.

여덟 살이 된 성태의 아들이 제위를 이었다. 그가 유신(維新 Duy Tân 주이떤, 1907-1916) 황제였다. 철모르는 장난꾼이었던지라 꼭두각시 황제로 앉히기에 적격자로 보였다.

그런데 제위에 오르고 나이를 먹으면서 사람이 달라졌다. 쟈롱이나 민망의 피가 몸속에서 흘러 돌기 시작했을까? 그는 망국의 현실에 분개하고 황권을 회복할 방법을 찾는데 골몰하기 시작했다.

유신 황제에게 기회라고 여겨진 건 제1차 세계대전이었다. 프랑스 정부는 수천 명의 베트남 젊은이를 유럽에 보냈다. 이 무렵 베트남 광복회 인사들이 황제에게 접근했다. 접견은 비밀리에 성사되었다. 이들이 수립한 계획에 의하면, 광복회 멤버들이 각처에서 봉기를 일으키고 유럽으로 보내지기 위해 집결한

청년들을 규합해 프랑스군과 싸운다는 것이었다. 거사 당일인 1916년 5월 2일 밤 11시, 황제는 궁궐을 나와 광복회 지도자들이 기다리는 곳으로 갔다.

그러나 애석하게도 거사 계획이 누설되었다. 황제를 찾아온 프랑스 사람들은 그가 제 발로 황궁에 돌아가길 권했다. 일주일 동안 설득이 이어졌지만 황제는 가지 않겠다고 버텼다. 결국 그의 폐위가 결정되었고 황제는 레위니옹 섬을 향하는 배에 태워졌다. 이 배에는 그동안 붕따우에서 지내고 있던 그의 아버지 성태 황제도 올랐다. 그렇게 부자가 함께 아프리카로 떠났다. 이곳에서 유신 황제는 1940년까지 살았다.

세 명의 황제가 유배된 아프리카에 완유훈은 이미 다녀왔다. 그의 '열전'에서 일컫는 '해외'는 바로 레위니옹 섬이었다. 아프리카 중남부 마다가스카르 섬보다 더 동쪽으로 망망대해에 떠 있는 이곳에 정치범 수용소가 있었다.[24]

세계를 무대로 제국을 건설하던 프랑스에게 각지의 식민지는 유배지이기도 했다. 식민지에 건설된 감옥은 현지인을 지배하기 위한 도구만은 아니었다. 다른 식민지에서 붙들려온 범죄자들을 수용하는 용도로도 사용되었다. 그래서 프랑스 식민지와 수용소는 세계 각 민족이 만나는 공간이었다. 혁명과 반혁명이 반복되는 격동의 프랑스 국내 사정 속에서 생긴 수많은 범죄자를 격리하기 위한 해외 수용소 역할을 한 것도 식민지 감옥이었다.

황제를 위시한 베트남인들은 이 새로운 세계로 끌려 나가기 시작했다. 응우옌 왕조 건설 과정도 국제적이었지만(쟈롱의 태국 망명, 까인 왕자의 프랑스행 등), 망국 여정에서 군신의 이동 범위는 가히 세계적이었다고 할까. 비록 타율적 이동이기는 했지만 그런 경험도 왕이든 신하든 간에 불굴의 저

---

24) 그가 유배된 곳이 아프리카가 아니라 중남미에 있는 까이엔느(Cayenne, 프랑스령 Guiana의 중심지)였다는 설도 있다. 영화 '빠삐용'의 무대가 까이엔느이다.

항 태도가 있었고 행동이 뒤따랐기 때문에 할 수 있었던(또는 겪어야 했던) 것이었다. 베트남의 전통이념 세계를 지배한 공자의 가르침 중 하나가 '왕은 왕답고 신하는 신하다워야 한다(君君臣臣)'였다. 그 덕목에 충실했던 완유훈과 황제들은 전통 속 인물군의 전형이었지만, 나는 그들이 베트남 근현대사의 키잡이기도 했다고 평가한다. 키의 방향은 최선을 다하는 투쟁 쪽을 가리키고 있었다. 그런 투쟁의 최종 지점에는 아시아 유일의 자력 독립이라는 영예가 기다리고 있었다.

제11장

'훈장님, 서양어를 배우다'

전쟁 중인 1960년대에 남부베트남에서 출판된 지리지 중 메콩 델타의 고 꽁을 다룬 『고꽁, 옛 풍경과 사람들(Gò Công Cảnh-Cũ Người Xưa)』이 있다. 여기 실린 한 이야기 제목이 '훈장님, 서양어를 배우다'였다(Việt Cúc 1968: 99). 박사 논문 작성을 위해 1년 동안 현지 조사를 하던 1997년, 사이공의 사회과학원도서관에서 이 글을 읽었을 때 독특한 제목이 인상적이었다. 내용인즉, 전통 시대의 마지막 훈장 응우옌타인뚱(Nguyễn Thanh Tùng)은 한자와 쯔놈(한자로 베트남 말을 표기하는 방식)만이 참문자라 여겨 프랑스어 또는 로마자화된 베트남어 표기법을 배우는 일은 서양세력에의 굴복이라 생각하던 선비였지만, 마침내 고집을 꺾고 대세에 따라 '서양어' 즉 로마자 표기법을 배우기 시작했다는 이야기였다. 좋게 보자면 훈장님이 신조류에 훌륭히 적응하는 과정이고, 부정적으로 보자면 훈장님의 슬픈 패배였다.

'로마자화된 베트남어 표기법'이란 것은 꾸옥응으(quốc ngữ 國語)를 지칭한다. 꾸옥응으(이하 국어라 함)는 17세기에 프랑스인 선교사 알렉산드르 드 로드 신부가 만들었다고 전해지는데, 베트남어를 발음대로 표기하는 방식이다. 그는 6성이나 되는 베트남어의 복잡한 성조도 정리해 체계화했다. 이 표기법 창안 목적은 베트남에서 활동하는 선교사들의 현지어 습득, 성경 번역 등 원활한 선교 사업을 위함이었다. 지금 베트남어 표기법이 바로 국어이다. 국어는 효율적인 표기 방식임이 틀림없다.

그런데 외국인이 베트남어를 배우기는 여전히 어렵다. 다른 게 아니고 성조 때문이다. 편의상 'a'라는 모음을 기준으로 하여 여섯 개의 성조를 살펴보면, '무성조 표시(a)' '올리기(á)' '내리기(à)' '내려갔다 올리기(ả)' '날기(ã)' '아래로 깊이 내려찍기(ạ)' 등이 있다.

예를 들어보자. 'ma'라고 하는 글자의 성조 변화로 다양한 의미의 단어들이 만들어진다. 먼저, 성조가 없는 'ma'는 마귀, 마비(되다)이며 'má'는 광대뼈, 엄마, 야채의 한 종류(더위 내리는 음료로 마심) 등의 의미가 있고, 'mà'는 역접 접속어, 지시대명사로 사용된다. 'mả'는 묘지, 솜씨가 좋다는 뜻이며 'mã'는 말(馬), 제사 용품을 가리킨다. 이 단어는 번호(바코드 같은 것)를 뜻하기도 한다. 마지막으로 'mạ'는 엄마, 벼 모, 겉 장식, 욕하다 등의 뜻이 있다. 'a'보다 좀 더 입이 넓게 벌어지는 모음이 'ă'인데, 이 글자 위에 다시 또 여섯 개의 성조가 붙으면서(ă, ắ, ằ, ẳ, ẵ, ặ) 다양한 의미가 만들어지니 외국인으로서는 언뜻 듣기에 '아(a)'이지만 한 성조의 단어에 한 의미만 갖는다고 해도 성조와 약간의 입 벌림 차이로 12개의 다른 뜻을 갖는 것이다. 그래서 베트남어는 단어 사이의 간격이 매우 작고 섬세하다. 중국어나 영어 같은 경우에는 여섯 개의 단어를 알기 위해 여섯 개의 각기 다른 모양새나 철자를 갖고 있는 어휘를 다 익혀야 하지만, 베트남어는 예를 들어 'ma'라고 하는 한 가지 철자만 가지고 각각의 성조만 외우면 된다. 어린 시절부터 자연스레 생활 속에서 말을 배우며 성조를 익힌 베트남인이라면 'ma'라고 쓰는 표기법 하나로 여섯 개 또는 열두 개 단어는 거의 공짜로 배우는 셈이다.

그런데 외국인에게는 이야기가 달라진다. 여섯 개의 단어를 익히기 위해서 여섯 개의 성조만 외우면 되니 쉽게 느껴진다는 사람도 있기는 하나, 내 경험에 의하면 이게 더 사람을 힘들게 한다. 여섯 개의 성조 사이에 자주 혼동이 생기기 때문이다. 뿐만 아니라 나 같은 경우는 나이를 먹어 기억력이 약해지면서 모음 위에 붙어 있던 성조 기호가 살랑살랑 어디론가 사라져버리는 경험도 잦아진다. 베트남어에서는 성조가 엄격하다. 성조 자체가 하나의 독립된 의미 영역이기 때문에 성조가 틀리면 전혀 다른 말로 알아들을 뿐 알아서 이해해주지 않는다. 중국어는 4개의 성조가 있다. 하지만 그것은 한 가지로 생긴 한 단어가 한 개의 성조를 갖는 경우다. 중국어로도 말은 'ma' 발음이고 마귀도 'ma' 발음이다. 물론 성조는 다르지만, 전자는 '馬'라 표기하고 후자는 '魔'라 쓴다. 그러니 표기해놓은 글자를 보면 얼른 구분이 된다. 말할 때는, 4개의 성조에 맞추어 명확히 발음하지 않아도 대충 알아듣는다. 반면 베트남어는 발음한 성조대로만 이해하기 때문에 성조가 정확하지 않으면 의미 전달이 잘못되거나 아예 의사소통이 꽉 막혀버리고 만다. 차라리 보디랭귀지를 시도하는 편이 더 낫다.

베트남어가 얼마나 성조에 엄격한지를 보여주는 사례 한 토막. 나는 2006년 2월 아내와 베트남 종단 여행을 하던 중이었다. 후에의 어느 식당에서 점심을 먹는데, 아내가 콜라를 마시고 싶어 했다. 코카콜라를 찾았지만 마침 그 집에는 펩시콜라밖에 없었다. 아내는 몇 집 건너 가게가 있는 걸 보았으니 여행 틈틈이 익힌 베트남어도 연습해볼 겸 거기 가서 사오겠다고 했다. 베트남에서 코카콜라를 지칭하는 말 '꼬까(Co Ca)'를 가르쳐주었다. 흔히 외래어가 그렇듯 이 말에는 성조가 없다. 성조가 없다니까 자신이 생겼는지 호기롭게 나간 아내가 한 오 분 뒤에 울상이 되어서 빈손으로 돌아왔다. 암만 말해도 못 알아듣는다는 거였다. 어떻게 말했는지 한번 해보라고 했다. '이렇게 했지'라며 "꼬 까!" 하는 아내의 성조는 무성조가 아니라 'có cá'가 되어 있었다. 아마 답답하면 사이사이 'có cá'라며 두 음절을 다 올리기도 했을 것이다. 무성조라 해서 성조가 무시되는 게 아니라 각 음절의 발음이 마치 천장에 가서 붙어 있듯 고정되어야 하건만, 날씨가 더워 힘이 들었는지 아내의 '꼬까'는 아이에게 '까꿍' 하듯 앞 음절이 휘익 올라갔다가 뒤 음절은 아래로 툭 떨어졌던 것이다. 가끔 뒤 음절도 휘익 위로 올라가기도 하고. 그렇게 '꼬까'를 발음하면 '가지 있어요'도 되고 '생선 있어요'도 된다. 'có'는 있다는 뜻이고 'cà'는 가지(egg plants)이며 'cá'는 생선이기 때문이다. 가게 앞에 선 외국 아주머니가 두 손을 마주 잡고(아내는 처음 보는 누군가에게 친근하게 말할 때 양손을 약간 올려 마주 잡는 습관이 있다. 더워서 손수건도 쥐고 있었던 것 같음) "가지 있어요" "생선 있어요"라 하니 가게를 지키던 아주머니는 이상하다는 표정으로 바라보고만 있었을 것이다. 뜨거운 햇볕 아래서 아내 얼굴엔 땀만 솟고….

그러나 이런 사정은 외국인에게 그렇다는 이야기이고, 베트남인에게 국어는 편리하고 쉽고 유용한 표기 수단임이 틀림없다. 베트남에 살고 있는 소수민족을 제외하고 베트남 주민족만으로 계산한다면, 베트남인의 문자 해독율은 세계에서 가장 높을 것이다. 초등학생들이 공부하는 것을 보면 언어 습득은 일찌감치 완료된다. 우리 아이들을 괴롭히는 받아쓰기 같은 것은 문제가 되지 않는다. 발음한 대로만 쓰면 되니 말이다. 한국어를 비롯해서 영어나 중국어 같은 언어를 익히기 위해서는 받아쓰기가 필수적이겠지만(특히 우리말은 쓴 대로 읽지 않고 읽은 대로 쓰지 않는 대표적 사례라서 더욱 이 연습이 필요하다), 베트남 초등학교 교실에서는 거의 필요가 없다. 그러니 초등학생들의 주된 관심은 새로운 어휘를 배우는 것과, 어떻게 하면 글씨를 더 예쁘게 쓰는가이다.

베트남어가 외국인에게는 어렵다고 엄살을 부렸지만, 그건 베트남어 실력이 형편없는 내 변명에 불과하고 사실 외국인에게도 베트남어는 비교적 배우기 쉬운 편이다. 예를 들어, 수천수만 자의 한자를 배우는 것보다, 그 위에 성조까지 외워야 하는 중국어보다 베트남어 배우기가 훨씬 간단한 일이다. 영어보다 쉬운 것도 물론이다. 한자가 기원인 단어 중에는 한국어와 발음이 유사한 어휘가 많아서 우리로선 꽤 재밌기도 하다. 예를 들면, 한국은 '한꾸옥'이고 중국은 '쭝꾸옥'이며 인도는 '언도', 군대는 '꾸언도이', 국회는 '꾸옥호이', 호지명은 '호찌민' 같은 것들이다. 다소 멀게 느껴지는 발음도 물론 있다. 내 이름 최병욱은 '토이빈훅'이 되고 앞서 여러 번 나왔던 서산(西山)은 '떠이썬'이 된다. 그러나 최병욱의 중국어 발음은 '추이빙쒀'이니 중국어라고 해서 더 가까운 건 아니다. '떠이썬'의 중국어 발음 '씨샨'은 다소 가까운 듯 보이지만 대신 군대는 '쮠뚜이'여서 베트남 발음 '꾸언도이'보다 훨씬 멀어진다. 같은 서산이라도 충남 서산(瑞山)은 중국어 발음이 '루이샨'이고 베트남어 발음이 '투이썬'이니 먼 거리가 비슷하다. 2007년 2월 사이공 대학에서 만난 한 교수 얘기로는 사이공의 코리아타운이라 불리는 '팜반하이(Phạm Văn Hai) 거리'를 걷다보면 한국 여성의 베트남어가 베트남인과 구분할 수 없을 정도로 정확하단다. 과장이겠지만, 베트남에 있는 외국인들 중 한국인이(이웃 중국, 캄보디아, 라오스인을 빼고) 베트남어를 가장 빨리 배우는 것 같다.

프랑스인이 들어올 때까지 로마자화된 표기법은 일부 기독교도 사이에서 전해지고 있었을 뿐이고 주로 사용되던 글자는 한자였다. 한자를 활용한 쯔놈도 있었다. 쯔놈은 한자의 음과 훈을 이용해서 베트남어를 구어체로 적는 방식이다. 예를 들어 '口'와 '安'을 합친 '咹'이란 글자로써 순수 베트남어로 '먹는다'는 의미의 '안(ăn)'이라는 글자를 만드는 것이다. '石'과 '多'를 합친 '砤'는 '다(đá)'로 읽어 '돌멩이'란 뜻으로 사용했다. 쯔놈을 좀 더 근엄하게 표기하면 '국음(國音)'이다. '나라의 소리'라는 뜻의 '국음'은 베트남인의 자주 의식이 강하게 밴 말이다. 쯔놈 문학 또는 국음 문학이 발전한 시기는 18세기 중반 이후였다. 이때 북부를 중

▌응우옌딘찌에우 (벤쩨, 2007. 2)

심으로 쯔놈 작품이 쏟아져 나오고 널리 읽히다가, 19세기 초 응우옌주(Nguyễn Du 阮攸, 1765-1820)의 『끼에우 전』이 베트남을 대표하는 문학 작품으로 자리 잡았다. 베트남인은 『끼에우 전』과 더불어 살아간다 할 만큼 이는 문학 작품이면서 윤리서 역할을 한다. 국음 시가는 19세기 전반 내내 발전하여 황제 이하 지식인 계층이 즐기는 문학 장르가 되었다.

남부에 프랑스가 들어올 무렵, 남부의 유사 응우옌딘찌에우(Nguyễn Đình Chiểu, 1822-1888)는 쯔놈으로 '룩번띠엔(Lục Vân Tiên 陸雲僊)'을 썼다. 룩번띠엔이라는 남자 주인공과 응우옛응아(Nguyệt Nga 月娥)라는 여성의 관계를 매개로 신의, 사랑, 정절, 충성, 애국 등의 주제를 절묘하게 버무린 이 작품은 읽히고 들리고 불리면서 남부의 농민들을 항전의 대열에 동원하는 데 지대한 역할을 했다. 베트남 문학평론가들은 이 작품을 20세기에 유행하던 투쟁 문학의 선구로 인식한다. 그래서 응우옌딘찌에우에게 붙은 별호가 '애국 시인'일 정도다. '룩번띠엔' 같은 국음 시가의 위력을 이해한 프랑스인들은 여러 버전으로 나돌던 '룩번띠엔'을 채

집해 정리·번역하고, 응우옌딘찌에우를 회유하려 노심초사했다. 쯔놈 문학의 발전은 상류층의 지식, 윤리 의식이 쯔놈이라는 '수레'에 실려 사회 전반에 확산되고 있었음을 의미한다.

'룩번띠엔'이 상부의 유교적 이념을 어떻게 농민층에 전파하고 저항 의식을 부추겨 무기를 들게 했는지 응우옌티딘(Nguyễn Thị Định, 1920-1992)의 기술을 통해 살펴보기로 하자. 응우옌티딘은 베트콩(베트콩에 대해서는 제18장 참조)의 부사령관으로서 베트남 혁명에 큰 공헌을 한 인물이다. 그녀가 열 살 무렵 메콩 유역 벤쩨(Bến Tre)에 있는 한 마을에서 사람들이 '룩번띠엔'을 읽고 듣고 부르는 모습이다. 비록 배경이 되는 시간대가 1930년 초지만, 여기서 우리는 1860년대의 상황도 충분히 짐작할 수 있다. '공연패'의 역할도 주목하기 바란다.

우리 가족은 쩐[Chân, 응우옌티딘의 오빠로 당시 20여 세]이 '룩번띠엔'을 읽어주는 걸 듣기 좋아했다. 밤에 아무 할 일이 없을 때 우리는 호롱불 곁으로 모인다. 어머니는 그물 침대에 누워서 손주를 어르고, 아버지는 조그만 찻주전자를 앞에 놓고 조용히 앉아 계신다. 누이들도 옷가지를 손보면서 둘러앉으면 우리 모두는 오라버니가 유창하게 읽어나가는 이야기를 귀기울여 듣는다. 나는 글자를 배운 지 얼마 되지 않았지만 종종 오라버니를 대신해서 가족들을 위해 읽었다. 이웃들도 '룩번띠엔' 듣기를 참 좋아했다. 어디서 공연패가 와 놀고 있다는 소식이 있으면 그들은 원근을 상관하지 않고 가서 봐야 한다. 그리고는 다음 날 아침, 보트를 몰면서 이 오페라 중독자들은 새로 익힌 '룩번띠엔'의 장을 노래한다. 때문에 ['룩번띠엔'이 우리 집에서 낭송되는] 저녁이면, 오라버니나 내가 읽기를 시작하기 무섭게 이웃들이 몰려와 있다. 때때로, 응우옛응아, [룩]번띠엔, 그리고 그의 어린 종자가 사악한 이들에게 해를 입는 대목에 이르면 나도 울고 이웃들도 운다. 아버지는 가끔 머리를 끄덕이며 이르신다. "이 이야기는 사람들이 평생을 지녀야 할 덕목들 - 인간애, 친절, 효도, 용기, 결단, 충성 -을 가르치는군." 어머니는 아무 말도 하지는 않지만 이에 동의하는

듯 조용한 소리로 손주에게 들려주는 자장가 삼아 '룩번띠엔'의 몇 구절을 노래하시곤 했다.[25]

이 '베트남적 근대성'을 두려워한 프랑스 사람들에게 경계의 대상은 쯔놈이었고, 쯔놈을 적어내는 한자였다. 한자로부터 농민들을 격리해야 했고, 그러기 위해서는 한자를 구사하며 농민의 저항 의지를 북돋우던 식자층을 무력화시켜야 했다.

프랑스 지배자들에게는 두 가지 대안이 있었다. 첫째는 베트남인으로 하여금 프랑스어를 사용하게 하는 것이었고, 두 번째는 국어 보급이었다. 이때 국어만 사용하자고 주장하는 그룹이 있었으니, 프랑스인 식민지 관료 중 베트남 전통에 애착을 가진 사람들, 선교사, 그리고 친불 인사이긴 하지만 베트남 전통에의 관심과 더불어 베트남인의 의식 개화에 힘쓰던 사람들이었다. 이들에게, 베트남에서 프랑스어가 공용어로 선택된다는 것은 민족 정체성 상실뿐만 아니라 개화의 지체도 의미했다. 프랑스어 배우기가 어디 쉬운 일이던가. 국어사용을 주장한 대표적 인물이 남부 출신의 박물학자 쯔엉빈끼(Trương Vĩnh Ký 張永記)였다. 이들의 노력으로 국어가 공용어로 채택되었다. 이를 일러 동남아시아사 전공자 밀톤 오스본은 프랑스어에 대한 국어의 "검증받은 승리(a qualified triumph)"[26]라고 표현한 바 있는데, 적절하다.

나는 국어의 승리는 베트남인의 승리로 이어졌다고 생각한다. 문자의 힘은 그만큼 중요하다. 일단 국어 보급이 결정되자, 쯔엉빈끼 등은 국어의 표준화와 정확성, 편의성 제고에 노력을 기울였고, 국어의 효용성이

---

25) Nguyen Thi Dinh, trans. by Mai Van Elliot, *No Other Road to Take* (Southeast Asia Program Publications, Cornell University, 2000), p. 36.

26) Milton E. Osborne, *The French Presence in Cochinchina and Cambodia: Rule and Response(1859-1905)* (Bangkok: White Lotus, 1997), p. 156.

알려지기 시작하면서 국어는 급속하게 보급되었다. 이제 민족주의자들도 국어 보급에 앞장서게 되었으니, 문맹퇴치, 저항정신 고취 등 대중 교육에 국어만큼 효과적인 수단이 없었다. 특히나 북부 하노이에서 통킹의숙을 중심으로 전개된 적극적 반불 계몽운동에서는 국어사용과 보급이 중시되었다. 국어 세대의 문학자 군이 등장하면서 아름다운 작품들이 생산되었고, 신문과 잡지 같은 매체를 통해 국어사용, 개발 등이 권고되었다. 1910년대 말쯤 되자 『남풍(Nam Phong 南風)』이라는 월간지를 통해 계몽운동을 전개하던 팜꾸인(Phạm Quỳnh)이 '국어는 국혼'이라는 주장까지 할 정도가 되었다. 베트남인에게 '국어사랑은 나라 사랑'이었다.

이런 마당에 전통적 유학자들은 꼬부랑 글자를 더 이상 서양 언어, 적국의 언어로 매도할 수 없었다. 물론 끝까지 한자를 사용하며 '나라 소리(국음)' 수호를 고집한 사람들도 있었지만, 그런 이들은 프랑스가 의도한 대로 인민으로부터 유리된 채 사회에서 도태될 수밖에 없었다. 이제 그들은 새롭게 성장하는 세대로부터 문맹자라 불리게 되었으니, 이 장의 서두에 나온 '훈장님'처럼 시대에 적응하려는 적극적 자세를 가진 사람들은 기꺼이 국어를 배우기도 했다. 슬픈 패배라기보다는 씩씩한 도전이라고 이해하는 편이 나을 것이다.

저항 정신이 국어를 통해 전파되었고 투쟁 방략도 국어를 통해 교육되었다. 항불 지도자가 쓴 글을 농민에게 읽어줄 수 있는 문자 해독층도 늘어났다. 앞서 소개한 벤쩨의 소녀 응우옌티딘의 경우처럼 평범한 농가에서 태어난 한 여자 아이가 열 살 무렵이면 글을 익혀 '룩번띠엔'을 읽고 읽어주며 성장하는 가운데 저항 의식을 함양하고 있었으니, 한자로 이루어진 쯔놈만 사용하던 세대라면 이런 일은 거의 불가능한 일이었다. 국어의 힘이 얼마나 큰가! 베트민(Việt Minh 越盟)은 수많은 문필가를 동원하여(1943년 실천적 문학을 강조하는 '문학대강 文學大綱'이 채택됨) 국어를 이용한 혁명 어휘 개발, 교육, 선전에 많은 노력을 기울였다. 그리고 베트민은 프랑스에 승리했다. 투쟁의 대열에 농민을 동원하는 과정에서 문자 또는 활자를 이용한 선전, 선동, 교육 등이 중요함을 인정한다면 '활자(print)'는 곧 '힘(power)'이라는 말[27]에 동의할 것이다. 그렇다면 '국어가 프랑스를 이겨냈다' 해도 크게 틀린 말은 아니지 않을까?

---

27) Shawn Frederick McHale, *Print and Power: Confucianism, Communism, and Buddhism in the Making of Modern Vietnam* (University of Hawaii Press, 2004), pp. 128-138.

제12장

판보이쩌우 - '나자빠진 전차'

베트남 근현대사를 화려하고 박진감 넘치게 만드는 민족주의 운동사에서 가장 많은 이의 관심을 끄는 사람은 판보이쩌우(Phan Bôi Châu 潘佩珠, 1866-1940)이다. '호찌민 아닌가?'라며 고개를 갸우뚱하는 독자들도 많을 줄 안다. 현대사라면 물론 그럴 것이다. 호찌민은 항불·항미 운동사에서 우뚝 선 지도자임이 분명하다. 그러나 그의 활동은 국제공산주의 혁명 운동과 연계되어 있었기 때문에 호찌민을 순수한 민족주의 운동가라 보기는 어렵다. 이 말은 호찌민이 베트남을 구성하는 전체 베트남인의 고른 지지와 존경을 받았던 인물이었다고는 보기 힘들다는 뜻이다. 더군다나 아직도 그를 부동의 유일한 지도자로 받들고 있는 공산당이 정권을 잡고 있는 형편에서 호찌민을 객관적으로 평가하기는 시기상조이다. 그래서 호찌민을 다룰 16장에서는 그가 북부 베트남의 지도자로 활동하던 시기에 한해서만 소개하도록 하겠다. 호찌민을 제외한다면 베트남 민족주의 운동에서 판보이쩌우가 단연 돋보인다. 베트남뿐 아니라 아시아 전체의 민족주의 운동사에서도 그의 족적은 선명하다.

베트남 역사에 관심을 갖는 이라면 누구나 놀라게 되는 그의 면모는, 좌충우돌에 가까운 역동성과 충만한 저항 정신, 그에 수반되는 실천력이다. 호찌민이 냉철하고 침착한 인물이었다면, 판보이쩌우는 폭발적 에너지를 내뿜는 사자 같았다. 그래서 호찌민은 성공하고, 판보이쩌우는 실패했겠으나, 한국 사람들은 일반적으로 판보이쩌우에게 더 큰 매력을 느끼는 것 같다. 나 역시 그렇다.

우리나라 역사에 나타난 인물들과 비교해보면, 판보이쩌우는 의병을 일으킨 조선의 기개 있는 선비 같기도 하고, 교육 우선을 주창한 개량적 민족주의자 같기도 하며, 해외에서 군사기지를 건설하고 조선으로의 무력 진공을 기도한 전투적 민족주의자 같기도 하다. 식민정부 고위 인사에의 테러 공격을 주도하기도 했으니 그건 김구 선생을 연상케 한다. 또 그는 민족혼을 앙양하기 위해 수많은 저술을 생산한 문사이기도 했다.

일반적으로 베트남에서는 항불 투쟁의 단계를 다음과 같이 나눈다. 1단계는 프랑스군이 남부로 들어왔을 때부터 시작된 남부의 항불 투쟁이다. 주로 남부 유사층이 주도한 이 운동은 약 20년간 지속되었다. 그 대표적 인물 중 하나가 앞서 말한 완유훈이었다. 1885년부터 근왕운동이 그 뒤를 잇는다. 이 운동이 세기말까지 이어지다가 20세기에 접어들면서 본격적인 민족주의 운동이 시작되었고, 1920년대 중반부터는 공산주의 운동이 활발해졌다.

판보이쩌우의 활동은 근왕운동과 민족주의 운동을 포괄했다. 그는 중부 베트남의 응애안 출신으로, 전통 시대의 거의 마지막 향시 합격자였다(1900). 그러므로 판보이쩌우는 근왕운동 세대에 속한다. 판보이쩌우와 그의 동료들은 근왕의 조서에 응해서 '사자근왕대(士子勤王隊)'를 조직해 투쟁을 준비했다. 프랑스군에 발각되어 더 이상의 활동은 좌절되었지만 그가 근왕운동 그룹에 속했다고 평가하는 데는 무리가 없다.

하지만 판보이쩌우는 근왕운동에 집착하지 않았다. 그가 1900년 향시에 응시했다는 데서 알 수 있듯, 중부에 왕조가 존속하는 한 과거 시험에 의 미련은 버릴 수 없었다. 이때의 모습은 자기모순 덩어리의 젊은이처럼 보이기도 한다. 근왕운동과 과거 응시는 함께 갈 수 없기 때문이다. 반불 운운하면서 프랑스의 꼭두각시나 다름없는 왕실이 주관하는 시험에 미련을 버리지 못하고 거기에 20대의 젊음을 다 바친 모습은 호찌민이 20대 초반 나이에 혁명을 꿈꾸고 해외로 나가는 배를 탄 것과 크게 비교된다.

그래도 이 시기는 그가 본격적 활동을 준비하는 학습 기간으로서 중요한 의미를 갖는다. 과거를 준비하고 떨어지기를 반복하는(세 번 떨어짐) 중에 그가 입수하게 된 새로운 책들이 있었으니 소위 '신서(新書)'였다. 신서란 서구를 포함하는 세계의 정세, 주요 지적 이론, 지리, 역사 등과 관련된 저술로 필자층은 중국을 비롯한 동아시아 각국의 지식인들이었다. 주로 엄복(嚴復)이라든가 양계초(梁啓超) 등 중국인들이 신서의 집필자로 많이 알려져 있지만 일본, 베트남, 필리핀 지식인들의 글도 포함되어 있다. 한자로 쓰이거나 번역되었기 때문에 한자를 매개로 한 동아시아 지식인의 광범한 지적 연대와 교류가 이루어지던 시대의 중요 매체가 바로 신서였다.

동아시아 근대화 과정에서 새로운 정보를 제공하던 이런 유의 책들은 일본, 한국, 중국, 베트남은 물론이고 한자 해독층(화교와 화교 혼혈인)이 존재하던 동남아시아 각국의 지식인을 자극했다. 우리에게도 익숙한 『영환지략(瀛環志略)』『중동전기(中東戰記)』(여기서 중동은 중국와 일본임)『보불전쟁기(普佛戰爭記)』『천하대세론(天下大勢論)』 등이 이 시절 읽은 책이었다고 판보이쩌우는 회고록에서 소개하고 있다.[28]

이런 책들을 읽으면서 세상이 바뀌고 있음을 알게 되었을 터인데도 그

---

28) Phan Boi Chau, trans. by Vinh Sinh, *Overturned Chariot - the autobiography of Phan-Boi-Chau*. (University of Hawaii Press, 1999), p. 58.

가 왜 과거 시험에 집착했는지 의문이다. 역시, 이 시대 많은 지식인들과 마찬가지로 자기모순에서 헤어나지 못하고 있었기 때문이라고 해야 할까? 부분적으로 이런 설명은 맞는다. 전통 시대의 젊은 선비에게 과거 응시 포기는 어려운 일이었다.

그런데 진짜 이유는 따로 있었다. 판보이쩌우에게 향시 합격은 환로에 들어서는 시발점이 아니라, 새로운 세상을 만드는 길로 가기 위한 '자격증' 획득이었다. 유교적 전통이 두터운 베트남에서 과거 합격자라는 '자격증'은 민심을 움직이고 지원자를 얻어내는 데 유용한 수단이었다. 근왕운동 시기에 '사자근왕대'를 조직했으나 실패한 이유 중 하나가 광범한 지지층을 흡수하지 못했기 때문인데, 이는 '사자근왕대'에 과거 합격자, 즉 학위 소지자가 아직 없었던 형편과 관련이 있다. 역사학자 데이빗 마(David Marr)가 판보이쩌우의 회고를 인용하여 표현한 바에 의하면 "사람들은 학위(scholastic degree)가 없는 사람의 말은 듣지 않는"[29] 게 일반적인 경향이었다. 마치 이를 증명이라도 하듯이, 1885년부터 15년 동안 책 속에만 파묻혀 있던 판보이쩌우가 향시 합격 이후부터 폭발적인 활동력을 과시하기 시작했다.[30] 1901년 고향 응애안에서의 폭동 주도를 시작으로 전국 각처를 돌며 동지를 규합하고 지원금을 끌어내는 가운데, 그의 정치적 주장은 입헌군주제로 정리되었다.

그러나 프랑스의 비호를 받는 명목뿐인 황제는 판보이쩌우에게 더 이

---

29) David G. Marr, *Vietnamese Anticolonialism 1885-1925* (University of California Press, 1971), p. 85.
30) 반면, 과거 합격 노력에 대한 비판적 견해에도 귀를 기울일만하다. 과거를 준비하고 신서를 읽는 동안(나이 서른네 살이 되도록) 앞으로의 국제적 활동에서 필요한 새로운 언어 습득의 시기를 놓쳤다는 것이다. 그리하여 그의 지적 외모에는 '돌이킬 수 없이 곰팡이가 피었다'는 지적이다. 외국인과 대화할 때 한문으로 하는 필담이나 또는 필담을 수반하는 이중 삼중의 통역에만 의존해야 하는 언어 능력의 한계를 판보이쩌우 자신도 개탄한 바 있다. Vinh Sinh (ed.), *Phan Boi Chau and The Dong-Du Movement* (Yale Center for International and Asia Studies, 1988), pp. 113-118.

상 황제가 아니었다. 그의 주도로 1904년 유신회(維新會)가 창설되어 응우옌푹아인의 직손 끄엉데(Cường Để, 1882-1951)가 회장으로 추대되었다. 판보이쩌우는 장구한 역사를 가졌음에도 일본에게 병합된 유구국의 운명을 소개한 『유구혈루신서(琉球血淚新書)』를 출판했다(1904). 책 제목에 '신서'라는 말을 집어넣었음이 흥미롭다. 지난 20여 년간 읽은 신서들의 목록에 자신의 신서 하나를 더 추가했으니, 단순히 신서의 작가가 아니라 신서가 추구하는 변화와 실천을 구현하는 유신회를 같은 해에 조직했다는 데서 저술과 실천의 합일을 추구하는 강한 정신을 읽을 수 있다. 적어도 이런 모습, 즉 글쓰기와 정치적 실천 운동을 동시에 수행한다는 점에서 판보이쩌우가 호찌민에 비해 훨씬 역동적으로 보인다.

유신회 명칭에서 쉽게 짐작할 수 있듯이, 당시 판보이쩌우에게 일본은 모범이었다. 전통의 막부 체제를 깨고 나와 메이지 유신을 통해 입헌군주 체제를 안정시킨 이후 나날이 국력이 성장하던 일본에게 호감을 느끼지 않던 사람은 아마도 당시 조선을 제외하고는 동아시아 어느 나라에서도 찾아볼 수 없었을 것이다.

판보이쩌우는 1905년 홍콩, 상해를 거쳐 일본으로 건너갔다. 당시 동경은 동아시아 지식인들의 집결지였다. 선진적이고 역동적이며, 적어도 이 당시는 자유로웠던 동경은 중국, 한국, 필리핀, 버마, 인도네시아 등 동아시아 각 나라에서 온 지사들로 붐볐고, 그들 사이의 상호 교류는 동아시아 각국의 민족주의 성장과 맞물려 진행되고 있었다. 개별 국가의 민족주의적 자각이나 발전뿐만 아니라 동아시아 지식인 간의 연대가 모색되던 것도 맑고 희망이 가득했던 동경의 공기 속에서였다.

동경에서 판보이쩌우가 시작한 활동은 두 가지였는데, 하나는 교육이고 또 하나는 저술이었다. 그는 동경으로 베트남 젊은이들을 불러들였다. 이렇게 해서 동경으로의 유학 행렬이 이어졌으니 이것이 유명한 동유운동(東遊運動)이었다. 이 운동으로 1908년 말까지 약 200명의 젊은

이가 일본으로 건너갔다.[31] '동유'란 동경으로의 유학을 의미했으나 당시 '동'은 베트남인에게 일본을 의미하기도 했기 때문에 그냥 '일본으로 유학 가기 운동' 정도로 이해되었다. 일본 유학 운동과 더불어 판보이쩌우는 자신의 주장을 담은 글을 열심히 쓰고 출판했다. 『월남망국사(越南亡國史)』(1905), 『제성국민혼(提醒國民魂)』(1907), 『해외혈서(海外血書)』(1908), 『신월남(新越南)』(1908), 『월남국사고(越南國史攷)』(1908) 등이 세상에 나왔다.

이들 일련의 저술에서 인상적인 것은 독립이라는 지고지선의 목표 아래 모든 계층을 망라해 포용하려는 그의 태도였다. 적은 오로지 프랑스 하나뿐, 베트남을 구성하는 모든 요소는 심지어 부역자, 기독교도까지도 포용해야 하는 대상이었다. 예를 들어, 프랑스군에 소속된 베트남인 병사들에의 입장은 다음과 같다. "병정들이 프랑스에 충성하고 월남을 배반하며 프랑스 사람을 도와주고 월남을 공격한다고 말할 수는 없습니다. 병정들은 절대로 그렇게 하지 않을 겁니다. 병정들도 인간이 아니겠습니까? 병정들이 이미 양심을 다 잃어버렸겠습니까? 병정들은 절대로 월남을 배반하지 않을 겁니다. 병정들은 반드시 프랑스를 도와주지 않을 겁니다. 병정들은 반드시 프랑스 사람을 죽일 것입니다."[32]

판보이쩌우는 베트남 내 무장 투쟁을 계획하고 이를 실천에 옮겼다. 베트남으로 건너간 그는 근왕운동의 잔존 세력과 연계하는 전국적인 무장 봉기를 준비해서, 1908년 6월 27일 거사했다. 사전에 계획이 누설되는 바람에 실패로 끝나기는 했지만 적을 타도하기 위해서는 모든 수단을 강구하고 실천하는 적극성이 돋보인다.

판보이쩌우의 일본 내 활동은 1909년에 종결되었다. 프랑스의 항의를

---

31) Chương Thâu, *Phan Bôi Châu Nhà Yêu Nước, Nhà Văn Hóa Lớn* (판보이쩌우, 애국자이자 위대한 문화인) (Nghệ An: Nxb Nghệ An, 2005), p. 112.
32) 안명철·송엽휘, 『역주월남망국사』 (파주: 태학사, 2007), p. 90.

받은 일본 정부의 압력이 거세지자 그는 태국과 중국으로 활동 무대를 옮겼다. 이로써 동유운동도 종막을 고했다. 이는 곧 판보이쩌우는 물론 베트남 지식층이 지녀왔던 일본 환상이 깨졌음을 의미했다. 아울러 그가 꿈꾸던 입헌군주제와의 결별을 의미했다. 일단 태국으로 건너간 그는 베트남 교민과 망명자들을 규합하여 베트남 진공을 추진했다가, 1911년 신해혁명 소식을 듣고 중국 광동으로 달려갔다. 이제 그의 정치적 대안은 손문(孫文)식 민주공화제였으며 중국 국민당과의 연계였다.

판보이쩌우의 주도로 베트남광복회가 조직되었다. 군대까지 갖춘 이 조직은 1914년 중국 남부에서 베트남 진공을 시도하기도 했다. 아울러 테러도 전개하여 싸로(Albert Sarraut) 총독 암살을 기도했고 악질적 친불 관료를 처단했으며, 폭탄으로 프랑스인을 살해하는 사건도 종종 세상을 놀라게 하였으니 하노이 호텔 폭탄 투척 사건의 배후에 판보이쩌우가 있었다.

불행히도 1914년, 판보이쩌우는 프랑스의 압력에 굴복한 원세개(袁世凱)의 중국 정부에 체포되었고 광복회 역시 유명무실해졌다. 원세개 실각 후 석방되어(1917) 이후 중국 남부에서 활동을 재개했으나 이미 그의 시대는 가고 있었다. 급변하는 정세 속에서 3년이란 공백은 너무 길었다. 그의 나이 이미 오십을 넘겼으니 베트남의 독립만을 최우선 가치로 두고 좌충우돌하는 이 '구시대' 인물에 보내는 베트남 젊은이들의 신뢰감도 엷어져갔다. 새로운 교육을 받고 자라난 세대는 구체적이고 체계적이며 선명한 방도를 선호했다. 무조건 프랑스를 내모는 것만이 능사가 아니라 그 후의 비전도 중요했다. 그런데 판보이쩌우는 이게 오락가락했다. 입헌군주제 옹호자에서 공화파로 바뀐듯했으나 독립 후에 또 어떻게 방향이 조정될지 모를 일이었다. 게다가 그는 황제국 베트남의 전통을 이어받아서인지, 아니면 당시 약육강식에 적자생존 등 사회적 다위니즘의 영향을 받아서인지, 베트남의 전통적 조공국이던 라오스, 캄보디아에의 배려는 전혀 없고 오히려 이들 국가를 프랑스에 빼앗긴 땅으로 인식하는 중화주의자이며 패권주의자로서의 면모를 보이기도 했다.[33] 『월남망국사』에서 소수민족, 베트남 내 화교에 관해 언급하지 않은 것도 이 때문이다. 뿐만 아니라, 중국에 대한 조공국의 백성이라는 인식도 강하게 남아 전통 시대에 베트남 왕이 황제라 자칭한 일을 비아냥거리는 태도는 '사대주의적 잔재'[34]라 비판받을만하다.

무엇보다도 그의 인기를 떨어뜨린 계기는 1918년 '법월제휴론(法越提携論)' 발표였다. 이 제휴론은 프랑스에 협력하자는 주장이라기보다는 동아시아에서 점증하는 일본의 위협을 염두에 두고 두 나라가 협조해야 한다는 것이었다. 일본은 앞으로 프랑스령 인도차이나까지 넘볼 것이니 프랑스는 베트남인의 협조를 구해서 대처해야 한다는 충고이며, 이를 위해서 프랑스는 베트남에 더 우호적이어야 한다고 달래는 게 이 글의 취지였다. 하지만 결론은 양국 협조였으니, 주장의 합리성은 차치하고서라도 초기의 입장과는 너무 멀리 떨어져 있었다. 비록 시의에 맞는 융통성이나 더 나아가 일본의 침략성이 인도차이나까지 미칠 것이라는 통찰력에는 점수를 줄 수 있다 하더라도 민족주의 시대 정치 지도자의 주요 덕목이라 여겨지는 정치 이념의 일관성은 치명적으로 손상되었다. 이미 프랑스 식민 정권의 허수아비가 된 줄 알았던 황제도 황궁을 탈출하여 프랑스와 싸우려는 마당에 제휴라니… 초기의 입헌군주제에서 공화제로, 그리고 다시 제휴론으로 이어지는 변화 속에 추종자들은 떨어져 나갔다.

그는 사회주의에도 한동안 관심을 가졌다. 이미 1921년에 레닌에 관한 글을 발표하기도 했고 연금 기간(그는 1925년 상해에서 프랑스 경찰에 체포되어

---

33) 윤대영, 「20세기 초 베트남 지식인들의 동아시아 인식 - 연대의식과 자민족중심주의 분석을 중심으로」, 『동아연구』 53집(2007).
34) 최원식, 「아시아의 연대 - 『월남망국사』 소고」, 『한국근대소설사론』(서울: 창작사, 1986), p. 233.

베트남으로 압송되었고 종신 가택 연금형에 처해졌다) 동안에 사회주의 관련 저술도 남겼다. 아울러 공산주의자들의 투쟁 소식을 들으면서 그들의 용기 있는 행동을 찬사할 줄도 알았다.

그러나 판보이쩌우는 사회주의와 분명한 선을 그었다. 호찌민은 판보이쩌우와 동향이며 친구의 아들이었기에 호찌민을 향한 판보이쩌우의 감정은 복잡미묘했던 것 같다. 재능과 용기를 겸비한 젊은이임이 자랑스러우면서도, 이 젊은이가 만들려고 하는 세상은 염려스러웠다. 베트남을 구성하는 모든 이들을 끌어안으려 했던, 그래서 친불 세력까지도 포용하려 했던 판보이쩌우는 이 다부진 젊은이가 성공하면 프랑스가 물러난 이후에도 수많은 '동포'가 더 죽어야 할 것임을 알고 있었던 게 분명하다. 친불 인사가 처단되어야 하고, 지주가 처형되어야 하며, 자산가가 사라져야 한다. 호찌민의 모습 너머에서 그는 동포가 흘려야 할 피를 보았을 것이다. 반대로 호찌민의 입장에서 생각하자면, 이 구시대의 인물이 추구하는 임기응변식, 좌충우돌의 독립 운동에 자신의 젊음을 맡기는 것은 어리석은 짓이었다.

그럼에도 불구하고 두 사람 서로 직접적 비판은 삼갔고 오히려 상대방을 존중하는 편이었다. 가택 연금에 들어갔던 초기에 방문자들과 대화하던 중 판보이쩌우는 호찌민을 자기와 비교해 다음과 같이 평했다. "나의 혁명 활동 인생은 큰 실패였다 할 수 있습니다. 왜냐하면 난 마음만 있었지 재주가 없었기 때문이지요. 그러나 우리 민족은 어떤 일이 있더라도 독립해야 합니다. 반드시 그래야 합니다. 지금 우리보다 훨씬 능력있는 분들이 많으니 그분들은 우리가 이루지 못한 일을 감당해낼 수 있습니다. 여러분은 응우옌아이꾸옥(Nguyễn Ái Quốc 阮愛國, 호찌민)이라는 사람에 대해서 들어본 적이 있습니까? […] 그분은 대단합니다. 재능이 많고, 세계 각처에 수많은 친구가 있습니다."(Chương Thâu 2005: 217)

가택 연금 15년 세월 동안 그는 잊혀진 인물이 되었다. 후에의 향강(香

江) 변 작은 집[35]에서 저술과 산책으로 소일하던 그는 1940년 세상을 떠났다. 호찌민이 하노이 바딘 광장에서 독립선언서를 낭독하기 5년 전이었다. 평생 바라던 독립의 서막을 보지 못하고 사망했음을 아쉽다고 해야 할지, 아니면 분단과 유혈의 내전 조짐에 비통해야 할 필요가 없었으니 그나마 그로선 덜 불행한 편이었다 해야 할지….

가택 연금 시절에 쓴 『자판(自判)』이라는 회고록의 영문 번역판은 'Overturned Chariot'이란 제목을 달고 있다. 무섭게 달리던 전차(戰車, 말이 끄는 옛 병거를 이름)가 자빠진 모양새다. 자빠져도 한동안 전차의 바퀴는 돈다. 그러나 그뿐 전차는 더 이상 갈 수 없으며, 자빠져 눈은 허공을 향하고 있으니 앞을 내다볼 수도 없다. '자판'보다 훨씬 더 판보이쩌우의 운명과 베트남의 미래를 생생히 드러낸 표현인 것 같다.

2007년 7월 9일 나는 그가 말년을 보낸 집을 찾았다. 집 바로 앞에 그의 묘소가 자리 잡고 있었다. 그 묘소 발치에는 그의 곁에서 늘 함께하다 먼저 떠난 개 두 마리도 묻혀 있었다. 그가 생전에 작성한 묘비문도 복원되어 있었다. 찾는 이 없이 개를 벗삼아 지내던 그의 말년 생활의 쓸쓸함이 가슴을 아리게 하는 것도 잠시, 그의 묘비 뒤에 새겨진, 죽기 전에 작성한 다음과 같은 당부의 말에서 그의 깐깐한 고집이 느껴져 숙연해졌다:

> 이곳은 나의 만고(萬古)의 집이라. 내가 죽거든 즉시 이곳에 묻으라. 그리고 아래에 열거한 바의 유언을 준수하라. 염을 하고 관을 만들고 분묘를 만들고 존칭을 올리는 일체의 속례를 금한다. 상복을 입고 장례의 의례를 갖추고 곡을 하고 제를 지내는 등 일체의 허문(虛文)을 금한다 […] 후세의 사람들 중 진실로 나를 사랑하는 사람이라서 단지 [나의] 뜻을 이어받고 행적을 기록해준다면 고마울 따름이다. 나머지는 다 필요 없다.

---

35) 정확하게 말하자면, 향강과 나란히 흐르는 조그만 지류 응으(Ngự) 강변이다. 이곳에서 그의 집까지는 약 1km였는데, 그를 일러 현지 사람들은 '응으 변의 노인(người già bên Ngự)'이라 부르곤 했다.

▌판보이쩌우 (후에, 2007. 7)

　후에 예술학교의 학생과 교원들이 합심해 만들었다는 그의 얼굴 조각상은 따가운 7월의 폭염 아래서 더 강하게 기개를 드러내는듯했다. 하지만 후에 시내나 하노이, 사이공 어디에도 이 걸출한 민족주의자를 기리는 제대로 된 기념관 하나 없다. 단지 이곳 후에의 판보이쩌우 거리 119번지 백여 평 남짓한 공간에 관리인도 없는 오두막, 묘소(그의 묘소 외에도 가족, 지인, 개 두 마리의 무덤까지도 모두 이곳에 있음), 늘 굳게 닫혀 있는듯한 전시실, 그리고 엄청나게 큰 얼굴 조각상까지 비좁게 한군데 모여 있는 것을 보면서, 그는 아직도 사회주의 베트남에서 연금 상태에 있다는 기분을 지울 수 없었다.

제13장

고무 농장의 낮과 밤

어린 시절 나에게(1968년 '서울강남국민학교' 입학생) '고무 농장'은 신비스러운 단어였다. 고무줄, 고무공, 고무신, 고무지우개 등 숱한 고무 제품을 사용하며 자라던 내가 이런 물건이 공장에서 만들어져 나오는 것임을 모르지 않았다. 그런데 '고무 공장'이 아니라 '고무 농장'이라니⋯ 뿌우연 고무 물이 나무에서 나온단다. '월남'에는 그런 나무가 많다고들 했다. 들은 말은 과장을 낳게 마련이다. 상상 속에서 나는 베트남 전체에 고무나무를 심기 시작했다. 베트남엔 야자수와 바나나만 그득한 줄 알았는데 고무나무까지 있다네. 이미 야자수와 바나나가 촘촘히 심어져 있던 터라 거기에 고무나무까지 추가하기는 쉽지 않았지만, 그럭저럭 내 마음속 베트남에는 바나나와 야자수 사이에 고무나무도 자라고 있었다. 첫 그림은 기억에 강하게 남는다. 내가 성인이 되어 베트남을 배우는 과정 중에 고무 농장의 역사성을 공부하면서도 내 고무나무 가지는 베트남 도처에서 흔들거리고 있었으니, 1994년 베트남에 처음 가 하노이에서 두 달간 머물 때 종종 고무나무를 찾으러 두리번거리곤 했다.

고무액 채취 (비엔호아, 2004. 6)

고무 농장은 남부, 즉 코친차이나에 있었다. 그중에서도 사이공 동북쪽 비엔호아에서 집중적으로 재배되었다. 화산 폭발로 형성된 붉은빛 적토(terre rouge) 지대이며 해발 200-300미터로 약간 고지대에 위치한 이곳은 고무나무 재배 적지였다. 최초로 베트남에 고무나무가 소개된 것은 1898년이지만 환금작물로서 본격적으로 재배되기 시작한 해는 1907년으로 알려져 있다(Buttinger 1968: 165). 특히 1920년대부터는 프랑스 자본이 대거 유입되고 미쉐린 같은 고무 산업 자본과 연계되면서 코친차이나에서 고무 농장의 비극이 사회적 문제가 되기 시작했다. 고무 농장에서 일하는 노동자의 수는 1930년까지 크게 늘어나서 약 3만 명에 이르렀다. 이 수치를 제시하는 데이빗 마에 의하면, 남지나해로부터 캄보디아 국경에 이르기까지 횡으로 약 300킬로미터에 이르는 벨트 안에 고무 농장 지대가 자리잡고 있었으며 대규모 고무 농장의 수가 대략 25개였다고 한다.[36] 고무 농장 한 곳당 평균 천여 명의 노동자가 수용되었다는 얘기가 된다.

동남아시아에서는 광산, 플랜테이션 등 노동집약적인 산업에 일반적으로 중국인 쿨리가 동원되었다. 동남아시아인은 전통적으로, 그리고 체질적으로 집중적이고 강도 높은 노동에는 익숙하지 않다. 그래서 제국주의자들이나 혹은 그들의 시각을 빌려 현지인을 평가하는 이들은 동남아시아인을 '게으르다'고 하지만, 이것은 지리 환경의 차이에서 기인하는 다른 생활 방식을 향한 편견이다. 풍요로운 자연 환경 덕에 먹고사는 게 힘들지 않았던 동남아시아에서는 '죽도록' 일하는 게 미덕이 아니다. 사시사철 덥고, 여타의 온대 지방에 비해 일조량이 많고 빛이 강한 기후 속에서 죽도록 일하면 정말로 죽는다. 그래서 서양 제국주의자들에게 선호되던 '부지런한' 중국인 쿨리의 사망률이 높았다. 그런데 중국인 쿨리의 고용에는 부작용이 따르곤 했으니 아편, 매춘, 폭력 같은 문제였다. 아편과 매춘도 심각했지만 출신지별로 또는 정치·경제적으로 이해가 상충하면서 발생하던 폭력 사태는 동남아시아 곳곳에서 골칫거리였다. 오죽하면 말레이 반도의 몇몇 술탄국이 중국인 광산 노동자 사이의 충돌에 공포를 느낀 나머지 영국의 지배를 자발적으로 요청하기까지 했겠는가.

프랑스인은 중국인 쿨리 수입의 대안을 찾았으니 북부(통킹)와 중부(안남)의 베트남인 쿨리를 이용하는 것이었다. 남부 코친차이나 사람을 고무 농장 노동자로 끌어들이기는 용이하지 않았다. 이유는 이렇다. 우선, 베트남에서 가장 풍요로운 자연 환경의 혜택을 누리던 남부인의 정서는 보편적 '동남아시아인'에 가까웠기 때문에 죽도록 일하는 농장 노동자가 될 사람이 별로 없었다. 그래도 프랑스 사람이 경영하는 메콩 주변의

---

36) David G. Marr(ed.), *The Red Earth, A Vietnamese Memoir of Life on a Colonial Rubber Plantation by Tran Tu Binh* (trans. by John Spragens, Jr.)(Ohio University Center for International Studies, 1985), pp. vii-viii.

쌀 농장에서 임노동자로 일하는 경우는 꽤 있었다. 그러나 고무 농장으로 가기는 꺼렸다. 왜냐하면 코친차이나 사람들은 고무 농장이 있는 데가 어디인지 잘 알고 있었기 때문이다. 고무 농장이 위치한 곳은 원래 울창한 밀림이며, 베트남인이 '모이(야만인)'라고 부르는 산지인들이 사는 지역이었다. 산지인의 위협 외에 고무 농장 지대는 말라리아와 독충, 그리고 풍토병이 위협하고 음험한 정글 귀신들이 우글거린다고 여겨지던 곳이었다. 고무 농장 일은 농장을 건설하기 위해 정글의 나무를 베어 개간하는 작업부터 시작된다. 거기에 고무나무를 심고, 다시 농장 확장을 위해 정글 개척은 계속되게 마련이었으니 이런 사정을 잘 아는 남부인이 이 무시무시한 곳에 들어갈 이유가 없었다. 이미 고무 농장의 혹독한 작업 조건이 남부인 사이에 알려져 있었다. 프랑스인이나 그들의 대리인이 암만 좋은 말로 꼬드겨도 남부인은 여간해서 고무 농장으로 가지 않았다.

  노동자 모집인들이 눈길을 돌린 통킹과 안남은 인구압이 높고 종종 한해와 수해 등 천재도 겪으며 유산민이 발생하는 곳이었다. 그래서 이 지역의 가난한 농민들이 남부로 이동하는 것은 19세기 이후 일반화된 현상이었다. 아울러 이곳 농민들은 비교적 치열한 생존 경쟁 탓에 강도 높은 노동에도 익숙했다. 이제, 프랑스 사람들과 대리인들이 나타나서 꿈같은 말을 던진다. 한 증언자의 이야기를 들어보자. "잘 차려 입은 모집자들이 통킹과 안남의 마을들로 보내졌다. 그들이 가지고 간 것은 앞뒤로 아름다운 정원이 있는 훌륭한 가옥의 사진이며, 예쁜 탁아소 사진, 건강하고 말쑥한 차림의 노동자들이 고무를 채취하는 사진도 있었다. 모집자들은 농민들에게 친절히 설명했다. 결정하고 계약서에 서명만 하면 농장에 도착하는 대로 예쁜 집이 공짜로 주어질 것이고 아이들은 탁아소에서 역시 공짜로 돌보아줄 것이며 쌀과 고기, 생선도 무상으로 공급될 것이다. 공휴일에는 일주일에 한 번 농장주가 파티를 베풀고, 노동자들은 마음껏 먹고 마시고 도박도 즐길 수 있다. 남쪽에서 생활비는 퍽 싸서 수입의 많은 부분을 저축할 수 있다 […]" 다음과 같은 노래도 이어진다. "고무 농장은 지상의 천국/고무가 나는 곳은 돈의 나라/고무 속에 사는 것은 신선의 땅에서 사는 것/계약 기간이 끝나는 때면 누구도 고향에 돌아가고 싶어 하지 않아."[37)]

그런데 일단 보따리를 꾸려 남쪽으로 내려가는 기차나 배를 타게 되면, 지옥으로 가는 여정이 시작되었다. 먼저, 기를 죽이기 위해 구타가 시작되고 형편없이 적은 음식에 배가 고파진다. 배고픈 거야 워낙 가난에 단련된 사람들이라 어느 정도 참을 수 있지만 구타는 베트남의 전통 촌락 안에서도 좀체로 일어나지 않는 일이라서 이제 막 노동자가 되려 마음먹은 농민들은 극도의 공포와 수치심에 시달리다가 필사의 탈출을 감행하기도 한다. 그러나 감시자로서도 그걸 막을 길은 역시 구타밖에 없다. 맞다가 죽는 사람도 생겨났고 주검은 달리는 기차, 배에서 바깥으로 쓰레기처럼 내던져졌다. 남쪽에 도착한 후 다시 트럭에 실려 점차 고원지대로 올라가다 보면 그들은 자신들이 가는 곳이 남부 메콩 주변의 드넓고 풍요롭다는 델타가 아니라 '야만인'이 산다는 정글 안이라는 사실을 깨닫게 된다. 불안한 여행 끝에 다다른 농장에는 가련한 미래의 희생자들을 물끄러미 바라보는 수척한 노동자들이 있고, 감독관들은 채찍을 휘두르며 먹잇감을 노리는 야수처럼 눈을 희번덕거린다.

고무 농장의 하루 일과는 대체로 다음과 같았다. 새벽 네 시쯤 요란한 사이렌 소리에 깨어난 후 아침밥을 지어먹고 5-6시 사이에 작업장으로 나간다. 고무액(라텍스) 채취는 오전에 이루어지는데, 작업 할당량은 쉴 사이 없이 손을 놀리고 걸음을 옮겨야만 채울 수 있는 극한량이다. 그렇

---

37) Diep Lien Anh, *Mau Trang-Mau Dao: Doi Song dao-day cua phu cao-su mien dat-do* (하얀 피와 붉은 피: 붉은 땅 고무 농장의 공포스러운 삶)(Saigon: Lao Dong Moi, 1965), p. 39, Ngo Vinh Long, *Before the Revolution: the Vietnamese Peasants under the French* (Colombia University Press, 1991), p. 107에서 재인용.

게 정신없이 움직이며 간신히 채취량을 채울 때쯤 신호 소리가 들리고 고무액은 수집되어 창고에 쌓이든가 트럭으로 반출된다. 점심 식사 후에는 풀 뽑기, 추가 개간 등의 작업이 뒤따른다. 하루 일과를 끝내는 시각은 오후 여섯 시경, 그 뒤 저녁 식사를 하고 오후 10시에 사이렌 소리와 더불어 취침한다.

보기에 따라서는 이런 노동이 그저 '노동 시간이 다소 길다' 정도의 문제만 있는 것 같다. 그러나 휴식, 휴일 없이 이런 육체노동이 계속되고 주어지는 식량이 형편없으면 육체는 점차 시들어가게 마련이다. 정글 모기에 물리고 붉은 개미나 쇠파리 같은 해충, 독충에 시달리다보면 하나둘 병이 생겨 쓰러지기도 한다. 그렇게 몸이 약해진 상태에서 작업 할당량을 채우지 못하고 자질구레한 '규율'을 어겨 매까지 맞게 되면 배겨낼 장사가 없다.

근사한 집은 어림도 없는 소리다. 수용소 같은 곳에서 짐승처럼 뒹굴며 잠을 자고 위생 상태도 엉망이다. 어여쁜 탁아소는 어디에도 없다. 조금 머리가 굵은 아이들은 부모의 작업량을 채우기 위해 동원되었고, 그보다 어린아이들은 그냥 방치될 수밖에 없었다. 아기들이 종종 태어나지만 영양실조, 위생 불량, 부적합한 기후 등으로 인해 얼마 못 가 사망하기 십상이다. 방치된 아이들도 마찬가지다. 고무 농장에서 일하다가 훗날 혁명 운동에 참여한 쩐뜨빈(Trần Tử Bình)은 다음과 같은 이야기를 들려준다. "그 당시 사이공의 몇몇 공장에는 자본가들이 아이들을 가두어놓기 위해 '철창(cage, 노동자들이 그렇게 불렀다)'을 만들었다. 작고 어두운 데다가 무더운 방이다. 노동자들로 하여금 아이들을 거기다 들여놓게 하는데, 부모가 공장에서 일하는 동안 아이들은 갇혀 있다. 아이들은 배가 고파지고 서로 싸움질도 한다. 그들이 나올 때는 머리부터 발끝까지 똥과 오줌이었다. 푸지엥(Phú Riềng, 고무 농장이 주로 있던 지역)에서는 미쉐린이 이런 유의 '아이들 철창'을 만들지 않았는데, 몇 가지 아주 단순한 이유 때문이었다. 열악한 위생 상태, 의료, 주거 환경 탓에 설사 아이들이 태어난다 해도 거기서 살아남을 수가 없기 때문이다. 푸지엥에서 3년(1927-1930)을 사는 동안 아이들 재잘거리는 소리를 난 한 번도 들어본 적이 없다." (Marr 1985: 28)

공산주의 활동가답게 기술 방식이 다소 선동적이고 과장된 면이 없지 않다. 하지만 푸지엥의 기후 조건이 어린아이에게 호의적이지 않았음은 분명하며, 열악한 노동 환경 속에서 임신도 어렵거니와 출산까지의 과정도 순탄하지 못했다. 감독관들의 강간 행위는 임신한 여성에게도 구별을 두지 않았으며 가혹한 태형 역시 마찬가지였다. 임산부가 벌 받을 행위를 한 경우 벌어지던 광경을 잠시 소개하기로 한다. "어떤 농장주들은 '웁퉁(úp thùng)'이라 부르는 처벌 방식을 고안했으니 '통 거꾸로 세우기'라는 의미의 말이다. 이는 임신한 여성 노동자들을 벌줄 때 사용하는 방법이었다. 땅에 커다란 통 크기의 구멍을 판다. 거기에 여성 노동자를 엎어 놓는데, 배 부분은 파놓은 구멍 속으로 들어가니 그들이 매질을 하는 동안 여성의 몸은 평평하게 유지된다. 회초리 또는 몽둥이질이 엉덩이에 쏟아지면, 맞는 동안 이 여성은 몇 번이나 까무러치기 마련이다. 통상 열에 여덟 이런 벌을 받은 여성은 유산한다."(Ibid.)

고무 농장은 천국이 아니라 지옥이었다. 하지만 동시에 이 지옥은 식민과 피식민, 자본과 노동, 착취와 피착취 관계를 생생하게 체험하며 그 심각성을 깨닫는 학습장이었다. 공산주의 활동가들이 이곳에 주목하지 않을 리 없었다. 그들의 주장은 노동자들에게 쉽게 이해되었다. 베트남의 민족해방운동사, 공산주의운동사에서 고무 농장이 차지하는 비중은 높다. 특히 1930년 푸지엥에서는 노동자들이 폭동을 일으켜 감독관들을 내쫓고 단기간이나마 소비에트를 건설했던 적도 있었다. 이 사건은 같은 시기 응애안과 하띤의 소비에트 운동과 더불어 베트남 공산주의운동사를 장식하는 특급 사건이었다.

그럼에도 불구하고 고무 농장 노동자들의 역할이 혁명 성공에 결정적이지 못했던 이유는 그들이 노동자이면서도 농민으로서의 성향을 더 강하게 간직하고 있었기 때문이다. 농민으로서 동원되어 임노동자가 되었지만 그들의 꿈은 돈을 벌어 귀향해 땅을 사고 다시 농민이 되는 것이었다. 이런 양면적 성향이 그들로 하여금 일정 이상의 선 앞에서 머뭇거리게 하였다. '고무 농장'이란 단어 자체가 지닌 태생적 모순처럼, 고무 농장의 노동자는 노동자로되 농민이라는 본원적 이중성을 갖고 있었다. 이런 문제에서 야기되는 정체성의 혼란은 고무 농장에서의 간고한 삶에 무게를 더해주는 또 하나의 부담이지 않았을까?

제14장

쌀 전쟁 - 일본군과 베트남 농민의 싸움

1940년에 일본군이 베트남에 진주했다. 그토록 강해 보이던 프랑스 식민 정권은 어처구니없을 정도로 맥없이 꼬리를 감추고 일본군이 베트남에서 주인 행세를 하게 되었다.

일본군이 베트남에 들어온 이유는 두 가지다. 하나는, 중국과 전쟁을 치르던 일본군에게 인도차이나를 통한 연합군의 중국 지원은 성가신 일이었기에 이를 차단할 필요가 있었다. 또 하나는, 베트남을 점령함으로써 남양 즉 동남아시아로의 진출 교두보를 마련한다는 의미도 있었다.

흔히들 동남아시아인의 일본군에 대한 태도를 '이중적'이라고 평한다. 새로운 정복자를 보는 두려움과 서양 세력을 물리친 실력에의 경외심이 혼재한다는 것이다. 말레이시아, 인도네시아, 버마, 캄보디아, 라오스 같은 경우에는 이런 이해가 그다지 크게 사실에서 벗어나지 않는다.

그러나 필리핀과 베트남은 전혀 달랐다. 먼저, 필리핀은 지배자 미국이 1930년대부터 필리핀의 독립 절차를 밟아 나가던 중이었기 때문에 일본군이 선전하던 '필리핀 해방'이 별 의미가 없었다. 그래서 경외심보다는 두려움 내지 반발심이 지배적인 분위기였다. 베트남의 경우는 두려움도 아니고 경외심도 아니었다. 일본군을 향한 베트남인의 초반 정서를 나는 '착잡한 궁금증(ambivalent curiosity)'이라고 규정한 바 있는데, 이 궁금증이 점차 증오심으로 변화되고 급기야 '쌀 전쟁(Rice War)'을 거치면서 증오심이 급속도로 증폭되었다고 본다.[38]

'쌀 전쟁'은 내가 이 시기를 배경으로 하는 베트남의 제반 문학 작품을 검토하면서 만들어본 개념으로, 일본군의 쌀 징발 - 농민의 저항 - 아사자 발생(약 200만) - 농민들의 베트민 참여 - 하노이 바딘 광장에서 1945년 9월의 베트남 독립 선언까지 일련의 과정을 염두에 두면서 쌀을 빼앗기지 않으려고 몸부림치는 맨손의 베트남 농민들과 그걸 빼앗겠다고 별의별 수단을 다 강구하는 총칼 든 일본군 사이의 참으로 민망한 싸움의 성격을 다소 시니컬하게 표현한 것이다. '쌀 전쟁'은 베트남인과 일본인 공히 쌀을 먹는 민족이기 때문에 벌어진 특수한 전쟁이었다. 쌀 먹는 민족이 쌀 먹는 민족을 지배하게 되니 쌀을 두고 벌어지는 전쟁은 더욱 처절했다. 19세기 제국주의 시대에 쌀을 먹는 아시아 어디에서고 이렇듯 제국주의자와 피통치자 사이에서 먹는 걸 놓고 싸움을 벌인 적은 없었다. 서양인들은 쌀을 즐겨 먹지 않기 때문에 해당 지역 농민들의 양식인 쌀을 빼앗지는 않았다. '전쟁' 초기에는 베트남 농민들이 일방적으로 당하는 것 같았다. 그러나 곧 이들은 저항 방법을 터득하여 일본군의 창고를 습격해 쌀을 빼앗고 군인들을 죽였다.

착잡한 궁금증이 극단의 증오심으로 바뀌는 과정을 살펴보기로 하자. 베트남인에게 애초부터 일본군에의 '경외심'이 존재하지 않았던 이유는 단순하다. 그들은 동남아시아의 다른 어떤 민족보다도 일본을 이미 잘

---

38) Choi Byung Wook, "Vietnamese Images on the Japanese Soldiers(1940-1945) through the Angle of the Five Virtues of Confucianism," 『동남아시아연구』 17권 1호 (2007), pp. 150, 164.

알고 있었기 때문이다. 한자와 유교를 매개로 해서 일본은 중국, 조선, 유구와 더불어 베트남과는 하나의 문화권으로 묶일 수 있었던 관계로 교류가 비교적 빈번했다. 게다가 양국은 전통적으로 국제 교역에 적극적이어서 접촉이 활발했다. 베트남 중부의 무역항 호이안은 서양인에게 파이포(Faifo)로 더 잘 알려져 있었는데, 이는 베트남어 '하이포(hai phố)'에서 온 말로 두 개의 거리 즉 중국인 거리와 일본인 거리로 이루어진 도시라는 뜻이다. 중국에 사신으로 간 베트남 관리들은 조선인들을 만나 동북아 삼국의 미묘한 관계를 듣고 있었으며, 16세기 말 일본이 조선과 중국에 전쟁을 도발한 사실도 잘 알고 있었다. 예를 들어 조선 사신 이수광과 베트남 사신 풍극관이 1597-1598년 사이 약 다섯 달 동안 함께 자금성 옆 옥하관에 머물렀던 적이 있는데, 그들이 거기서 시문만 논했겠는가. 우리가 키 작고 잔인하다는 멸시의 염을 담아 '왜(倭)'라 부르듯 베트남인도 일본인을 종종 '와이(Oải 倭)'라 불렀다. 더 기분이 나쁜 경우에는 '난장이 도적떼(dwarf bandits, 베트남어로 giặc lùn 쟉룬)'라고 하는 경우도 있다. 전통 시대에 일본인은 베트남인보다 키가 작았는지, 17세기에 베트남을 방문했던 크리스토포로 보리 신부는 "이곳 사람들은 중국인보다 작고 일본인보다 크다"고 적었다.[39] 베트남인이 전통적으로 갖고 있던 일본인의 이미지는 키가 작지만 굳세고, 교역에 열심이지만 때론 너무 무모하며 잔인하다는 것이었다.

　동유운동이 한창일 때까지 사람들은 명치유신과 러일전쟁 승리라는 일본의 기적을 보면서 일본에게 일말의 기대를 가졌다. 그러나 판보이쩌우 등을 축출하고 조선을 병합하는 과정을 지켜보면서 베트남인들은 일본의 침략성에 확신을 갖게 되었고, 만주 사변과 중일전쟁을 거치면서

---

39) Olga Dror & Keith Taylor, *Views of Seventeenth-Century Vietnam, Christoforo Borri on Cochinchina and Samuel Baron on Tonkin* (Southeast Asia Program Publications, Cornell University, 2006). p. 113.

이 확신은 더욱 공고해졌다. 그러니, 일본군 수십만 명이 밀려들어 왔는데, 설사 프랑스군을 일시에 무력화시켰다 한들 그들이 해방자로 보였겠는가. 아니, 일말의 경외심이라도 가졌겠는가. 단지 '저들이 무슨 짓을 할지…'라는 마음에 착잡하고 불안한 궁금증을 가질 뿐이었다. 물론 그들을 환대하고 그들에게 협조하며 일본을 찬양한 사람들이 없었다는 말은 아니다.

일본군이 베트남을 장악한 이후에도 프랑스 식민 정권의 행정 체제는 형식상으로 유지되었지만 그것은 어디까지나 일본군의 양해하에서였다. 이런 기묘한 지배 구조 속에서 베트남인은 프랑스인보다 더하면 더했지 못하지 않은 일본인의 폭력성을 경험하면서 자신들이 그 폭력의 대상으로 전락할지 모른다는 기분 나쁜 불안감을 맛보아야 했다. 일찍이 자기 가족사를 통해 멋지게 베트남의 근현대사를 서술한 즈엉반마이는 당시 베트남인 사이에 만연하던 불안감을 다음과 같이 적절하게 묘사했다. 공손과 오만을 오가는 일본 군인을 바라보고 있는 베트남인의 마음을 헤아려 보자:

> 사무실에 두 명의 베트남인 고위 관리가 [앉아] 있었고, 조금 전 이 방으로 뛰어 들어 온 또 한 사람은 프랑스인 고위 관리였다. 조금 뒤 일본군 대위가 들어와서 두 베트남인 관료에게 공손히 인사를 하고는, 곧바로 프랑스인에게 다가가 그의 머리를 일본도 손잡이로 내리쳤다. 일본군이 유도로 집어던지니 프랑스 관료는 마룻바닥에 나뒹굴었다. 얼굴에서는 피가 흐르는데, 그는 아무런 저항 없이 단지 얻어맞고 있을 뿐이었다 […] 겁에 질린 […] 베트남 관리들은 감히 개입하지 못하고 […](Elliot 1999: 104-105)

점령군으로서 일본인의 교만함은 곳곳에서 드러나기 시작했다. 여러 문학 작품에서 일본군의 부정적 측면을 강조하기 위해 가장 일반적으로 묘사되는 장면은 물건을 빼앗고, 사람을 때리고 욕하고 놀리는 모습이다. 그러나 함부로 민간인을 살상하고 여성을 강간하는 모습은 별로 나타나지 않았다. 특히 후자의 경우는 다소 의외인데, 일본군이 유지하고 있던 나름대로의 규율이라든가, 베트남인을 향한 특별한 적대감 부재(전쟁을 치른 중국인에 비해), 또 그들이 전쟁터마다 끌고 다니던 군 위안소의 역할도 고려해볼 수 있겠다. 경기도 광주 퇴촌에 소재한 '나눔의 집' 전시관에는 조선 여성들이 끌려갔던 곳을 표시해놓은 동아시아 지도가 있는데, 베트남에도 여러 곳이 있었던 것으로 확인된다.

'함부로 민간인을 살상하는' 시기는 곧 도래했다. 그러나 이는 총칼에 의해서가 아니라 식량 탈취에 의한 조직적이고 광범위한 대량 살상 행위였다. 베트남에 주둔한 병력뿐 아니라 중국과 동남아시아 각처에 주둔하고 있는 군대, 그리고 심지어 조선, 일본의 민간 수요를 위해서도 안정적 식량 공급이 절실했던 일본군은 베트남에서 쌀을 쓸어갔다. 공교롭게도 1944년 가을에는 큰 흉년이 들어 농민들은 가뜩이나 고통받고 있는데 일본군은 더 혈안이 되어 쌀을 뒤졌으니, 이 과정에서 충돌이 생기고 폭력이 행사될 수밖에 없었다. 1944-1945년에 북베트남의 마을 곳곳에서 벌어졌음 직한 상황을 나는 베트민 소속의 한 작가가 써낸 작품 '불꽃'의 내용을 빌려 다음과 같이 그린 바 있다.

이미 흉작으로 고통받고 있던 한 마을에 일본 군인들이 베트남인 관리와 통역자를 대동하고 찾아왔다. 그들 앞에 한 여인이 나서서 외치길, "난 현청의 관리들도 두렵지 않아! 일본군 장교들도 무섭지 않아! 난 아무도 무섭지 않단 말이야! 당신들은 내 [시]어머니와 아이들 먹일 낟알을 모두 가져가려고 왔잖아? 난 이 마을의 쌀을 지킬거야. 만약 당신들이 쌀을 모두 빼앗아 가면 우리 마을 사람 모두 굶어죽을 수밖에 없다구!" 마침내⋯ 그녀의 왼팔과 그 팔 안에 안겨 있던 아이의 몸뚱이 반쪽이 한 일본군이 내리친 칼에 잘려 나갔고, 곡식은 모두

커다란 일본군 트럭에 실렸다.[40]

양식이 떨어진 농민들은 막연한 기대를 품고 도시로 이동하기 시작했다. 그러나 도시라고 해서 뾰족한 수는 없었다. 거리에는 굶주려 뼈만 남은 시체가 널렸으니, 그 수가 이백여 만이었다고 한다. 1944년 가을의 흉작이라든가, 미국의 제공권 장악으로 인한 남부 쌀의 북부 운송 불가 등도 재난의 이유로 열거되곤 하지만, 그런 것은 부차적이다. 풍년이 들었다손 치더라도, 남부 쌀이 올라왔다 치더라도, 전쟁 말기에 독이 오를 대로 오른 일본군은 그만큼 더 거두어갔을 것이니 결과는 마찬가지였을 것이다.

극한의 허기로 인해 일본군에 증오심을 갖게 된 농민들은 1941년 창설된 베트민에서 구원을 찾았다. 호찌민의 주도로 모든 민족주의 세력을 망라한다는 모토를 내걸고 출범한 이 단체는 농민들에게 식량을 나누어 주었을 뿐 아니라, 일본군으로부터 쌀을 탈환하는 기술을 가르쳐주고 싸울 용기를 불어넣어 주었다. 농민들은 각처의 창고를 습격해 쌀을 되찾았고, 일본군을 공격하면서 복수의 환희를 맛보았다. 일본은 1945년 3월 프랑스를 완전히 무력화하고(이를 베트남 역사에서는 일본군의 쿠데타라 부른다) 바오다이 황제로 하여금 베트남의 독립을 선언하게 함으로써 자신들이 베트남의 친구임을 과시하려 했다. 그러나 일본군을 믿는 사람은 거의 없었다. 북부에서 베트민 세력은 줄곧 일본군을 압박했다. 드디어 8월 중에 일본 천황의 항복 선언과 베트민의 총 진공으로 일본군은 물러났으니, 5년여에 걸친 '쌀 전쟁'은 베트민이라고 하는 최후 승리자를 만들어내는 과정이었다고 보아도 좋을 것이다.

---

40) Nguyễn Hồng, "Ngọn Lửa(불꽃)," *Tuyển Tập Nguyễn Hồng* (응우옌홍 선집) 1(1945. Hanoi: Nxb Văn Học, 1983), pp. 394-395; Choi(2007), p. 160.

P. S. 이 장에서 독자들께서는 대량 아사의 참상을 보여주는 사진이 있을까 혹 궁금하실 것이다. 있다. 보안닌(Võ An Ninh)이라는 사진작가가 이 비극을 전 세계에 알렸다. 나는 2007년에 제자 박종혁의 도움을 받아 하노이 국립도서관에서 보안닌의 사진 몇 장을 입수했다. 그러나 내용이 하나같이 너무 끔찍해서 나로서는 실을 수가 없었다. 이번에 개정판을 만들면서 사진들을 다시 꺼내 보았으나 아직도 책에 실을 용기가 나지 않는다. 독자 제위의 양해를 구한다. 인터넷에서 'Vo An Ninh'을 검색하면 일부 사진을 볼 수 있다.

제15장

남부의 향기 - 남프엉 황후

내가 남프엉(Nam Phương 南芳) 황후를 만난 지는 그리 오래되지 않았다. 한 5년 전(이 책의 초판이 나온 2008년으로부터) 베트남 여성사와 관련된 연구 주제를 다루다가 이 인물을 만났다. 뭐랄까… 이런 건 개인적 취향의 문제이니 우선 양해를 구하는 바이지만, 난 이 여성의 미모에 첫눈에 반했다. 베트남 여성에게 흔한 쌍꺼풀이 없는데도 불구하고 어쩜 저리 예쁠 수 있는지… 그것은 품위와 덕성이 어우러진 아름다움이었다. 모르겠다, 내가 1980년부터 베트남에 본격적으로 관심을 가져왔으니 5년 전이 아니라 10년 전 혹은 20년 전에 이미 어디선가 이 여성을 만났을지. 그런데 굳이 5년 전에야 비로소 '반한' 것은 마흔을 넘어서기 시작한 내 나이 때문이려나? 이삼십 대였다면 더 화사한 아름다움에 정신이 팔렸을 테니까.

남프엉 황후는 베트남의 마지막 황제 바오다이의 정비로서, 남부베트남 고꽁 출신이다. 응우옌 왕조가 남부인의 주도로 성립되었음은 앞서 얘기한 바 있다. 이런 이유에서였는지 응우옌 왕조 역대 왕의 정비는 남부 여성이 많다. 2대 황제 민망의 정실부인이 남부 비엔호아 출신이고, 제3대 황제 티에우찌의 제1부인, 제2부인 모두 남부 딘뜨엉 성 출신이다(남프엉 황후의 고향 고꽁도 과거 딘뜨엉 성에 속했음). 이런 현상을 두고 중부와 남부의 결합에 의한 권력 독점이라고 해석하는 이들도 많다. 즉 황제는 중부 출신, 황제의 정실부인은 남부 출신인 것이다.

그러나 남부가 황제의 아내이자 황제의 어머니를 배출한 땅이라고 해서 특별히 중앙 조정으로부터 우대를 받지는 않았다. 민망 황제 치세 중반기부터 남부인은 점차 정치 중심권에서 소외되어갔고, 레반코이의 반란을 계기로 상황은 더욱 악화되어 '교화의 대상'으로까지 전락했다. 오히려 과거제를 통한 북부인의 약진이 두드러졌으므로 중부인과 북부인이 함께 남부를 지배한 것으로 보는 게 옳다.

이렇게 '전락'했음에도 남부에서 줄곧 황비가 배출된 데는 이유가 있다. 첫째, 남부에는 개국 공신 집안이 많았기 때문이다. 공신 집안과 황실이 혼인으로 연결되는 것은 어디에서고 보편적인 현상이다. 두 번째 이유는, 남부에는 대지주가 많고 교역이 발전한 결과 부(富)가 여성 교육에 투자되어, 교육받은 여성이 많이 배출되었기 때문이다. 또 다른 이유로는, 구중궁궐 내에서도 벌어지던 지독한 지역주의를 들 수 있다. 남부 출신 시어머니가 남부 며느리를 선호하는 심리 말이다. 이것은 아직 내 추측에 불과하다.

이유야 어찌 되었든 간에, 19세기 내내 남부는 황비를 배출하는 땅이었으니 황제의 외가 땅이었다. 앞서 판보이쩌우가 끄엉데를 옹립하는 입헌군주제를 표방했으며, 동유운동을 주선했다고 말한 바 있다. 그런데 그의 일본행이라든가 유학 주선 등 활동에 필요한 돈이 어디에서 나왔을까? 대부분 남부에서였다. 남부인이 돈을 낸 이유는 판보이쩌우가 황제를 버리지 않았기 때문이다. 판보이쩌우가 독립운동에서 남부인의 정서를 고려했거나 이용했을 가능성이 높다는 사실은 여러 학자에 의해 지적

되고 있는 바이다(유인선 2004: 188-189; Chương Thâu 2005: 104). 그가 끄엉데의 이름으로 남부 사람들에게 호소한 '남부의 부로들에게 간곡히 고하는 글(哀告南圻父老文)'은 제목만으로도 심금을 울린다. 남프엉 황후는 이런 땅 출신이며 남프엉의 '남'은 남부베트남을 가리키는 말인 것이다.

남프엉 황후의 이름은 응우옌흐우티란(Nguyễn Hữu Thị Lan, 1914-1963)이다. 고꽁의 대지주 집안 출신으로 13살에 프랑스로 유학을 떠났다. 출신 가계나 성장·교육 과정만을 본다면 남프엉 황후는 전형적인 친불 집안 여성이다. 게다가 그녀는 프랑스 시민권자이다.

우선 그녀의 출신지가 메콩 델타 고꽁이라는 데 주목할 필요가 있다. 고꽁은 이 책의 첫 장에서 다룬 보따인의 근거지였다. 토양이 비옥하고 교통이 편리하여 18세기 이래 농업이 발전하면서 대지주의 출현이 눈에 띄는 곳이었다. 보따인과 더불어 응우옌푹아인을 도와 개국공신 반열에 올랐던 팜당흥(Phạm Đăng Hưng 范登興)이라는 유명한 문신 관료가 있는데, 그 역시 고꽁의 대지주 집안 출신이며, 그의 손녀딸이 티에우찌 황제의 둘째 며느리로 간택되었으니, 그녀가 바로 제4대 황제 뜨득의 어머니입니다.

응우옌 왕조 건국 과정에서 남부 지주 집안 출신들이 많았던 이유는, 응우옌푹아인이 남쪽에서 근거지를 마련했기 때문이라는 단순 인과관계에 있지 않다. 남부인이 응우옌푹아인 주변으로 몰려들 수밖에 없었던 필연성은 이미 남부 사회의 특수성 속에 내재해 있었다. 떠이썬 정권이 워낙 반지주적이었기 때문이기도 하고, 지주 집안의 자제들 중 유학의 세례를 받은 이들이 많아 신유학적 충의 이념에의 충실을 당연한 윤리로 여겼기 때문이기도 하다. 게다가 18세기 남부의 스승이라 불리는 보쯔엉또안(Võ Trường Toản 武長纘)의 학문이 지행합일을 강조한 양명학적 성격을 띠고 있었던 관계로 남부 유사들은 실천성을 중시하는 경향이 강했다.

　남부 지주층은 프랑스가 들어온 이후 약 20년에 걸친 '남부의 항전' 과정에서 대부분 도산했다. 우리 역사 경험으로는 이해하기 힘들겠지만, 베트남 남부에서는 그런 일이 일어났다. 유사층이 농민을 동원해 전장을 누비고, 지주들은 자금을 지원했다. 그들의 자녀들도 저항군을 지도하거나 병사로 참여했음은 물론이다. 항전에 직간접적으로 관여했던 사람들은 처벌당하거나 도피하고, 그들의 토지는 식민 당국에 몰수되었다. 아울러 그 가족들은 파산과 함께 성까지 바꾸는 경우도 적지 않았다. 이들을 '구지주'라 한다.

　프랑스가 남부를 장악해가는 과정에서 새로이 토지를 차지하여 상류층으로 자리잡은

┃ 보쯔엉또안 (벤쩨, 2007. 1)

사람들을 '신지주'라 하는데, 이들은 출신 성분별로 대략 다섯 부류로 나눌 수 있다. 첫째, 근본을 알 수 없는 뜨내기 친불 인사다. 이들은 프랑스군에 빌붙어 출세한 자들로서, 대개가 두뇌 회전이 빠르고 처세에 능했다. 프랑스가 반불 운동 참여 죄과로 몰수한 구지주, 소농민의 토지를 불하하는 과정에서 토지를 차지해 이들은 지주가 되었다. 둘째는, 기독교도로서 역시 친불 인사들이다. 하지만 이들 중에는 마지못해 친불한 사람도 많다. 조정의 기독교 탄압으로 기독교도라면 잡혀 죽는 형편에서, 살기 위해 기독교도끼리 뭉치고 생존을 위해 외부의 힘(프랑스)을 요청할 수밖에 없었던 경우다. 어쨌거나 이들은 '하나님'의 가호로 신지주층 반열에 올랐다. 세 번째는 중국인이다. 이들 역시 전통 시대 말기에는 베트남인의 핍박을 받았고 프랑스에는 협조적이었기 때문에 프랑스의 호

의에 기대어 토지를 집적할 수 있었다. 그러나 중국인은 교역에 관심이 더 많았던지라 토지 집적 비중은 그다지 높지 않았다. 네 번째는 프랑스인 지주였다. 이들은 메콩 델타의 처녀지를 불하받아 개간한 사람들이다. 마지막은 잔존 구지주층이다. 이들은 다시 두 부류로 나눌 수 있다. 하나는 '남부 항전' 시기 내내 그럭저럭 눈치를 보아가며 토지를 지킨 경우이고, 또 한 부류는 항전에 참여하다가 프랑스 세력과 적당한 타협 끝에 살아남은 그룹이다.

남프엉 황후의 집안은 신지주에 속한다. 그러나 위에서 열거한 부류 중 어디에 해당하는지는 명확하지 않다. 한 나라의 황후 집안 가계가 백 년 이전도 불분명하다니, 기가 막힐 일이다. 여러 가지 자료도 읽어보고 베트남의 역사학자들과 얘기를 나누어보기도 하고, 2002년에는 미토의 학자들과 남프엉 황후가 태어났다는 고꽁 지역을(사이공 출생설도 있음) 답사하기도 했지만 뚜렷한 대답을 찾을 수가 없으니 딱하다. 황후 집안에 대한 기억은 오랜 전쟁, 이념적 갈등, 공산화 등 급박하고 사나웠던 20세기 후반의 베트남, 특히 남부베트남의 형편으로 인해 사람들 사이에서 기피되고 파괴되고 잊혀지고 지워졌나 보다. 덮어졌을 수도 있고….

이들 신지주가 갖는 몇 가지 특징이 있다. 첫째는 부재지주 성향이 강하다. 구지주가 농촌에서 소작인들과 더불어 사는 재지성(在地性)을 갖는 데 비해 이들은 현지에 마음을 두고 생활은 주로 사이공에서 했다. 자녀 교육에 큰돈을 투자하는 편이어서 프랑스인이 설립한 사립학교에 아이들을 진학시키고 프랑스로 유학까지 보냈다. 생활비, 교육비는 고스란히 소작농에게 전가되었기 때문에 지주와 소작농 중간 역할을 하는 마름의 권력과 횡포가 커져가는 가운데 '지주-소작' 관계는 점차 긴장되어가는 중이었다. 하지만 현지 사정에 비교적 무심한 지주들은 국제도시 사이공에서 좀 더 고상한 사업에 분주했으니, 그것은 정치였다. 주로 이들이 선호하던 정치 체제는 입헌제였다. 산업 자본에 투자를 시도하기도 했지만, 프랑스인이나 중국인과의 경쟁에서 힘겨워했다. 한편, 베트남인으로서 '민족적 각성'을 하고 적당한 선에서 민족주의자 행세를 하는 처세술도 터득해갔다. 그러는 가운데 이들 중에서 진정한 민족주의 운동가들도 나왔다.

남프엉 황후가 신지주 집안 출신이었다고 해서 편견을 가질 필요는 없다. 베트남 사람들도 그러지 않는 것 같다. 단지 그녀는 남부의 부호 가정 출신에 음악과 스포츠를 즐기며, 재색을 겸비한 데다가 현숙한 덕성까지 갖춘 품위 있는 여성이었다.

집안과 관련된 사실은 다음과 같다. 그녀의 아버지는 응우엔흐우하오(Nguyễn Hữu Hào), 어머니는 레티빈(Lê Thị Binh)이고 외할아버지가 고꽁의 부호였다. 그의 이름이 레팟닷(Lê Phát Đạt)이라는 것 외에 출신 배경, 가계 등은 불분명하다. 황후의 아버지 쪽은 그냥 평범한 집안으로, 중국인 후손이라는 말도 있지만 확실하지는 않다. 그는 레팟닷의 데릴사위로 들어갔다. 양가 모두 기독교 집안이었다. 황후의 아버지는 세례명이 삐에르(Pierre)였으며 어머니는 마리(Marie), 황후의 프랑스 이름은 마리 테레즈(Marie Thérèse)였다. 황후는 파리의 꾸방 데 주와조(Couvent des Oiseaux) 학교를 졸업했다. 당시 코친차이나의 친불 인사들이 그러했듯 이 집안 역시 프랑스 시민권을 갖고 있었다. 베트남 황제 바오다이는 프랑스 여성과 결혼한 셈이다. 프랑스가 이 여성을 젊은 황제의 배우자로 점찍은 것은 자기들 입맛에 맞는 여성이었기 때문이지, 황비는 남부에서 뽑는다는 전통에 충실하기 위함은 아니었다. 바오다이 황제가 어린 시절부터 프랑스에서 공부했기 때문에 그 수준에 맞는 신식 여성을 황후로 맞는 편이 더 적당할 것이라는 계산이 우선했는데, 단지 그런 신식 여성이 남부에 더 많았을 뿐이라는 말이다.

하지만 프랑스로서(특히 기독교 신부들) 더 중요한 고려 요소는 이 여성이 기독교도라는 점이었다. 그들은 18세기 말 삐뇨 드 베엔느 신부가 꿈꾸던 베트남을 볼 수 있으리라는 희망을 가지게 되었던 것 같다. 베트남에서 기독교도 황제를 본다는 꿈 말이다. 삐뇨 신부가 어린 왕세자 까인을 데리고 파리에 다녀올 때(1783-1789, 7년의 여정이었다. 왕세자는 네 살에 출발, 열 살 때 귀국) 기독교도 왕을 볼 희망을 왜 가지지 않았겠는가. 그는 무사히 유럽 여행도 마치고 그 기간 동안 왕세자에게 하나님의 말씀을 듬뿍 전했다(돌아오고 나서 왕세자가 조상의 위패에 절하기를 거부하는 바람에 조정이 발칵 뒤집혔고, 이 기억은 훗날 민망 황제의 기독교 혐오, 탄압의 주요 근거가 됨). 그러나 프랑스 선교사들에게는 불행하게도 삐뇨 신부는 1799, 왕세자는 1801년 병사했다. 민망 황제 시기부터 프랑스가 들어오기 전까지 기독교도는 박해를 받았으니 베트남에서 기독교도 왕을 본다는 것은 생각도 못할 일이었다. 이제 세월은 흘러 기독교도를 아내로 맞는 일이 아무렇지도 않게 생각되는 황제를 보는 시절이 되었다. 바오다이는 기독교에 별로 관심이 없었지만, 프랑스 사람들을 행복하게 만든 건 두 사람 사이에서 태어날 자녀들에 대한 전망이었다. 가톨릭법상 그들은 세례를 받게 되어 있었다.[41] 바오다이 사후에는 비로소 베트남에 기독교도 황제가 탄생할 터였다. 삐뇨 신부가 보았다면 하나님의 전능하심을 찬양할 일이었겠고, 민망 황제가 보았으면 '천인공노'할 음모이며 억장이 무너질 황실의 조락이었겠다. 그러나 세상은 변했다. 사람들은 기독교에 관대해졌고 기독교도는 베트남 전통과 절충할 용의가 생겼다.

언제부터 프랑스 사람들이 두 젊은이의 결합에 관심을 가졌는지는 모르지만, 1932년 바오다이가 공부를 끝내고 프랑스에서 귀국할 때[42] 같은

---

41) 장남 바오롱(Bảo Long, 1936-2007)은 세례를 받았다. 그리고 1939년 황태자로 임명되었으나 황제가 될 기회는 없었다. 1945년 베트남에서 왕정이 종식된 후 그는 모후와 함께 프랑스로 이주했다. 평생 결혼하지 않고 살다가 2007년 7월 28일 파리에서 사망했다.

42) 바오다이는 1913년생이다. 아홉 살 때 프랑스로 건너가 리쎄 꽁도르쎄(Lycée Condorcet)와 파리 정치학교(Institut des Études Politiques. 줄여서 I.E.P라 한다. 유수한

여객선에는 5년여의 학업을 마치고 귀국하는 응우옌흐우티란이 타고 있었다. 이 여행에서 두 젊은이가 처음 만났던 것 같은데, 서로 간의 호감을 확인한 주위 사람들의 주선으로 귀국 후 두 사람은 다랏(Đà Lạt)에서 재회하고 급속도로 가까워지면서 결혼에까지 이르렀다.

황제의 결혼 상대가 기독교도라는 사실이 종실의 어른들 사이에서 문제가 되었으나, 황제가 뜻을 굽히지 않자 그들도 양보했다. 이후 황후가 기독교도라는 이유 때문에 황궁 내 각종 의례와 관련해서 문제가 발생한 적은 없었다. 오히려 젊은 황후는 품위 있는 언행, 황후가 주관해야 하는 각종 궁내사를 깔끔하고 효율적으로 처리하는 솜씨로 궁내외의 칭송을 한 몸에 받았다. 결혼하자마자 왕자와 공주를 쑥쑥 낳던 다산의 건강함도(2남 3녀를 낳고 키웠음) 그녀의 미모, 덕성과 더불어 베트남인의 사랑을 받는 이유로 작용했을 것이다. 비록 프랑스 유학을 다녀오고 기독교도였다 하더라도 베트남적인 것과 전통적인 것에 금방 자기를 적응시키는 이런 태도는 베트남의 유명 인사들에게서 종종 발견된다. 호찌민도 프랑스를 비롯해, 소련, 중국, 동남아시아 등지에서 활동한 국제적 인사임에도 불구하고, 일단 베트남으로 돌아와 지내는 모습을 보면 얼마나 베트남적인지 모른다. 이렇듯 적응에 성공하는 경우 베트남인의 사랑과 존경이 쏟아지게 마련이다.

남프엉 황후가 거처하던 후에의 왕궁, 특히 그녀가 우아한 자태로 거닐었을 건중전(建中殿)은 지금 거의 흔적도 남아있지 않다. 북베트남군의 구정 공세가 있던 1968년, 후에 왕궁으로 들어가 저항하던 적군을 잡겠다고 미군 비행기가 폭격을 해대는 바람에 왕궁 중심부의 건물들이 모두

프랑스 정치인들이 이 학교를 졸업했다. 캄보디아 왕자 시하눅도 이 학교 출신)에서 교육받았다. 1925년 그의 부친 카이딘(Khai Định, 啓定, 1916-1925) 황제가 사망하자, 베트남으로 돌아와 제13대 황제가 되었다. 바오다이는 다시 프랑스로 가 학업을 마치고 그해에 귀국했다.

파괴되었기 때문이다. 그러나 다랏에 있는 여름 별장에 가보면 그녀의 자취를 만날 수 있다. 황후가 사용하던 침실, 거실 및 각종 집기가 그대로 남아 있고, 주변의 아름다운 정원도 다랏의 이국적 풍광과 어우러져 황후에 대한 기억을 돕는다. 문득, 이런 '봉건 잔재'를 그대로 보전하고 꾸며놓는, 여타의 공산 국가 사례와는 다른 '베트남사회주의공화국'의 도량도 느껴져서 마음이 따뜻해진다.

8월 혁명이 1945년에 있었다. 8월 혁명이란 무엇인가? 이미 베트남은 3월에 일본의 도움으로 독립을 선언했다. 새로운 국가는 입헌군주제를 채택하기로 했으며, 바오다이 황제가 국가 원수였다. 그러나 8월, 제2차 세계대전 막바지에 베트민이 전국적으로 봉기하고 호찌민의 명을 받은 베트민 대표가 후에 왕궁으로 가서 황제의 퇴위를 요구했다. 평소, '독립 없는 나라의 왕보다 독립된 나라의 평민으로 사는 게 낫다'고 말하던 바오다이는 순순히 이에 동의했고, 베트민은 그에게 최고고문직을 제공했다. 왕정이 무너지고 공화제가 수립되었기 때문에 이 사건을 '혁명'이라고 이름붙일 수 있는 것이다. 그리고 다시 9월 2일에 하노이에서 호찌민의 독립선언서 낭독이 있었다. 새로운 국호는 '베트남민주공화국(Democratic Republic of Vietnam)'이었다.

이에 따라 남프엉 황후의 지위는 베트남민주공화국 최고고문의 부인으로 바뀌었고, 바오다이가 하노이로 떠난 후 그녀는 자녀들과 함께 후에의 한 안가에서 지내게 되었다. 이때부터 몇 가지 일화가 남프엉 황후의 위상을 한껏 고양시켰다.

첫째는, 호찌민이 보낸 생활비를 기부한 일이다. 호찌민은 황실에의 예우로 1만 동이라는 거액[43]을 보내 생활비로 충당하게 했다. 그러나 황후

---

43) 현재 약 1만 달러에 해당한다. 당시 호찌민 정부가 보유했던 돈은 총 100만 달러 안팎이었다고 한다. 후에의 역사가 판타인하이(Phan Thanh Hải) 박사로부터 들은 얘기다(2008년 9월).

는 호찌민에게 감사 표시는 충분히 한 후 이 돈을 자선 단체에 기부했다. 둘째는, 베트민이 펼친 금 모으기 사업에서 그녀의 반응이었다. 베트민은 독립 국가 건설과 대 프랑스 항전에 쓸 명목으로 전국적인 금 헌납 운동을 전개했다. 어느 날 모금 장소에 나타난 황후는 국가의 재건에 써 달라고 자기의 금은보화 장신구들을 대부분 기부했다. 세 번째는, 통첩 사건이다. 전쟁이 끝나고 프랑스가 다시 베트남으로 돌아오자 황후는, 베트남의 완전 독립을 바라고 프랑스의 간섭을 사양하는 내용을 담은 편지를(흔히 '통첩 통디엡'이라 부른다) 프랑스 총독에게 보냈다. 당시 혁명 이후의 어수선한 상황에서 누가 보아도 황제 가족이 가야 할 곳은 프랑스였다. 바오다이는 '독립된 나라라면 평민이라도 좋다'고 했지만 사실 공산 혁명가들과 전 황제의 동거란 그 발상은 아름답기 그지없되 현실적으로 가능한 일이 아니었다. 가만히 있어도 안전하게 프랑스로 망명할 수 있건만, 전 황후로서 황실의 자존심을 지키고 인민을 위해 최선을 다해 보려는 태도는 진지하기 그지없다.

프랑스로 간 이후 그녀의 생활은 자녀들을 키우고 정원 일을 하는 것이 전부였다. 남편 바오다이는 베트민 최고고문직을 흐지부지 그만두고, 남부에서 프랑스의 지원으로 수립된 베트남국(State of Vietnam)의 수장으로 활동하다가(1946-1955) 응오딘지엠 수상에게 버림받은 후 베트남을 떠나 유랑하며 실의의 나날을 보냈다. 바오다이가 술, 도박, 여성 편력 등으로 불유쾌한 소식들을 뿌리고 다니는 중에도 그녀는 일체의 눈에 띄는 언행 없이 조용히 세월을 보내다가 49세의 어느 날 정원을 돌보던 중 심장마비로 세상을 떠났다(1963, 바오다이는 1997년 사망함). 그녀의 묘비에는 '여기 대남(大南)의 남프엉 황후가 누워있다'고 한자로 쓰여 있단다.[44] 프랑스에 들를 기회가 있다면 꼭 한 번 찾아보고 싶은 곳이다.

---

44) Thi Long, trans. by T. S. Trần, *Tales of the Nguyen Dynasty's Ladies and Empress* (Da Nang: Danang Publishing House, 2002), p. 86.

이쯤에서 남프엉 황후가 역사적으로 어떤 중요한 일을 했느냐고 묻는다면 난 대답할 말을 얼른 찾지 못한다. 호찌민이 준 돈을 기부한 것, 금 모으기에 동참한 일, '통첩' 쓰기 외에 그녀가 한 일은 특별한 것이 없다. 그나마 이 세 가지 일도 역사의 흐름에 미치는 영향과는 무관해 보인다. 그녀의 인생은 정적인 데다가 수동적으로 보여 안쓰럽기까지 하다.

그러나 난 그녀의 '존재'에서 역사성을 찾아보았다. 역사는 '움직이는 사람'에 의해서 만들어진다. 그러나 '존재하는 사람'의 중요성도 간과할 수 없는 일이니, 그들의 존재에는 역사가 반영되기 때문이다. 남프엉 황후의 인생에는 베트남의 지역주의, 메콩 델타의 신지주상, 기독교 문제, 20세기 베트남 황실의 위상, 혁명의 성격 등 굵직굵직한 역사 주제가 종으로 횡으로 지나가고 있다. 아울러 베트남(인)의 문화와 인성, 기질 등을 이해하는 데 도움을 주는 다양한 사례가 그녀 안에 있다. 어느 공산혁명가가 봉건 왕조의 마지막 왕비에게 거액을 제공하는 배려를 하겠는가. 그 배려에의 대응은 또 얼마나 당당하고 현명했는가. 망명 황후로서 다섯 자녀를 온전히 키우고 20여 년을 홀로 지내면서도 세인의 입방아에 오르내릴 언행 한 번 없이 정원의 꽃나무와 함께하다가 조용히 스러진 그 자제력은 또 어떤가. 꽃은 스스로 움직임 없이 가만히 있어도 사람들의 사랑을 받는다, 그 아름다움과 향기 때문에. '남부의 향기'는 화약과 피 냄새 가득한 베트남 현대사에 스민 한 방울의 귀하디귀한 향내음 아닐런지. 언젠가 어떤 짓궂은 역사가가 나의 이 천진한 환상을 무참히 깨버릴지도 모르겠지만, 남프엉 황후에게 나는 당분간 냉정한 역사가이기보다는 로맨티스트이고 싶다.

제16장

베트남과 결혼한 주석,
하나님과 결혼한 대통령 - 호찌민과 응오딘지엠

20세기에 치열한 남북 대결이 전개되던 때 북부의 베트남민주공화국(DRV) 주석 호찌민(1890-1969)과 남부의 베트남공화국(RV) 대통령 응오딘지엠(Ngô Đình Diệm, 吳廷琰, 1901-1963)은 모두 독신이었다. 둘 다 결혼한 적도 없고 자식도 없었기 때문에[45] 정확히 말하자면 노총각이었다. 아울러 그들은 여성 관계에서도 엄격했다. 호찌민은 혁명과 국사에 바쁜 게 이유였고, 응오딘지엠은 독실한 가톨릭 신자였는지라 거의 성직자 수준의 금욕 생활을 유지했다(젊은 시절에는 신부가 되려 했다). 20세기 아시아 각국 지도자들이 공산, 비공산 진영을 막론하고 복잡한 여성 관계, 정권의 부자 상속 등으로 별의별 추잡한 문제들을 야기했던 사례들과 비교하면, 베트남은 예외적이라 할 수 있다. 판보이쩌우도 여성 문제에서는 철저해서 본격적인 활동을 시작한 1900년대 초부터 연금 생활에 들어

---

45) 호찌민에게 자식이 있다는 설이 꽤 집요하게 따라다닌다. 그러니 자식 문제를 비롯해서 호찌민을 평가하는 일은 앞으로 더 시간이 지나 각종 자료가 개방되고 평가 작업이 정치적 고려로부터 자유로워질 때나 가능하다.

간 1925년까지 여성과 관련된 이야기는 하나도 없다. 오죽하면 그의 부인이 후에 연금된 남편을 만나자 30년 만에 처음 보는 얼굴이라 하지 않았던가?

또 한 가지 호찌민과 응오딘지엠의 공통점은 둘 다 유학자 집안 출신이라는 것이다. 호찌민은 응애안의 선비 집안 태생으로, 그의 아버지는 후에 조정에서 한때 벼슬살이를 한 바 있다(나중에 관직을 버리고 남부를 유랑하다가 사망했고 메콩 델타의 싸덱이라는 곳에 묻혔다). 응오딘지엠은 후에 출신으로서 17세기 이래 대대로 기독교 집안이었지만, 아버지는 안남 조정에서 예부상서까지 지냈다. 그 자신은 하노이에서 대학을 졸업한 후 관직 생활을 시작해 바오다이 황제 아래서 장관직을 맡기도 했다. 두 집안 다 응우옌 왕조를 섬긴 지배층이었다는 게 공통적이다. 그러나 호찌민은 자신이 '베트남과 결혼'했음을 강조하며 민족주의자로서의 면모를 과시하고 강화하면서 승리자들의 지도자로 남았고, 응오딘지엠은 자주적 민족주의자였음에도 불구하고 너무나 '하나님 사랑'에 몰두한 나머지 베트남인은 물론 후원자 미국 정부로부터도 버림받아, 쿠데타군에 붙잡혀 살해되는 치욕스런 최후를 맞았다.

두 인물의 행적을 살펴보면서 베트남민주공화국과 베트남공화국의 형성 과정을 더듬기로 하자. 호찌민은 후에의 엘리트 학교였던 '국학(國學)'에서 공부한 바 있고, 교사로도 활동하다가 프랑스로 가는 배에 올랐다. 프랑스에서 공산당에 입당했으며 프랑스 공산당원이라는 신분을 배경으로 국제 공산주의 운동에도 활발하게 참여했다. 모스크바를 거쳐 중국에 들어가 공산당 운동을 지도했으며, 동남아시아 공산주의 운동에도 깊이 관여했던 것으로 알려졌다.

공식적으로 나와 있는 그의 약전에 의하면, 베트남 공산주의 운동사 측면에서 볼 때 호찌민은 공산당 창당의 주역이었다. 그는 1925년 중국 광동에서 '베트남청년혁명동지회'를 결성했고, 1930년에는 홍콩에서 '인도차이나공산당'을 창당했다. 그러나 베트남 공산주의 운동사에서 호찌민 주도설에는 많은 의문이 따른다. 베트남공산당 초대 서기장이 쩐푸(Trần Phú)라는 사실도 그러하고, 이후 1940년 초 베트민의 지도자로 부각될 때까지 10년간 호찌민의 행적은 그다지 두드러지지 않기 때문이다. 한때는 중국 군벌에 체포되어 수감되었기 때문에 국내 활동가들과의 연계도 차단되어 있었다.

오히려 이 시기 국내에서는 응오딘지엠이 더 알려진 항불 지도자였던 것 같다. 그는 젊은 바오다이 황제가 베트남의 자주권을 확보하고자 노력하던 시절 황제의 최측근자였다. 프랑스의 방해로 개혁이 지지부진하자 관직을 내던지고 평민으로 돌아갔으나 그는 늘 프랑스 관헌의 감시 대상이었다. 행정가로서의 능력과 민족주의자로서의 명성이 있어서, 일본의 도움으로 바오다이가 독립을 선언했을 때 새 정권의 수상직을 그에게 제안했다. 하지만 이미 공화주의자가 된 응오딘지엠은 사양했다. 8월 혁명 이후 베트민 측은 지엠을 포섭하려 했다. 그러나 공산주의에 반대 입장이었던 그는 거부했으며, 자신의 큰형이(그는 여섯 형제 중 셋째였다) 베트민 요원들에게 암살당했고, 무엇보다도 수 세기에 걸친 가톨릭교도 집안 출신으로서 종교를 부정하는 공산주의는 받아들일 수 없었다. 호찌민 측도 그를 점차 경원시하다가 급기야 암살도 수차례 기도했다. 그는 1950년 베트남을 떠나 일본을 거쳐 미국으로 갔고, 거기서 미국 조야를 움직이기 시작하면서 호찌민에 맞설 반공의 기수로 떠올랐다.

응오딘지엠이 1954년 미국에서 돌아왔을 때 호찌민은 이미 유명한 지도자가 되어 있었다. 프랑스와의 전쟁으로 벼랑 끝까지 몰리는듯했지만 디엔비엔푸의 승리로 프랑스를 무조건 물러나게 했으니 호찌민의 위상은 드높았다.

디엔비엔푸 전투가 있던 해 호찌민의 나이는 65세였다. 이때부터 그는 15년을 더 살았는데, 이 기간 동안 미국과 전쟁이 계속되었다. 구체적으로는 응오딘지엠과의 전쟁이었고, 그의 뒤를 이어 쿠데타로 정권을 잡은 젊은 장군들과의 전쟁이었다. 국가 지도자들 중 80평생을 이렇듯 혁명과 전쟁만을 치르다 간 인물은 호찌민 외에 없다. 동서의 반제국주의 투쟁사에 모택동, 김일성, 레닌, 카스트로, 수카르노, 아웅산 같은 굵직굵직한 지도자들이 있지만 최종적 승리를 쟁취하고 한동안 그 과실을 누리다 사망하든가, 아니면 너무 일찍 세상을 뜨든가 했다. 그런데 철들기 시작할 때부터 팔십 평생을 머리털과 수염을 허옇다 못해 검은 털이 다시 나기 시작하는 노인이 될 때까지 오직 투쟁 속에서 살다간 인물은 호찌민뿐이다. 그는 조국을 끔찍이 사랑하기 때문에 조국의 완전한 독립을 위한 사업에만 매진하기 위해 결혼하지 않았다는 게 당의 입장이다. 가족 관계가 가져올 폐해를 우려해서인지 호찌민은 귀국 후 집안사람들을 접근하

▮호찌민의 서민적 이미지를 전달하는 엽서 사진들

지 못하게 했다. 사람들은 남녀노소를 불문하고 그를 '박 호(Bác Hồ)'라 부른다. '박'이란 아버지보다 손위의 아저씨를 의미한다. 큰아버지뻘 정도의 의미로서 친근한 느낌을 주는 호칭이다. 그의 이미지 또한 소박하다. 여느 베트남인 남성처럼 담배 태우길 좋아하고, 평범한 농민복 입기를 즐겼으며, 간소한 주거 환경을 사랑했다.

하지만 나는 호찌민의 아름다운 점을 들려주는 역할에만 머무르지 않겠다. 호찌민과 응오딘지엠을 비교하는 장이니만큼 두 인물의 공과를 모두 소개하는 게 공정하다. 현재까지 잘 알려진 몇 가지 사건은 정치적 상황만 바뀌었다면 호찌민도 얼마든지 '민족의 이름으로' 비판받았을 가능성이 있음을 보여준다.

첫째는, 기껏 독립을 선언하고 나서도 호찌민은 프랑스로부터의 완전한 독립 대신 '프랑스연방(French Union)' 일원으로서 독립하는 안을 받아들이고 북부에 프랑스군이 진주하는 데 동의했다. 이는, 1945년 중국의 국민당군 수십만 명이 일본군 무장 해제를 위해 하노이에 들어와 있었던 형편에서 이들을 따라 들어온 베트남국민당[46] 세력이 정권을 장악할 것을 견제하기 위함이었다고 해석된다. 그래서 그가 "잠시 프랑스의 똥 냄새를 맡는 게 낫다, 평생 중국의 똥을 먹는 것보다는"[47] 운운한 것은 전술적으로 타당해보인다. 그러나 이는 해석하기에 따라서 궤변이 될 수 있다. 만일 그것이 전술적 고려라면, '평생 공산 치하에서 신음하고 소련, 중국의 꼭두각시가 되느니 잠시의 햄버거 냄새가 훨씬 낫다'는 주장도 수

---

[46] 판보이쩌우가 조직한 베트남광복회의 맥을 잇는 베트남국민당은 1929년 하노이에서 창당되었다. 이듬해 전국적인 총봉기를 감행하다가 실패해 지도자들이 대부분 체포, 처형되어 유명무실해졌다는 것이 일반적 설명이지만, 중국에서 특히 중국 남부에서 중국국민당이 줄곧 집권하고 있었음을 고려한다면 국민당 계열의 베트남 민족주의자들의 활동도 무시할 수 없을 것이라 본다.

[47] David Halberstam, *Ho* (New York: Vintage Books, 1971), pp. 84-85, D. R. Sardesai, *Southeast Asia, Past and Present* (Chiang Mai: Silkworm Books, 1997), p. 193에서 재인용.

궁해야 할 것이다. '평생 북부인에게 시달리며 차별을 받으니 미국인 치하에서 사는 게 더 낫다'라든가, 기독교도들로 보면 '신앙의 자유를 빼앗기느니 차라리 미국인 치하에서 살겠다'는 또 어떤가.

둘째는, 1954년부터 시작된 토지개혁이다. 북부 정권 내부에서 쯔엉찐(Trường Chinh)을 비롯한 친중 세력이 득세하면서 중국공산당원들의 도움으로 진행된 토지개혁은 한마디로 실패였다. 무리한 개혁 와중에 많은 사람이 죽었다. 항불·항일 전쟁기 베트민에 참여했거나 항전을 도왔던 애국자들이 지주라 하여 재산을 빼앗기고, 모욕당하고, 살해당했다. 도처에서 봉기가 일어났으며 베트남민주공화국은 안으로부터 붕괴될 것 같았다. 호찌민과 지압 장군이 나서서 국민에게 사과하고 쯔엉찐이 물러나는 선에서 간신히 무마되기는 했으되, 국가 최고지도자였던 호찌민에게는 아무런 책임이 없었는지 의문이다.

셋째는, 토지개혁 실패 이후 불붙기 시작한 북부 지식인들의 자기 비판, 또는 체제 비판적 문학 운동 탄압이다. 백화제방(百花齊放)이라 불리는 문예자유운동 시기가 1950년대 후반에 잠시 역사 속에 등장했다. 그러나 여기에 참여한 문학가들은 탄압을 받고 공산주의적 혁명문학 사조만이 허용되었으니, 이는 베트남 문학사에 남겨진 깊은 상처다. 공산주의만이 문학을 통제할 권리가 있다고 주장할 것인가. 자본주의에서 그런 일이 일어나면 죄악이고?

응오딘지엠이 베트남공화국의 수장에 오르기까지 과정은 호찌민의 경우보다 복잡하다. 1945년 3월 일본군의 보호 아래 베트남 독립이 선포되고, 쩐쫑낌(Trần Trọng Kim) 내각이 수립되었다.[48] 몇 달 후 8월 혁명이 일어나 바오다이는 폐위되었고, 일본군의 무장 해제를 위해 영국군이 남쪽에 진주했으며, 그 뒤를 이어 프랑스군이 돌아왔다. 이미 호찌민은 독

---

48) 쩐쫑낌은 역사학자로서 그가 쓴 『월남사략』은 아직까지도 국내외에서 널리 읽히는 명저다.

립을 선언한 마당이었으나 프랑스가 이를 인정할 리 만무했다.

물론 베트남이 다시 독립국이 되는 건 대세였다. 그러나 프랑스의 대화 상대는 바오다이였다. 이때부터 독립의 방향을 놓고 프랑스와 바오다이 사이에서는 샅바 싸움이 전개되었다. 바오다이가 주장하는 바는 무조건 독립이었다. 그런데 프랑스로서는 이 요구를 선선히 들어줄 수가 없었다. 베트남을 완전 독립시켜줄 경우 알제리를 비롯한 다른 식민지도 가만있지 않을 것이고, 무엇보다도 베트남과 관련된 프랑스인 투자자들의 반발이 거셌기 때문이다. 게다가 북부에는 공산 세력이 주도하고 있음이 분명한 베트민이 있으니 프랑스가 손을 털고 물러나가면 베트남은 공산화될 것이 뻔한 결과인 듯 보였다.

대안으로 프랑스가 제안한 것이 프랑스연방 일원으로서의 독립이었다. 이는 아시아, 아프리카 식민지와 프랑스가 연방으로 함께 묶인다는 구상으로서, 영국이 주도하는 영연방(Commonwealth)과 유사한 개념이었다. 식민 본국으로서는 약소국들이 독립 후 겪게 될 어려움을 보살펴주고, 연합체의 구성 국가나 국민들끼리는 이미 좋든 싫든 정치, 경제, 문화 등 다양한 분야에서 식민 본국을 매개로 서로 연계되어 있으니 하나의 공동체로서 협조하자는 취지였다. 이 방안은 상당히 합리적이어 보인다. 영국을 정점으로 한 호주, 말레이시아, 남아프리카공화국 등은 여태까지 이런 방식의 제도를 잘 유지해오고 있다.

하지만 이런 체제는 지금 되어가는 모양새로 보니 괜찮다는 것이지 당시 100여 년 가까이 혹독한 프랑스 지배에 시달렸던 베트남인, 특히 프랑스 식민 정권의 꼭두각시로 온갖 수모를 다 겪어야 했던 황제로서는 받아들이기 어려운 제안이었다. 바오다이가 완전한 독립만을 요구하며 버티자 프랑스는 과거 직접 다스리던 코친차이나에만 '코친차이나공화국'을 수립하고 독립시켰다. 이에 위기감을 느낀 바오다이는 프랑스와의 협상에 응했다. 프랑스 역시 호찌민을 제압할 수 있는 권위를 가진 사람은 바오다이밖에 없다고 여겼다. 그리하여 1949년에 일단 임시 국가 성격의 '베트남국'을 수립하고 바오다이를 수장 자리에 앉혔다. 이를 일러 '바오다이 해법(Bao Dai Solution)'이라 부른다. 그러나 1954년에 디엔비엔푸 전투 패배로 프랑스가 베트남에서 손을 떼자 베트남의 정치 상황은 새로운 국면으로 접어들었다.

바오다이가 정치의 전면에 직접 나섰다. 자신을 도와줄 사람으로 그가 점찍은 사람이 응오딘지엠이었다. 각각 20대 초반과 30대 초반에 황제와 내무장관으로서 베트남의 독립을 위해 프랑스 식민 당국과 힘겨운 싸움을 벌였던 두 인물은 이제 40대와 50대의 원숙한 나이에 다시 손을 잡았다.

그러나 두 사람은 너무 변해 있었다. 아니 응오딘지엠이 너무 변했다. 그는 이미 확고한 공화주의자로 바뀌었고, 미국만이 베트남공화국의 보호자라는 믿음이 굳어졌으며, 철저한 반공주의자가 되어 있었다. 무엇보다도, 이제 그는 충실한 신하가 아니라 '주인'이 되고 싶어했다. 게다가, 왕관을 벗겨놓으니 응오딘지엠의 눈에 비친 바오다이는 상관으로서의 자질이 모자라 보였다. 동서고금 각 왕조의 창시자 정도 되는 인물을 제외하고 나머지 왕들 중에서 한 인간으로 놓고 볼 때 국가 최고지위의 반열에 오를만한 자질과 능력을 갖춘 인물이 과연 몇이나 되겠는가. 국민들의 눈도 마찬가지였다.

입헌제냐 공화제냐를 묻는 국민투표가 실시되었다. 실권을 장악한 지엠과 그의 추종자들의 '노력'으로 국민의 압도적 다수가 공화제에 찬성한다는 투표 결과가 나왔다. 설사 조작이 없었더라도 결과는 마찬가지였을 것이다. 왕의 신비함이나 권위는 왕관을 쓰고 있을 때나 유지되는 법이다. 또 그렇게 왕관을 쓰고 있을 때 겨우 입헌군주제 정도로 한 단계 왕권을 낮출 수는 있다. 지난 10여 년간 바오다이 개인의 정치력을 보아온 국민들이 그를 다시 왕으로 복귀시키자는 쪽으로 다수 의견을 내기는 힘

▌베트남공화국 대통령 관저 독립궁 (현 통일궁, 최원준 촬영, 2009. 7)

들었으리라. 무엇보다도 그는 이미 보검과 옥새를 베트민에게 넘겨준 바 있다. 천명을 반납한 사람에게 다시 천명이 돌아갈 명분을 사람들은 여간해서 찾기 어렵다. 또한 가족들은 모두 프랑스에 살고 있었으니 '국주' 즉 나라의 주인으로서 권위도 손상된 지 오래였다. 국민투표 결과를 바탕으로 1955년 베트남공화국(Republic of Vietnam)이 수립되었으며 지엠이 초대 대통령으로 취임했다.

초기에 지엠은 잘 헤나가는 것 같았다. 적어도 호찌민을 싫어하던 사람들에게는 그러했다. 미국의 지원을 배경으로 국가의 면모를 갖추어나 갔다. 식민지 시대부터 독버섯처럼 퍼져나가 누구도 건드리지 못했던 폭력조직 빈쑤엔(Bình Xuyên)을 과감하게 분쇄하는 능력을 본 미국은 그가 곧 호찌민도 그렇게 때려잡을 수 있으리라 기대했다.

그런데 자신에게는 그토록 금욕적이고 청렴했던 그가 하나님과 권력 외에도 또 한 가지 너무 사랑했던 대상이 있었으니, 형제였다. 한 형제는 신앙의 형제이며 또 하나는 핏줄의 형제였다.

젊은 시절 한때 신부가 되려고 했던 그는 기독교도를 보호했을 뿐만 아니라 그들을 지원하고 특권까지 부여했다. 특히 북베트남이 싫어서 남으로 내려온 100만 가량의 기독교 형제에의 사랑은 지극해서 정부와 군대의 요직은 물론 메콩 델타의 촌락, 다랏을 비롯한 서부 고원 지대 신개척지에서 기독교도들이 핵심적인 자리를 차지했다. 불교도의 비위가 틀어지고, 까오다이와 호아하오(메콩 델타의 신흥 종교들로서 불교가 바탕이 됨) 교도들이 등을 돌리기 시작했다. 사이공·메콩 델타를 지켜오던 남부인들도 불만스러워했고, 종교 자체를 혐오하는 공산주의자들에게는 자신들의 신념을 한 번 더 확인할 수 있는 기회였다.

핏줄의 형제를 향한 사랑은 더 노골적이었다. 중부 베트남은 후에의 대주교인 그의 형 응오딘껀(Ngô Đình Cẩn)의 독립국이나 진배없었고, 남부는 경찰력을 장악한 동생 응오딘뉴(Ngô Đình Nhu)의 왕국이나 마찬가지였다. 게다가 이 동생의 부인(마담 뉴)은 보통 극성스러운 여성이 아니어서 지엠 시기 베트남공화국의 실질적 퍼스트 레이디 행세를 하며 갖가지 튀는 행동으로 국내외의 이목을 집중시키곤 했다. 지엠 정권의 불교 박해에 항거해 노승 틱꽝득(Thích Quảng Đức)이 사이공 시내에서(레반주엣 거리였다고 함. 통일 후 딘띠엔호앙 거리로 개명되었음) 분신하는 충격적인 사건이 있었을 때, 이를 두고 '바베큐' 운운한 여성이었다. 지엠 가족들의 오만과 전횡은 '반공' 내지는 '공산주의 박멸'이라는 명분으로 합리화되었다. 민족해방전선이 봉기하고 베트남공화국이 내전 상태로 들어간 1960년쯤부터 지엠은 급속도로 무너져갔다. 아니, 하나님의 세계를 향한 은둔의 공간 속으로 빠져들었다. 호찌민은 부지런히 민중에게로 내려가고 있을 때, 지엠은 점점 하나님에게로만 올라가고 있었다.

제17장

자전거와 비행기의 싸움, 자전거가 이기다

지금부터 디엔비엔푸 전투를 얘기하려 한다. 프랑스군과 베트민군 사이에서 벌어진 수개월간의 싸움에서 베트민군이 승리했다. 프랑스는 이를 계기로 백여 년 동안 지배하면서 미운 정 고운 정 다 들었던 베트남에서 손 털고 떠났다. 이 전투의 베트민 측 지휘관이 보응우옌지압(Võ Nguyên Giáp 武元甲, 1911-2013) 장군이었는데, 우리나라에도 이젠 꽤 많이 알려진 인물이다. 얼마 전에는 (2008년 기준) 베트남전쟁을 소재로 한 유명한 소설 『하얀 전쟁』의 작가 안정효가 『지압 장군을 찾아서』를 발표한 바 있다. 지압 장군 만난 얘기는 몇 줄 되지 않고, 베트남 여행을 배경으로 한 본인의 인생 회고를 곁들인 베트남전 해설집 성격의 책인지라 제목만 보고서 내용을 기대했던 독자라면 다소 김이 빠지기도 하겠지만, 지압 장군이 한국에서 상품성까지도 담보한다 생각하는 사람들이 있을 정도가 되었으니 그는 이미 우리에게도 유명해진 인물임은 확실하다.

나는 개인적으로, 디엔비엔푸를 언급할 때마다 지압 장군보다 한 공군 소령이 떠오르곤 한다. 나는 1986년부터 약 3년간 공군사관학교 교수부에서 교관으로 근무하며 생도들에게 '전쟁사'를 강의했던 적이 있다. 그 소령은 당시 생도대에서 1개 중대 생도의 관리를 맡고 있었는데, 자기 직무에 충실한 멋진 장교였다. 그는 종종 내 연구실에 들러 생도들의 훈육과 교육 문제에 대해 얘기를 나누곤 했다. 어느 날 그가 몇 년 전 미국에 다녀올 때 구해온 것이라며 디엔비엔푸 전투 관련 책자를 내게 건넸다. 잘 연구해서 이 대단한 전투에 관해 생도들에게 가르쳐 달라는 부탁을 하는 것이었다. 당시는 외국 자료 구하는 일이 무척 어려웠기 때문에 나로서는 여간 고마운 게 아니었다. 생도 교육을 위한 중대장의 열정과, 북베트남 장군에의 존경심을 솔직하게 표현하는 그 용기(당시 분위기는 군복 입은 사람이 이런 표시를 하는 게 별로 득이 되지 않았다)를 보는 내 감동도 컸다.

아시아 국가 중에 무력으로 식민 지배를 종결시킨 나라는 베트남이 유일한데, 그것을 가능케 한 전투가 디엔비엔푸 결전이었다. 이 전투는 인간의 의지 앞에 최신식 무기나 장비는 맥을 못 춘다는 교훈을 남겼다. 제2차 세계대전 내내 연합군과 동맹국, 특히 미국과 독일 사이에서는 무기 개발 경쟁이 벌어졌다. 상대보다 한 단계 성능 좋은 무기와 장비를 보유하면 이긴다는 믿음이 굳어졌다. 그리고 이 믿음은 한국전에서도 확인된 듯했다. 초반에는 탱크가 전세를 일방적인 방향으로 끌어갔고, 중반 이후에는 비행기가 전세를 뒤집었으니 말이다. 특히 제공권의 중요성은 한국전에서 확고하게 입증되었다.

다량의 최신 비행기를 보유하고 있던 프랑스군은 보병 중심의 베트민군에게 승리할 수 있다고 낙관했다. 세계 대부분의 군사 전문가들도 이에 고개를 끄덕였다. 그런데 비행기 한 대 없는 베트민군에게 프랑스군이 패했으니 이것은 세계전사상의 충격이기도 했다. 프랑스군은 비행기로 무기를 나르고, 병력을 나르고, 보급품을 나르고, 폭탄을 퍼부어댔는데, 전장으로 물자를 운송할 수 있는 수단이라고는 등짐과 자전거밖에 없던 베트민군이 승리했으니 이게 어디 보통 일인가.

디엔비엔푸는 라오스와 접경지대에 있는 분지다. 베트남 내 소수민족 중의 하나인 따이인이 주로 살고 있는 지역으로서, 이들은 국경 너머 라오스인과 같은 계열 민족이다. 1차 인도차이나전쟁 동안 라오스에서도 혁명이 진행되는 중이었고, 붉은 인도차이나를 만드는 게 궁극적 목표였던 북베트남 지도자들은 파텟 라오라고 알려진 라오스 공산 혁명군과 연계의 끈을 놓지 않았다. 프랑스와의 전쟁 와중에도 베트민 군대는 라오스 경내로 들어가 혁명군을 도왔다. 더 나아가 베트민군은 라오스를 통과해 프랑스군의 배후를 치려고 했다. 프랑스는 베트민군의 '라오스 침략'을 수차례 경고했으나, 베트민으로서는 이에 귀 기울일 이유가 없었다. 베트민군의 라오스 개입이 대담해지면서 프랑스는 라오스가 먼저 공산화될 수도 있다는 우려에 사로잡혔다.

프랑스군은 전세를 획기적으로 전환하려는 작전을 세웠다. 베트민군이 라오스로 들어가는 길목인 디엔비엔푸를 차단함과 동시에 베트민 주력군을 이곳으로 끌어들여 한판 붙는다는 것이었다. 1946년 개전 이후 베트민의 게릴라 전술에 말려들어 지리한 전쟁을 끌어오던 프랑스군의 입장에서 돌파구를 마련한다는 의미도 컸다. 어쨌든 프랑스군에게 필요한 것은 결전이었다. 그들은 디엔비엔푸 분지에 견고한 요새를 구축하고 병력을 집중했다.

베트민군이 프랑스의 결전 의지를 무시하면 되는 것 아니겠느냐고, 즉 프랑스군이 싸움을 걸어와도 응하지 않으면 되지 않느냐고 반문하는 사람도 있다. 군사적으로 허약했던 베트민군이 게릴라전이나 할 것이지 전면전이라니. 하지만 전쟁을 치르다보면 도저히 응하지 않고는 안 될 상황이 벌어지는 경우가 많다. 베트민군으로서는, 라오스 침투는 설사 포기한다고 하더라도 디엔비엔푸의 프랑스군 요새는 목에 겨누어진 창끝이 되었다. 이곳은 활주로까지 갖춘 견고한 군사기지였다. 베트민군이 빤히 보고 있는 가운데 프랑스 군용기들이 북베트남 상공을 유유히 날아

디엔비엔푸에 날마다 물자를 실어 나르고 있었다. 이제 이 견고한 기지에서 폭격기가 수시로 떠 북부 곳곳의 베트민 군사시설, 통신로 등을 공격할 것이다. 시간이 지나면 요새는 더욱 견고해지고 프랑스군의 무력은 증강된다. 그렇게 되면 베트민군은 앉아서 당하는 꼴이 된다. 백여 년 전 프랑스군에게 시간을 주었다가 큰 낭패를 본 경험을 베트민군 지휘관들은 잘 기억하고 있었다. 1859년 사이공 성을 빼앗긴 후 그것을 얼른 탈환하지 못한 채 내버려두었다가 이를 근거지로 한 프랑스군에게 베트남 전체를 내주지 않았던가.

지압의 군대는 디엔비엔푸를 포위했다. 프랑스로서는 기다리던 포위였다. 그들은 참호를 깊이 파고 수많은 기관총을 세워놓았다. 베트민 선봉 소총 돌격대가 제아무리 용감하게 공격한다 한들 결과는 기관총탄의 밥이 되는 것이었다. 그것은 1차 세계대전 중에 있었던 참호전의 교훈이었다. 돌격대 입장에서 보면 기관총탄에 더해 전투기의 기총소사나 폭격도 두려웠다. 바야흐로 살육극이 벌어질 참이었다. 그러나 베트민 전사들은 기꺼이 죽을 각오를 했다. 자신들의 죽음이 최후의 승리에 조그만 초석이 되리라는 믿음도 강했다. 당시 이 전투에 참가한 중국군 고문관들도 즉각적인 공격을 독려했다. 적의 요새가 더 견고해지기 전에 하루라도 빨리 공격한다는 것은 당연한 결정처럼 보였다. 공격 일자는 1954년 1월 말일로 정해졌다.

그런데 공격 개시 여섯 시간 전에 지압 장군은 공격을 무기한 연기한다는 명령을 내렸다. 당시 디엔비엔푸 전투에서 청년 장교로 활동했던 부이띤(Bùi Tín)은 다음과 같이 그날의 상황을 회고하고 있다. "이 결정은 [병사들 사이에] 폭동까지 일어나게 할 정도였다. 고위 장군들로부터 병사들까지 모두 격렬하게 항의했다. 왜냐하면 그들은 모두 각오가 되어 있었으며, 완전한 승리를 위해 자신의 생명을 바치겠다는 혈서까지 쓴 바였기 때문이다. 전선을 책임지고 있던 다른 세 당위원 장군들 - 호앙반타이, 레리엠, 당껌쟝 - 도 지압의 결정에 반발했다. 그러나 그는 자신이 최고 사령관이며 호찌민으로부터 전권을 위임받았으므로 자신에게는 공격을 중지시킬 권리가 있다고 말했다. 토론은 필요 없으며 누구나 그의 명령을 따라야 했다. 나중에 설명하겠다고 하며 모든 단위 부대에 전달사항이 하달되었다. 메시지는 한 문장뿐이었다. '오늘 밤 공격 중지, 원 대형으로 다시 모일 것, 엄격 준수, 추후 설명함.'" [49)]

이때부터 지압은 쌀, 소금, 무기를 모으기 시작했다. 죽는 전투가 아니라 이기는 전투를 벌이기 위함이었고, 단기전이 아니라 장기전으로의 작전 전환이었다. 장기전에 들어가기 위해 식량을 모으고 무기를 증강했다. 항공기를 견제하기 위한 장비도 동원할 필요가 있었다.

전국에서 모집된 사람들이 쌀과 소금을 메고 걸어서 디엔비엔푸로 향했다. 예를 들어, 베트남 중북부 어딘가에 사는 한 농민이 약 50㎏의 쌀을 수백㎞ 떨어진 디엔비엔푸로 운반한다고 치자. 가는 도중 이 사람은 그 쌀을 먹는다. 그렇게 해서 아무리 적은 양이라도 디엔비엔푸의 군수창고까지만 쌀이 다다르면 그는 소임을 다한 것이다. 이 농부는 디엔비엔푸에 머물면서 짐꾼으로 활동하고 병사가 되기도 한다. 중국제 무기가 산 아래까지 트럭으로 실려 오면 곧 분해된다. 짐꾼들은 통상 두 명이 한 개 조가 되어 등에 지거나 자전거를 이용해 산꼭대기까지 이 부품들을 운반했다. 자전거 한 대는 250킬로그램의 짐을 옮겼다고 한다(Bui Tin 1999: 21). 그들의 자전거는 막대기를 이어붙여 손잡이 한쪽을 길게 만들었기 때문에 부피가 큰 물건을 싣고도 조종에 용이했다. 막대기 하나로 수송 능력을 몇 배 늘릴 수 있는 이 간단하면서도 기발한 발상에 외국인들은 십중팔구 무릎을 친다. 이 고안물은 요즘도 하노이에서 종종 볼 수 있다.

주목할 것은 당시 호찌민의 베트민 정부가 전국적으로 농민을 동원할

---

49) Bui Tin, *Following Ho Chi Minh, Memoirs of a North Vietnamese Colonel* (University of Hawaii Press, 1995), p. 20.

수 있었던 능력이다. 어떻게 북베트남 각처의 농민이 자발적으로 장거리 여행에 나섰으며, 쌀이나 소금을 기꺼이 군대를 위해 양보할 수 있었는가. 이미 1940년대의 '쌀 전쟁' 때부터 베트민은 농민의 마음을 사로잡아왔으며, 북부의 각 촌락은 베트민 요원이 통제하고 있었다. 게다가 이때부터 베트민 정부에서 농민에게 한 약속이 있었으니, 전쟁에 승리하면 땅을 주겠다는 것이었다. 토지개혁은 이미 타이응우옌 성 등 일부 지역에서 시작되었다. 정말로 땅이 주어졌다. 쌀을 짊어진 농민이 수백 킬로미터의 거리를 이동하며 중간에서 사라지지 않고 한 톨의 쌀이라도 더 남겨서 디엔비엔푸까지 가져가려고 애쓰는 그 정성의 배후에는 땅을 향한 갈망이 있었다.

디엔비엔푸 전투의 경과에 관해서는, 동남아시아 지역 전문가로서 인도차이나 현대사를 연대기 서술방식으로 정리한 사가(D. J. Sagar)의 기술이 흥미롭고 명쾌하다고 생각해 여기 소개한다:

1954년 3월 13일, 제1차 인도차이나전쟁을 종결짓는 결전이 디엔비엔푸에서 시작되었고, 두 달에 걸친 치열한 싸움 끝에 프랑스가 패배, 전쟁은 끝났다. 3월 초까지 지압 장군은 디엔비엔푸 평원의 프랑스군 요새들이 내려다보이는 산악 지대에 49,000의 병력을 배치했다. 그들은 곡사포, 박격포, 대공포, 카츄샤포 등을 포함하는 놀랄만한 분량의 군수 장비를 갖추고 있었으니, 수많은 농민들이 산 위까지 끌어올린 것들이었다. 항공탐지 능력이 있었음에도 불구하고 프랑스군은 베트민이 산 위에 설치해놓은 무기들을 모두 파악할 수 없었다. 프랑스군은 11,000의 병력을 분지에 포진시켰는데, 프랑스 정규군과 남베트남인 병사 외에 전투 기술자인 게르만 용병, 북아프리카 군인, 따이족 병사들도 포함되어 있었다. 경탱크까지 보유하고 있었지만 그들의 무장은 [베트민군에 비해서] 한심스러울 정도였다. 분지에는 아홉 개의 요새가 있었으니, 북쪽에 '가브리엘' 북서쪽에 '안느마리' 북동쪽에 '베아뜨리스' 남쪽에 '이자벨'이 위치했으며, 그 안쪽으로 '위그뜨' '끌로딘' '도미니끄' '엘렌느' '프랑쑤아즈'가

환형으로 배치되어 있었다.

전투 개시 전날 지압 장군은 예언과도 같은 훈시를 그의 부하들에게 하달했으니, '디엔비엔푸 전역의 성공은 국내외에 큰 반향을 일으키리라'는 것이었다. 지압은 강력한 대포 공격과 보병의 파상적 돌격으로 북쪽의 요새들을 먼저 공략했다. 베아뜨리스가 공격 첫날밤에 떨어졌다. 가브리엘은 3월 15일, 안느마리는 3월 17일에 각각 무너졌다. 나바레 장군[인도차이나 총사령관]과, 그가 디엔비엔푸의 지휘관으로 임명한 까스뜨리 대령에게 개전 초기의 상황은 완벽한 재앙이었다. 가장 잘 갖추어진 세 개의 요새와 더불어 약 1,600명의 잘 훈련된 병사들을 잃었다. 안느마리가 떨어진 후 2주간의 공백이 있었다. 프랑스는 이 기간 동안 군용기를 이용해 부지런히 전력 증강을 시도했으나 성공적이지 못했다. 3월 30일 베트민은 두 번째 공격을 시작했다. 비록 격퇴되기는 했지만, 그들은 재빨리 프랑스 지휘부 1마일[약 1.5킬로미터] 이내까지 밀고 들어오기도 했다. 전투는 24시간 동안 계속되었는데, 어떤 곳은 여섯 번이나 주인이 바뀌기도 했다. 까스뜨리 대령은 급히 항공을 통한 지원을 요청했다. 그러나 베트민의 맹렬한 포격으로 활주로가 파괴되어 지원군은 끝내 도착하지 못했다. 4월 말이 되자 프랑스군은 더 이상 희망이 없어 보였다. 탄약은 떨어져갔고, 3/4 마일 이내에 베트민의 견고한 공격선이 나타났다. 지압은 5월 1일 세 번째이자 마지막 공격을 시작했다. 이전의 두 공격과는 달리, 세 번째 작전은 포 공격 없이 진행되었다. 베트민군은 보병을 이용한 단순 파상공격만을 실시했다. 7일간에 걸친 맹렬하고도 참혹한 백병전 끝에 지압의 병사들은 프랑스군 지휘 벙커 안으로 뛰어들기 시작했다 […] 베트민군이 그의 지휘소로 밀어닥치기 몇 분 전 까스뜨리 장군 [그사이에 장군으로 진급했는지는 불분명함]은 쇼니 장군[인도차이나 부사령관, 소장]에게 진화통신문을 보냈다. "상황은 매우 암담함 […] 사방에서 혼란스러운 전투가 계속되고 있음. 최후가 가까워지고 있음을 느낌. 그러나 우리는 마지막까지 싸울 것임. 우리의 무기와 통신 장비는 파괴하겠음. 모든 물자 역시 날려버릴 것임. 탄약 창고는 이미 파괴되었음. 아듀, 장군. 프랑스 만세!"[50]

---

50) D. J. Sagar, *Major Political Events in Indo-China, 1945-1990* (New York: Facts on

승리자 지압은 훗날 디엔비엔푸를 회고하며 호찌민이 자기에게 이렇게 말했다고 전한다. "장군, 전장에서 당신은 어떤 결정이든지 할 수 있는 권리를 갖소. 동시에, 당신은 적과의 전투에서 승리를 쟁취해야 하는 의무를 갖고 있소."(Bui Tin 1999: 22) 전장의 지휘관에게는 모든 권한이 일임되어야 한다. 상위 부서는 지휘관의 요청대로 최선의 지원만 하면 된다. 전쟁에서 이기려면 그것이 만고불변의 진리이다. 그러나 사실 실행은 힘들다. 전선의 사령관은 상위 부서의 눈치를 보기 마련이고, 전선을 바라보고 있는 온갖 인사들은(왕이나 대통령을 포함해서) 간섭하고 싶어 안달인 게 인지상정이기 때문이다. 현대전에서는 언론까지 한몫한다. 그런데 지압 장군과 호찌민 두 사람은 이 진리를 신봉하고 지켰다. 베트민이 디엔비엔푸에서 승리하고, 베트남이 프랑스, 미국, 그리고 중국에 승리할 수 있었던 이유가 바로 여기에 있었다. 전장 지휘관과 통치 수반 사이의 신뢰, 1980년대 중반 공군사관학교의 그 소령은 디엔비엔푸 전투를 통해 생도들에게 이것을 가장 가르치고 싶어 했다.

File, 1991), pp. 27-28.

제18장

베트콩 - '남부' 민족해방전선

한국-베트남 관계사에서, 1975년 인도차이나전쟁 종결 이전까지만 치자면 베트남 사람들 중에 한국인과 가장 접촉이 많았던 집단이 '베트콩'일 것이다. 베트남전쟁 중 한국군의 전투 상대가 바로 베트콩이었기 때문이다. 베트콩 중에는 아직 생존자가 많다. 생생한 인터뷰도 가능하고, 우리나라 국방부 전사편찬위원회 도서관에는 신문, 팜플렛 등 베트남전 관련 자료도 꽤 모아져 있으니, 한국인으로서 한번 매달려볼 만한 연구 주제다. 아마 우리나라 사람으로서 베트콩을 주제로 삼는다면, 국제학계의 큰 관심을 끌만한 박사 학위 열 개 이상도 나올 것 같다. 나는 2003년 국방부에서 주관한 전쟁사 관련 연구 과제에 응모하여 받은 연구비를 갖고 1년 동안 베트콩을 공부한 적이 있다. 나 스스로 이 주제가 퍽 재미있어서 연구 결과 논문의 말미에 '추가 연구'를 약속했건만 이런저런 이유로 아직까지 미루고만 있다.

 디엔비엔푸 전투 종결 후 제네바 협정이 맺어졌으니(1954), 골자는 다음과 같다. 첫째, 프랑스는 무조건 떠난다. 둘째, 베트남 내 남북 정권을 모두 인정한다. 셋째, 개인에게 자유로운 체제 선택권을 보장한다. 넷째, 빠른 시일 안에 인구 비례에 의한 총선거를 실시해 통일로 나아간다.

네 가지 모두 합리적인 결정 사항처럼 보인다. 특히 마지막 조항은 우리에게도 익숙하다. '인구 비례'라는 게 얼마나 민주적으로 보이는가. 한데 그것은 국내의 경우일 뿐이다. 법이 통하지 않는 냉혹한 국제 관계 속에서는 다수결 적용이 위험하기까지 하다. 해방 이후 우리나라처럼 베트남도 남북은 양국이나 마찬가지였는데, 두 나라가 하나로 합쳐지는 수순을 밟는 과정에서 인구 비례에 의한 다수결 원리가 어떻게 쉽게 합의될 수 있겠는가. 당시 좌우·동서의 날카로운 대립에서 인구 비례로의 의원 선출은 인구 비례에 따른 권력 지분 분배가 아니라 '모 아니면 도'의 게임일 뿐이었다. 적대하는 두 개의 정치 체제가 공존하는 가운데 총선이 치러진다면 다수자를 배출한 체제가 정치에서 주도권을 행사하고 통일 국가는 그들 체제로 갈 가능성이 높다.

이런 이유로 이 조항은 한국과 베트남에서 공히 문제가 되었다. 한반도에서는 북쪽이 불리했고 베트남에서는 남쪽이 불리했다. 남쪽의 바오다이 정권과 프랑스의 뒤를 이어 남베트남을 지원하겠다고 나선 미국은 이 조항을 거부했고 제네바 협정에 서명도 하지 않았다. 그래서 1954년의 제네바 협정은 남쪽 정권이나 미국으로서는 준수할 의무가 없었다. 그럼에도 불구하고 나머지 3개 조항 중 프랑스 지배 종결, 양 체제 인정, 인구 이동은 상호 동의하는 바였기에 남북 공히 이 조항들을 이행했다. 하지만 그것은 제네바 협정 준수라기보다는 기정사실을 인정하고 각자의 체제를 강화하는 방편이었다.

베트콩 이야기는 제네바 협정에 따른 남북인의 이동부터 시작해야 한다. 지금부터 기술하는 내용은 내 논문의 일부이다.

큰 의미의 베트콩(정확히 발음하자면 비엣꽁 Việt Cộng)은 베트남 공산당(베트남어로 비엣남 꽁싼당 Việt Nam Cộng Sản Đảng)의 약자이며, 좁은 의미로는 민족해방전선(National Liberation Front)을 지칭한다. 우리에게 익숙한 베트콩은 주로 후자를 가리킨다. 아무리 '민족'을 내세웠어도 본질은 공산당이라는 응오딘지엠 대통령의 빈정거림에서 비롯된 이름이다.

민족해방전선을 좀 더 구체적으로 표기하고자 할 때 '베트남민족해방전선(National Liberation Front of Vietnam)'이라든가 '남베트남민족해방전선(National Liberation Front of South Vietnam)'이라고 한다. 민족해방전선의 의미나 구호 또는 활동 영역을 놓고 볼 때 둘 다 맞는 말이다.

그런데 이런 용어 사용이 우리로 하여금 베트콩의 실체를 정확히 인식하지 못하게 한다는 것을 지적하고 싶다. 보편적으로 베트콩을 '베트남의 민족 해방을 위한 반외세 투쟁 집단'이라든가, '외세를 등에 업은 괴뢰정권에 저항한 단체'로 이해하는 게 문제다. 주의를 기울여야 하는 단어가 '남베트남(South Vietnam)'인데, 베트남공화국의 지배 범위가 남베트남이어서 그렇게 된 것으로 여기기 때문에 이 단어를 생략하는 경우가 대부분이다.

그러나 바로 이 '남베트남'이란 단어에 민족해방전선의 성격이 담겨져 있음을 알아야 한다. 이 단체가 1960년에 결성되었을 때 공식 명칭은 베트남어로 '맛쩐전똑쟈이퐁미엔남비엣남(Mặt Trận Dân Tộc Giải Phóng Miền Nam Việt Nam)'이었다. 이 단체 연구의 선구자로서 고전적인 업적을 남긴 더글러스 파이크는 이 명칭이 어떻게 영어로 번역될 수 있는가를 친절히 설명한 바 있다. 'Mặt Trận'은 전선(Front), 'Dân Tộc'은 민족(Racial Nationals), 'Giải Phóng'은 해방(Liberation), 'Miền Nam'은 남베트남(Region in South)이었다.[51]

문제는 '미엔남'이다. 파이크는 이를 '남베트남(Region in South 또는 South Vietnam)'이 아니라 '남부베트남(Southern Vietnam)'이라고 번역

---

51) Douglas Pike, *Viet Cong: The Organization and Techniques of the National Liberation Front of South Vietnam* (MIT Press, 1966), p. 74.

했어야 했다. 미엔남이란, 미엔박(Miền Bắc 북쪽 즉 북부), 미엔쯩(Miền Trung 중간 쪽 즉 중부)과 더불어 베트남을 삼분할 때 맨 아래 남쪽, 그러니까 사이공·메콩 델타를 포괄하는 쟈딘 혹 남끼(Nam Kỳ 南圻), 남보(Nam Bộ 南部)를 가리키는 말이며 프랑스 지배기 코친차이나였다. 이 남부가 얼마나 강한 정체성을 갖는가는 앞에서도 누누이 얘기한 바 있다.

다시 말하자면, 흔히 사용되는 '남베트남' 즉 베트남공화국의 판도 중에서도 특히 사이공·메콩 델타 사람들이 주도해 성립된 조직이 민족해방전선인 것이다. 이 조직이 1960년 베트남공화국 정부에 선전포고를 했다. 이렇게 해서 베트남공화국 내 내전이 시작되었다. 이것이 제2차 인도차이나전쟁의 시작이다. 한국군은 형식논리상 이 내전에 참여한 것이며 우방은 베트남공화국, 주적은 베트콩 즉 쟈딘, 남끼, 남보, 코친차이나 사람들이었던 셈이다. 반면 베트남공화국의 주축은 중부와 북부 사람들이었다. 이에 대해서는 곧 더 구체적으로 설명을 하겠다.

민족해방전선은 1969년 '임시혁명정부(Provisional Revolutionary Government)'로 거듭났다. 이들은 사이공·메콩을 기반으로 하여 급속도로 세력을 확대했다. 특히 메콩 델타는 이들의 나라나 진배없었다. 정리하자면, 1975년까지 베트남에는 세 개의 정권이 존재한 것으로 이해해야 한다. 북부의 베트남민주공화국, 사이공의 베트남공화국, 그리고 메콩의 임시혁명정부가 그것이다. 통일로 가는 과정은 다음과 같이 정리될 수 있다. 북부의 베트남민주공화국 군대와 임시혁명정부 군대가 연합하여 베트남공화국 군대를 멸한 후에(1975), 앞의 두 정권이 합쳐져 통일이 선언되었다(1976). 새로운 통일 국가의 이름으로는 '베트남사회주의공화국'이 채택되었다.

그렇다면 민족해방전선은 왜 남부가 해방되어야 한다고 주장했는가? 그것은 지역적 정체성과 피해 의식에서 해답을 찾을 수밖에 없다. 민족해방전선이 결성될 당시 대통령은 응오딘지엠이었다. 그는 중부 사람임을 이미 말한 바 있다. 그뿐 아니라 이 정권의 핵심부에는 중부인이 대거 포진하고 있었다. 이에 더해 1954년 제네바 협정에 의해 남부로 내려온 북부인들(다수가 기독교도)이 응오딘지엠의 배려로 요직에 등용되었다. 아울러 북부에서 내려온 사람들이 주로 정착한 곳이 메콩 델타와 서부고원의 노른자위 땅이었다. 공산주의를 거부하고 내려온 북부인을 위로하고 기독교도를 호의적으로 대우한다는 정부의 방침이 너무 지나쳤다. 이들 외래인의 손에 토지가 넘어가고, 심지어 촌락의 지배층에까지 외래인이 진입하는 경우가 많아지면서 남부인은 극도의 경계심을 드러내게 되었다.

응오딘지엠과 그의 주변 사람들이 남부의 사정이나 정서에 무지한 외래인이라는 사실은 '전략촌(Strategic Hamlets)' 건설에 잘 나타난다. 말레이 연방에서 1950년대에 공산당 폭동이 확산되자, 당시 치안을 책임지고 있던 영국인들은 철조망으로 둘러친 인위적 촌락들을 만들어놓고 그곳에 말레이 농민을 수용해 공산 게릴라의 접근을 막았다. 이 작전은 성공적이었다고 평가되는데, 지엠 정권은 메콩 델타 농민들을 공산 게릴라로부터 보호하겠다고 이 방법을 도입했다. 전략촌은 1962년부터 만들어지기 시작했다고 하지만, 실제는 그보다 3년 전인 1959년부터 나타났다는 것이 당시 이 프로그램이 진행되는 과정을 가까이서 바라본 사람들의 주장이다.[52]

메콩 델타는 수많은 산개촌(散開村)으로 이루어져 있다. 북부에서처럼 집들이 다닥다닥 붙어 있는 게 아니라 농민들은 일정분의 토지를 갖고 뚝뚝 떨어져 살고 있으며, 촌락공동체의 결집성이 강하지 않다. 북부에 비해 개인적이고 유동적이며 자유롭다. 이런 사람들을 강제로 한데 모아놓고 철조망을 쳐 살게 한다는 발상은 남부인 머리에서는 도저히 나올 수

---

52) Truong Nhu Tang, *A Viet Cong Memoir: An Inside Account of the Vietnam War and Its Aftermath* (New York: Vintage Books, 1986), p. 47.

없다. 더구나 말레이의 경우에는 공산 게릴라들이 대부분 중국인이었고 전략촌 내에서 보호되는 사람들은 말레이인이었다. 이렇게 되면 격리의 효과를 볼 수 있다. 그러나 베트남에서는 철조망 안에 있는 사람이나 바깥에 있는 사람이나 모두 베트남인이고 남부인이었다.

여기에 더해서 지엠은 불교, 호아하오교, 까오다이교도들을 이교도라 하여 차별했다. 이 중 호아하오와 까오다이는 메콩 델타에서 생긴 토착 종교였다. 또 지엠은 베트남 중심주의자였던 관계로 그의 치하에서 소수민족 동화 정책이 강력하게 추진되었다. 그런데 남부는 크메르인, 중국인이 많은 곳이다. 지엠 정권에 등을 돌리게 되는 이 사람들 또한 남부인들이었다.

북부의 정책 변화도 베트콩의 태동과 발전에 큰 역할을 했다. 디엔비엔푸의 승리 이후 북부는 너무나 바빴다. 오랜 전쟁 끝에 공산주의자들이 추구하던 독립은 달성했지만, 이제 본연의 목표 달성이 당면 과제가 되었다. 토지개혁을 실시하고, 백화제방이라 불리는 자유문예운동 통제와 탄압에 골몰했으며, 1958년부터는 합작사(合作社) 건설이라는 농업 집단화 작업을 시작했다.

일반적으로 얘기되는 북베트남의 남부베트남 개입 과정은 이렇다. 남부에는 베트민 세력이 남아 있어서 이들에 의한 게릴라 활동이 지속되었는데, 북베트남의 지도자 레주언(Lê Duẩn)이 1956년경 남부를 방문했다가 남부 지원 필요성을 인식하고 이를 중앙당에 보고했으며, 지원이 결정되고 남부의 반지엠 세력을 규합하여 민족해방전선을 결성했다는 것이다. 이런 그림에만 매달린다면 "명백히 민족해방전선(NLF)은 고전적인 공산주의 전위 조직이었으며, 1960년 당이 정치적 수단만으로는 통일이 불가능하다는 결론을 내린 후에 만들어진 것이다"[53]는 규정이 가능하다.

---

53) Robert, K. Brigham, *Guerrilla Diplomacy: The Nlf's Foreign Relations and the Viet Nam War* (Cornell University Press, 1999), p. 3.

그러나 사실은 다르다. 1958년 메콩 델타의 한 촌락에서 연구를 수행한 바 있는 인류학자 제랄드 히키에 의하면, 이미 1958년부터 '베트콩'이라 불리던 남부 게릴라들이 활동 중이었으며 세금 징수, 병사 징발, 암살 등을 수반한 활동은 1959년 내내 증가 추세였다고 한다.[54] 이렇게 보면, 남부인의 투쟁이 먼저 시작되었고 북측에서 이를 지원한 게 된다. 여기서 우리는 레주언이 북부 정치에서 주도적 역할을 하게 되는 시기도 주목할 필요가 있다. 북베트남에서는 총비서였던 쯔엉찐이 물러나고 소련과 가까운 레주언이 실권을 잡았다. 그리고 레주언에 의해서 남부 지원 의결이 주도되었던바, 당시 토지개혁 실패와 백화제방 운동 탄압의 후유증으로 민심이 극도로 나빠져 있던 상황이었다. 즉 당 지도부의 남부 지원 결정에는 당에 호의적이지 않은 민심을 다독인다는 고려가 작용했을 가능성이 높으며, 북베트남의 정책 오류를 남부에서 만회하려던 의도도 있었다고 나는 생각한다.

지원은 결정되었고, 쯔엉썬 산맥을 통해서 남부로 인적·물적 자원이 이동했다. 그러나 이는 어디까지나 지원 내지는 연합이었지 아직 주도는 아니었다. 지엠에 저항하던 남부인들로서는 가능한 모든 세력과의 연합을 모색했으니, 공산주의도 그중의 하나였을 뿐이다. 지엠 정권에 의해 자칫하면 공산주의자로 무자비하게 내몰리던 형편에서 생존을 위해서라도 남부인은 북부와의 연계를 시도하지 않을 수 없었다(1830년대 레반코이 반란의 지도자들도 북부의 눙족 반란군과 연합하려 했던 적이 있음). 더구나 북쪽을 대표하는 호찌민의 민족주의자로서의 위상이 지엠과 대비되어 급속하게 상승하던 중이었던지라 이는 자연스러운 선택이었다. 물론 초기 민족해방전선 구성원 중에 공산주의자들이 포함되었음은 물론이고, 그들을 매개로 북쪽과 연계되었음도 의심할 여지가 없다. 그러나 중요한 것은 남부

---

54) Gerald Cannon Hickey, *Village in Vietnam* (Yale University Press, 1964), p. 10.

인이 없었다면 민족해방전선 같은 조직은 결성될 수도 발전할 수도 없었다는 사실이다.

남부인의 항전 참여는 거창한 혁명 운동을 위함이 아니었다. 복잡한 교리는 남부인에게 무의미했다. 그들은 단지 자신의 이익이나 복수심을 위해 총을 든 사람들이었다. 민족해방전선의 성공은 남부 사람들의 이런 성향을 인정한 데 있었다. 만약 공산주의 지도자들이 이 게릴라들에게 교리 학습을 강요했더라면 그들은 공산주의자들과 싸우려고 총을 들었을 것이다. 무교리성과 이해관계에의 호소는 민족해방전선 결성 당시의 선언서에 확연히 드러난다. 나는 이 선언서의 특징을 '몰특성'이라고 규정했으며, '몰특성'이야말로 민족해방전선의 가장 특징적 면모였다.

1970년대로 들어서면서 민족해방전선의 주도권은 북부 출신 공산주의자들에게로 넘어갔다. 그리고 이때부터 베트콩의 남부성은 점차 탈색되어갔다. 그러나 혁명과 통일 과정에서 사이공·메콩 지역이 협조한 데 보상은 있었으니, 베트남 지도부의 중요 3포스트(주석, 총비서, 수상) 중 수상 자리를 늘 남부 출신 인사에게 배정한다는 암묵적 규정이 그것이다.

여기까지가 내 논문의 개략이다.

민족해방전선의 역사를 통해 근현대사에서 한 가지 현상이 반복됨을 본다. 19세기 통일 왕조인 응우옌 왕조 수립에 사이공·메콩 사람들이 결정적 역할을 했다. 20세기에는 '베트남사회주의공화국'이라는 통일 베트남 수립에 역시 이곳 사람들이 결정적 역할을 수행했다. 이들이 없었다면 아무리 호찌민이 있고 지압이 있어도 북베트남이 남베트남을 이겨내기 불가능했다고 나는 확신한다. 그런데 초기의 민족해방전선 인사들이 점차 배제되어갔다. 실질적 권한을 독점해간 공산주의 세력이나 배제된 인사들 각각 할 말이 얼마든지 있다. 그러니 누가 옳고 누가 그르다고는 말할 수 없다. 단지 흥미로운 점은 남부인이 다시 약진하면서 베트남의 변화와 발전을 견인하고 있다는 사실이다. 그들은 '도이머이(Đổi Mới,

제23장의 주제임)'를 주도했고, 사이공과 메콩 델타는 동남아시아의 경제 중심지로 떠오르고 있다. 내 오랜 동료 필립 테일러 교수가 박사 논문 쓸 때 그렇게 힘주어 주장했듯 '베트남적 근대인(Vietnamese Moderns)'은 역시 남부에 있는 것 같다.[55] 떠이썬도 보기 싫고 초강대국 미국도 우습고, 공산 이데올로기에도 별 관심이 없는 남부인은 이 강력한 세력들을 다 이겨내면서 베트남 근현대사의 전환기에 늘 결정적 역할을 수행해왔다. 공산주의까지 이겨냈느냐고? 북부인들이 남부를 점령하고 이곳에도 집체화와 계획 경제를 시행한 그 순간부터 베트남의 공산주의적 경제 논리와 체제는 파탄이 나기 시작했다. 이후 1980년대 중반부터 사이공을 시발로 한 시장 경제가 사회주의공화국 전체를 시장경제화, 자본주의화하고 있음을 지금 보고 있지 않은가?

---

55) Philip Taylor, "Vietnamese Moderns." PhD dissertation, Australian National University, 1998.

제19장

'인간이 원숭이 되기' - 재교육 수용소의 삶

중국과 관계 정상화를 모색하던 미국의 닉슨 정부는 베트남전쟁에서 손을 떼기로 했다. 이를 베트남 문제의 '베트남화(Vietnamization)'라 한다. 전쟁의 세 당사자 즉 하노이 정부, 사이공 정부, 민족해방전선 임시정부가 알아서 하라는 것이었다. 1973년까지 미군과 한국군은 철수했다. 미군이 쓰던 무기는 거의 다 사이공 정부에 넘겨주고 유사시에는 지원하겠다는 굳은 약속도 있었지만, 사이공 정권의 생존 가능성은 거의 없어 보였다.

마침내 1975년 사이공 군대의 중요 거점이던 부온메투옷이 점령되고 이곳으로부터 북베트남군의 대공세가 시작되면서 베트남공화국 군대의 1, 2, 3, 4군은 순식간에 궤멸되었다. 그해 4월 말 사이공의 대통령궁에 북베트남군의 탱크가 들어왔다.

다시 돌릴 수 없는 역사지만, 공격군조차도 당황해할 만큼 빠르게 베트남공화국 군대가 무너진 것은 너무 허무하게 느껴진다. 아무리 부패가 만연한 오합지졸 군대였다 할지라도 거기엔 유능한 지휘관도 있었고 용맹한 전사도 많았다. 그들 역시 베트남인이지 않은가.

일반적으로 알려진 '쾌속 궤멸'의 이유는 응우옌반티에우(Nguyễn Văn Thiệu) 대통령이 지휘관들에게 후퇴를 명했기 때문이라는 것이다. 긴 전선을 지키기 위해 병력을 분산시키기보다는 사이공을 중심으로 두텁게 방어선을 구축하고 미군의 지원을 기다린다는 복안이었다. 한국전쟁에서도 중앙 정부가 바다를 배후에 둔 부산을 거점으로 하여 집중된 병력으로 적의 공격을 막아내면서 미군의 도움을 기다려 성공했으니 이를 교훈으로 삼았는지도 모를 일이다. 사이공 주변까지 적의 주력군을 끌어들인 후에 인천 상륙 같은 작전을 통해 배후를 끊는다면 화려한 승리도 가능하지 않았을까? 어쨌든 그렇게 퇴각 명령이 내려지자 군대가 이동을 시작했는데, 불안한 민간인들이 따라나서니 삽시간에 군대와 피난 행렬이 엉키고 통신은 통신대로 엉망이 되면서 '작전상 후퇴'고 뭐고 없이 그냥 난장판이 되었다. 거칠 것 없는 북베트남 선봉대의 진공 속도가 하도 빨라서 본대 병력이 따라갈 수 없을 정도였다니, 수십 년에 걸친 전쟁의 결말은 이렇듯 싱겁게 그리고 신속하게 종결되고 말았다. 티에우 대통령(중부 출신)과 응우옌까오끼(Nguyễn Cao Kỳ) 수상(북부 출신)이 해외로 망명하자 남부 출신이며 덕장으로 잘 알려진 즈엉반민(Dương Văn Minh) 장군이 대통령으로 추대되어 독립궁을 지키고 있다가 항복 문서에 서명했다.

외부의 관찰자들은 대규모 학살이 자행될지도 모른다고 우려했으나 다행히 그런 일은 일어나지 않았다. 이것만은 북베트남 점령군이 국제 사회로부터 긍정적으로 평가받는 부분이다. 아울러 그들은 전쟁의 종결이 북베트남군과 민족해방전선의 긴밀한 협조 속에서 이루어졌음을 강조했다. 그래서 이듬해 두 정권 사이의 통합이라는 형식을 빌려 '통일'을 이루었다.

그런데 문제가 있었다. 치열한 전투 과정 없이 전쟁이 얼른 끝났다는 것은 그만큼 상호 인력 손실이 없어서 다행이었지만, 북베트남 정권 입장에서 보자면 어제까지 총부리를 마주하던 수십만 적성 분자가 고스란히 남아 있음을 의미했다. 이들 중 군사 훈련을 받은 전투 능력자들이 언제 무슨 일을 벌일지 알 수 없었다.

그래서 '재교육'이 제안되었다. 이 프로그램이 진정 '재교육 후 통일 조국 건설 대열에의 동참'을 겨냥한 순수한 의도에서 비롯되었는지, 전투 과정에서 쓸어버리지 못한 무력 집단과 잠재 적을 제거하려고 명칭만 그럴듯하게 붙인 속임수였는지, 아니면 통일 후 어수선한 정국에서 부실한 행정, 지휘 체계가 낳은 일련의 사고였는지(재교육 수용소에서 벌어진 문제들이)는 밝혀진 바 없다. 이유야 어찌 되었든, 논란거리를 많이 만들어낸 재교육 수용소 운영은 승리자의 권위와 정통성에 큰 흠집을 냈다. 군인, 전직 관료 등 잠재적 적대 세력 100만 명 중 90%나 되는 사람들을 새 조국 건설에 동참시킨 아량은 높이 평가되나, 나머지 10만 명(재교육 대상자)에의 가혹한 처사는 통일 베트남 정권을 두고두고 괴롭히고 있다.

내가 1994년부터 알고 지내던 사이공의 S씨는 전쟁이 끝날 무렵 해군 대위였다. 그 역시 재교육 수용소에 들어갔다. 그는 몇 달 만에 풀려났지만 그의 친척 형은 1980년대 중반이 되어서야 집으로 돌아왔다. 재교육 수용소에서 어떻게 지냈는가를 묻자 S씨는 그냥 묘한 표정으로 나를 바라보기만 할 뿐 입을 열지 않았다. 이는 S씨 말고도 내가 베트남에서 만난 경험자들이 하나같이 보이는 반응이다.

베트남 안에 살고 있는 이들은 재교육 수용소와 관련해 아무도 자신의 경험을 이야기하지 않는다. 마치 사회적 약속이기라도 한듯. 나도 사람들과 이야기할 때 되도록 이 문제는 건드리지 않는다. 묘한 표정을 보는 일도 부담스럽고, 무엇보다 분위기가 너무 썰렁해지기 때문이다. 현재로서 재교육 수용소의 내막은 국외로 탈출해 살고 있는 사람들의 증언에 의

존하는 수밖에 없다. 그런데 이들이 하나같이 현 정권에 정치적으로 반대하는 입장에 서 있는지라 증언의 신빙성이 얼마나 되는지 나로서는 자신이 없다. 그래서 이 문제는 아직 역사 연구의 대상이 되기에는 부족하고, 피치 못해 이를 거론할 때마다 나는 단서를 달기 급급하다.

우선은 재교육 수용소로 향하는 초반 상황만을 소개하겠다. 암만 망명자들의 기술이라도 이 부분은 그런대로 믿을만하다. 민족해방전선의 창설 멤버이자 임시혁명정부의 법무장관을 지냈던 쯔엉느땅(Trương Như Tảng)의 기술을 먼저 보자. "훈령은 1975년 5월 초에 만들어졌는데, 모든 구체제 병사, 장교, 관리들로 하여금 일정 기간 재교육을 받게 한다는 내용이었다. 여기에는 각급의 정부 관리, 다양한 정당의 지도급 인사들도 포함되었다. 일반 병사와 하급 관리는 자기 집이나 옛 사무실 근처에서 3일 동안의 코스에 등록해 자신들의 과오와 미국에 의해 저질러진 범죄에 관해 교육을 받게 되어 있었다. 중간급 관료나 초급 장교는 같은 주제를 갖고 10일간의 교육을 받으며, 나머지 고위 관료와 고급 장교 그리고 각 당 지도급 인사들과 경찰 요원들에게는 30일 동안의 교육을 실시하기로 했다. […] 1975년 6월 16일 나는 형 꾸인과 동생 빅을 재교육 장소로 태워다주었다. 형은 사이공 종합병원 원장으로서 국민당 보건정책 자문 위원이었다. 동생은 국가은행(National Bank) 외환국장이었다. 그들은 포고령이 규정한 대로 식량을 포함 30일 동안의 일용품을 지니고갔다. [… 그들이 간 뒤] 30일이 지났다. 그리고 또 30일이 지났다."(Truong Nhu Tang 1986: 272-274)

즈엉반마이는 한 국영 기업 간부로 일하던 동생이 겪은 일을 토대로 다음과 같이 썼다. "6월 중순 국영 라디오 방송과 신문은 사이공 정부의 관료와 장교들에게 재교육 수용소행을 위해 몇 군데 고등학교에 모이라고 했다 […] 각 간부는 담요 한 장, 모기장 하나, 그리고 한 달간의 식량을 준비하도록 통보받았다. 이 '한 달'이라는 단어가 그 함의 때문에 사람을 우롱하는 것이었다. 누구나 '그래 4주면 돌아온다는 의미겠지. 그리 길지는 않군. [수용소가 어떤 곳인지] 알기도 전에 돌아오겠네'라고 생각했다. 안심을 하고서는 (그러나 나타나지 않으면 체포될까 걱정도 되어서) 대부분의 사람들이 출두했다. 그로부터 4주 뒤, 사람들이 돌려보내 달라고 항의하자 기간요원들은 다음과 같이 대꾸했다. '누가 당신들더러 한 달만 있으라고 했소? 우리가 당신들한테 말한 건 한 달을 살만한 돈을 가져오라는 것이었지. 우리는 초기 단계부터 당신들을 제대로 먹일 수 있을 만큼 신속하게 모든 걸 조직할 수 없다고 생각했던 거요.'"(Elliot 1999: 436-437) 즈엉반마이의 동생은 4년을 재교육 수용소에 있으면서 몇 번의 시도 끝에 탈출에 성공했다. 그는 사이공 어딘가에 숨어 살다가 종전 후 15년 만에 미국으로 망명했다.

  수용소 안의 생활 모습은 증언자에 따라 다양하지만 공통적으로 보이는 내용은 노동과 학습이 계속된다는 것, 의료품 부족으로 질병에 속수무책이고, 일상적이지는 않지만 종종 구타까지도 포함하는 폭력이 행사된다는 것이다. 그러나 뭐니 뭐니 해도 가장 큰 고통으로 기억되는 공통점은 굶주림이었다. 1980년대 초 파리에서 간행된 호카인(Hồ Khanh)의 단편 소설 '디(Đi 가자)!'(영어판에서는 '굶주림Hunger'으로 번역되었음)에서 그리는 재교육 수용소의 모습도 굶주림이 주요 모티프였다. 주인공은 전직 교수였는데 그가 전하는 배고픔의 기억은 다음과 같다. "고원지대에 있는 강제노동 수용소에서 만연했던 고통은 굶주림이었다. 평소에도 별로 많이 먹지 않는 사람이었음에도 불구하고 [그는] 늘 배가 고팠다. 더 젊고 혈기왕성한 사람들이야 말할 것도 없고 … 누구나 다 배가 고팠고, 너무나 배가 고파 생각하는 거라고는 먹는 일뿐이었다. 수용자들의 땀의 결과인 '수확' 후 며칠 동안은 옥수수, 감자, 마니옥 등으로 좀 더 배를 채울 수 있었지만 일주일 정도만 지나면 수용소 지배자들의 보이지 않는 주먹이 그들의 목구멍을 조이기 시작했다. […] 이 사람들이 도착했을 때는 주변에 도마뱀들이 기어 다녔다. 그러나 [배고픈] 사람들에 의한 몇 번의 '지상 작전 (field operations)' 끝에 [도마뱀들은] 멸종된 것으로 간주되었다." [56]

내가 보아온 바로, 베트남 사람들은 일반적으로 먹는 걸 밝히지 않는 편이다. 아니, 음식 앞에서는 점잖은 민족이다. 끼니때가 지나도 배고픈 티를 내는 법이 없으며 배가 고플 때 음식을 앞에 놓고서도 허겁지겁 먹는 모습은 거의 보지 못한다. 또한 먹는 양도 많지 않다. 그래서인지 '배고프다'라고 외치는 데까지 이른다는 것은 가장 수치스러운 지경까지 떨어졌음을 의미하며, 또 의도적으로 그런 지경에까지 이르게 한 권력자에게는 극렬한 적대감이 향해지게 마련이다. 재교육 수용소의 관리자들이 수감자들에게 고통을 주기 위해서 의도적으로 식량 공급량을 조절했는지, 아니면 고립된 곳에 있게 마련인 수용소 사정상 식량 보급이 용이하지 않았기 때문이었는지는 알 수 없으나, 권력자가 수많은 사람을 배곯게 하여 고통을 준 건 아마 내가 알기에 베트남 역사에서 일본군에 의한 쌀 수탈 결과로 생겼던 대기근 사례를 제외하곤 처음이 아니었나 싶다.

베트남 역사를 강의할 때 재교육 수용소 주제에 이르면 학생들에게 읽어주곤 하는 시가 하나 있다. 북베트남의 수용소에서 16년을 지냈던 응우엔찌티엔(Nguyễn Chí Thiện)의 작품인데 베트남 밖으로 반출되어 1981년 미국 버클리 대학교에서 발표된 글이다. 문학가의 상상력이 반영되었으리라는 점과 당시 베트남과 미국 간의 정치적 긴장과 갈등 관계를 고려한다면, 이 시의 내용을 모두 사실이라고 덜컥 믿어버릴 수는 없다. 단지 재교육 수용소 수감자가 겪는 고통의 개연성을 이해하는 도구로 적합하다. 사실, 수용소의 고통만으로 친다면 동서의 역사 속에서 그곳의 참상보다 더했던 곳이 없었겠는가. 그리고 현재도 얼마나 더 이런

---

56) Hồ Khanh, "Hunger," *The Vietnam Forum 2* (Yale University Southeast Asian Studies, 1983), p. 137.

곳이 있을지 어찌 알겠는가. 그런데 베트남 역사 속에서 재교육 수용소를 이야기할 때 유독 나는 비감해진다. 이 역사적 사건이 8월 혁명, 디엔비엔푸 승전, 제2차 인도차이나전쟁 승리 등 일련의 역동적이고 화려하고 영웅적이고 감동적인 베트남의 역사(북베트남을 중심으로 놓고 볼 때)가 숨 가쁘게 이어지다가 튀어나오는 생뚱맞은 현상이기 때문에 그런가 보다. 베트남에서는 이런 일이 일어나지 않았어도 되었는데 하는 안타까움이 작용했을 수도 있다. 아니면 한때는 내 아버지 세대 우방의 구성원이었던 사람들에게의 연민이 깊어서인지. 그렇지 않으면 전쟁과 이데올로기의 대립이 가져온 인간성의 피폐와 상실을 분노함인지, 베트남이 좀 더 멋진 역사를 만들었으면 하는 아쉬움 때문인지….

원숭이가 사람이 되기까지

원숭이가 사람이 되기까지 수백만 년이 필요했다.
사람이 원숭이가 되려면, 몇 년이 필요할까?
인류 여러분, 부디 한번 와보세요.
깊은 정글
한가운데의 집단 수용소에 말입니다.
벌거벗은 죄수들이, [짐승] 떼처럼 모여 목욕을 하고,
모기와
이가 들끓고 악취가 풍기는 어둠 속에서 살며,
고구마
또는 마니옥 한 조각을 놓고 싸움을 벌이는 데다가,
체포자
마음대로 쇠사슬에 묶이든가, 사살당하든가, [칼로] 째지지요.
실컷 얻어터진 후 쥐들에게 던져지면 놈들은 갉아 먹습니다.

마지막 숨을!

이런 종류의 원숭이는 잽싸지 않고 오히려 행동이 퍽 느립니다.

정말이지

오래전 역사 이전의 것들과는 참 달라요.

이들은 배고프며, 젓가락처럼 야위었는데,

하지만 여전히 이들은 일 년 내내 국가를 위해서 자원을 생산합니다.

인류 여러분, 부디 와서 보세요![57]

---

57) Nguyen Van Canh, *Vietnam under Communism, 1972-1985* (Hoover Institution Press, Stanford University, 1983), pp. 224-225.

제20장

캄보디아 길들이기

사이공에서 버스를 타고 6시간이면 캄보디아의 수도 프놈펜에 도착한다. 그만큼 사이공과 캄보디아는 가깝다, 지리적으로나 역사적으로나. 캄보디아 왕궁 옆 광장에서 우리는 베트남 병사를 만날 수 있다. 2012년 여름, 난 프놈펜에서 한 달을 지낸 적이 있다. 내 숙소가 왕궁 뒤 172 거리에 있었다. 왕궁은 메콩을 바라보고 있고 왕궁 앞과 오른쪽으로는 광장이 있다. 난 아침저녁으로 내 숙소로부터 왕궁 앞을 거쳐 왕궁 오른편 광장을 가로질러 왕래하는 산책을 즐기곤 했다. 바람이 시원하고 공기가 맑기도 하지만 새롭게 성장하는 중산층, 명랑하면서 예의바른 학생들, 귀여운 어린이들과 마주치는 즐거움도 크고 주변에는 먹을 데도 많다. 이 광장의 한가운데 눈에 뜨이게 우뚝 솟은 4인의 석상이 있다. 그중 하나가 베트남 병사다. 캄보디아 병사가 나란히 섰고 그 앞에 캄보디아 여성이 있다. 여기까지는 2008년에 이미 본 바이다. 헌데 이번에는 여성의 품에 안긴 아기까지 눈에 들어왔다. 이 석상에는 '베트남 자원군을 기리는 기념물'이라 쓰여 있다.

제2차 인도차이나전쟁(1960-1975)은 '인도차이나' 전쟁답게 세 나라에서 거의 동시에 전쟁이 끝났다. 베트남에서 전쟁이 종결되기 일주일 전 캄보디아에서는 공산 계열의 크메르루주군이 친미 론놀 정권을 몰아내고 프놈펜을 접수했다. 라오스에서는 파텟 라오가 왕정을 종결시키고 공산 정권을 수립했다. 이렇게 해서 인도차이나는 공산화되었고 공산주의 형제 국가들끼리 평화롭게 살 것 같았다.

그런데 캄보디아가 베트남에 도전했다. 라오스의 공산주의 지도자들은 베트남의 비호 속에서 성장했던 고로 양측의 우의는 과거에도 돈독했고 현재도 돈독하다(라오스 지도자 수파노봉 왕자는 베트남 여성과 결혼했다). 반면 베트남과 캄보디아의 관계는 공산주의 형제 나라로서 우애가 끼어들 여지가 없었다. 양 민족 사이의 역사적 경험이 작용해서 그렇다고 나는 생각한다. 경험 속에서 형성된 감정은 적대감이었다. 모든 사람이 다 그런 마음을 품을 리는 없겠고, 정치적으로 그런 감정이 선택되어 이용되었기 때문일 것이다. 정권을 잡은 크메르루주는 이 기억을 불러내어 국민을 결집시키려 했고, 그다지 내키는 방법은 아니었지만 베트남으로서도 크메르루주와의 한 판이 신생 통일국의 결속에 도움이 될 수도 있다고 판단했을 것이다.

우선 크메르루주의 불만을 살피자. 첫째, 캄보디아에는 베트남인이 너무 많이 들어와 살고 있었다. 마치 베트남인에게 중국인이 사회악의 근원으로 종종 인식되듯 캄보디아인에게 베트남인이 그렇게 보이는 경우가 많았다. 이런 사정은 지금도 마찬가지이다. 둘째, 실지 회복의 염원이다. 캄보디아인은 남부베트남을 '캄보디아 크롬'이라 부르는데, '하부 캄보디아'라는 뜻이다. 이 캄보디아 땅이 베트남에 의해 불법적으로 점거되어 있다는 의식이 강화되었다. 크메르루주 군대가 수차례 베트남을 공격했다. 캄보디아 내 베트남인은 '캄보디아 크롬'을 차지한 베트남이 캄보디아로 더 영향력을 확대하는 데 전위 역할을 하고 있는 것으로 이해되어 심하게 핍박을 받았다.

　그럼 베트남 입장은 어떠한가? 메콩 델타는 17세기 말부터 베트남 조정의 '경략'을 통해 흡수된 땅이었다. 19세기에 들어 가정성총진 관할이었고, 1830년대에는 남부 여섯 개 성이 있던 곳이었다. 프랑스의 식민 지배기 코친차이나였으니 캄보디아의 실지 운운은 어불성설이다. 캄보디아에는 베트남인이 많다고 하지만 남부베트남에도 크메르인이(캄보디아를 구성하는 주민족이 크메르족임) 많다. 그러니 베트남 입장에서 볼 때 크메르루주 주장은 억지인 데다가, 베트남인을 학살하고, 국경을 넘은 행동은 전쟁 도발이나 마찬가지였다. 그러나 그 무엇보다 베트남 지도자들을 움직이게 한 것은 역사적 경험이었다. 18세기 이래 캄보디아는 베트남의 번속국이었고 명분만 생기면 베트남 군대는 캄보디아에 들어가 왕궁을 점령하고는 왕을 세우고, 폐위하고, 사로잡았으며 죽이기도 했다. 1835년부터는 나라까지 없애고 캄보디아를 진서성(鎭西城)이라 이름붙인 후 베트남의 새 영토로 삼았던 적도 있다(1835-1846).

　프랑스가 들어오자 캄보디아는 자발적으로 보호국이 되었다. 베트남이 저항 운동으로 분주하던 시기에 캄보디아는 나라가 안정되고 민족주의를 공고히 형성해 나갔다. 프랑스 유학생을 중심으로 공산주의 운동도 발전했다.

　그런데 이 민족주의나 공산주의 운동에 베트남의 메콩 델타 즉 '하부 캄보디아'의 크메르인이 합류했을 뿐 아니라 그것을 주도하는 기미까지 보였다. 우리의 귀에도 익은 캄보디아 민족주의 지도자 쏜응옥타인(Son Ngoc Thanh), 크메르루주 지도자 중 이앙세리(Iang Seri)와 손센(Son Sen)이 메콩 델타의 짜빈(Trà Vinh) 성 출신이다. 반공 지도자였던 손산(Son Sann)은 프놈펜 출신이지만 부모는 짜빈 사람이었다.

　베트남에는 현재 100만 명 정도의 크메르인이 메콩 델타 도처에 살고 있다. 이들은 17세기 이후 '하부 캄보디아'가 '남부베트남'이 되면서 베트

▌ 메콩 델타의 크메르 소녀들 (짜빈, 2014. 2)

남에 남겨진 사람들이다. 사이공 북서쪽 떠이닌, 메콩 하류의 짜빈과 속짱, 쩌우독 등지에 크메르인이 집중적으로 거주하고 있다. 특히 짜빈은 크메르인의 전통이 많이 남아 있고 사람들의 기질도 강하다. 19세기 민망 시기에 소수민족 동화 정책이 시행되었을 때 가장 저항이 심했던 곳이 이 지역이었다. 베트남인에 둘러싸인 채 형성된 짜빈 사람들의 경험이 캄보디아의 정치 상황과 결합되면서 베트남에게는 더 강한 적대감이 형성된 것 같다.

베트남의 19세기 경험에 비추어 보자면, 캄보디아 본국과 메콩 델타의 크메르 공동체가 연계될 때 퍽 곤란한 상황이 전개된 바 있다. 그러니 1970년대의 베트남 정부로서는, 시간이 더 지체되어 자국의 크메르인이 동요하기 전에 상황을 안정시켜야 했다. 게다가 캄보디아에서는 인구의 반이 사라지는 대학살이 전개되고 있었으니 전통 시대 종주국으로서의 의식도 발동하지 않았을 리가 없다. 캄보디아의 반크메르루주 인사들이 베트남에 도움을 호소한다면 개입의 명분은 더 힘을 얻는다. 훈센이 그 런 역할을 했다.

1978년 12월, 10만이 넘는 베트남군이(크메르 병사들도 포함된) 캄보디아로 들어갔다. 베트남군은 압도적으로 우세한 전투력으로 프놈펜을 장악하고 훈센을 지도자로 앉혔다. 그로부터 1986년까지 베트남 군대가 캄보디아에 주둔했다. 이때 남부의 젊은이들이 원정군에 많이 참가했다. 오랜 전쟁 기간 남북이 싸웠지만 이제 공동의 적을 놓고 남북인은 하나가 되어 캄보디아로 들어갔다. 1779년 응우옌푹아인의 군대가 캄보디아에 들어가 왕을 죽였고, 1812년에는 형제들의 공격으로 인해 사이공으로 도망쳐온 캄보디아 왕을 복귀시키느라 레반주옛이 4만의 병력을 이끌고 캄보디아로 들어갔으며, 1835년에 이 왕이 죽자 장명강(張明講)이 군대를 끌고 캄보디아로 가 죽은 왕의 딸을 여왕으로 세운 후 곧 내지화 작업을 개시했다. 1845-1846년 사이에는 캄보디아-태국 연합군과의 전쟁을 종결짓기 위해 베트남 군대가 프놈펜에 있었다. 베트남 군대가 캄보디아 수도로 들어간 사례는 이게 전부가 아니다. 17세기부터 19세기의 이 마지막 진주까지를 다 나열하자면 독자들께서 지루함을 느낄 정도일 것이다. 20세기에 베트남은 다시 캄보디아로 대군을 출동시켰다. 군대 주둔 기간은 가장 길었고 베트남이 후원한 지도자의 권력 수명도 가장 길다. 프놈펜에 있는 왕궁 옆의 4인 석상은 20세기의 이 양국 협조의 역사를 기리는 기념물이다.

내가 프놈펜에서 체류하던 어느 날 의회에서 훈센 수상의 연설이 있었다. 전 국민의 관심을 반영하는지 그 시간엔 내가 단골로 다니던 카페 씨클로(Cyclo)의 모든 복무원이 내게 커피를 주는 둥 마는 둥 인사말을 건네는 둥 마는 둥 하며 티브이에 눈을 박고 있었다. 그때 한창 나는 캄보디아어를 배우고 있을 때라 몇몇 단어는 들린 것도 같은 데다가 열변을 토하는 수상의 모습과, 냉소와 비난을 퍼붓는 야당 인사들의 태도, 심각하게 집중하는 까페의 복무원, 역시 관심을 보이며 티브이를 힐끗거리는 까페 바깥 뚝뚝 운전수들까지가 흥미로워 한동안 티브이 시청에 동참한 바 있다. 수상의 연설이 한 시간 이상 이어지길래 나는 자리에서 일어나 숙소로 돌아왔는데, 나중에 알고보니 무려 다섯 시간 이상을 물 한 방울 마시지 않고 연설이 계속되었다고 한다. 훈센의 체력이 나를 놀라게 했고, 이슈의 심각성이 나를 놀라게 했다. 훈센은 '하부 캄보디아'와 국경 문제에 관한 자기 입장을 표명했다. 그는 기존의 국경을 인정하자고 호소했다. 그러나 국민들은 쉽게 설득되는 것 같지 않아 보였다.

아…! 메콩 델타를 연구 대상으로 삼고 있는 나로서는 곤혹스럽지 않을 수가 없다. 나는 베트남의 남부를 연구해왔는데 캄보디아 사람들은 그곳을 자기 땅으로 바라보고 있다. 아무래도 메콩 델타 연구에서는 캄보디아 또는 크메르인을 의식하지 않을 수가 없다. 지난 몇 년 동안 출간한 『진랍풍토기』(역주서, 2013), 「베트남의 '남부캄보디아' 획득 과정에서 보이는 명 이주민의 역할」(2014), 「응우옌 왕조 건설기 짜빈 크메르 병사들의 활용 - 내전의 선봉, 외정의 전위」(2015)는 이런 자각의 원인이자 결과이기도 하다.

왕궁 옆 광장의 석상은 그래서 내게 더 각별하게 다가왔다. 캄보디아 왕립 학술원에서 근무하는 옴본 선생과 그 조각상 앞에 섰을 때 내가 물었다. "저 아기는 누구 아이요?" 베트남군이 아이 아버지냐, 캄보디아 병사가 아버지냐를 따져보자는 농담이었다. 그런 속에서 그 시절 이야기를 들어볼까 하는 마음이었다. 옴본 선생의 대답이 걸작이었다. "아기 아빠는 누구인지 상관없고, 분명한 사실 하나를 말하라면 아기는 저 여성의 아이요."였다. 캄보디아, 더 나아가 동남아시아 사회의 모계적 전통을 말하는 것이었을지도 모르겠으나, 옴본 선생의 대답을 들으니 왜 베트남-캄보디아 우호를 기리는 석상에 양국 군인만이 아닌 캄보디아(혹은 크메르) 여성과 아기가 한자리에 있게 만들었는지, 그 상징하는 바가 무엇인

▎4인의 석상 (프놈펜, 2008. 6)

지가(만든 이의 의도가 무엇이었든지 간에) 정리되었다. 그것은 캄보디아 민족의 불멸성이었다. 베트남 사람들은 17세기부터의 캄보디아를 주로 기억하지만, 캄보디아 사람들의 배후에는 그보다 더 오래전 12-13세기의 앙코르 제국과 문명이 버티고 있다는 데 생각이 미쳤다.

  이 장의 제목에서 '길들이기'라는 극히 베트남적 시각이, 그것도 19세기적 시각이 배어 있는 표현이 사용되었으나 사실 베트남 사람들도 캄보디아에, 그리고 메콩 델타 크메르 공동체에 의해 길들여지고 있다. 1970년대 베트남군의 캄보디아 진입과 주둔은 캄보디아에 관한 베트남인의 유사 이래 가장 진지한 학습 기간이었다. 두 민족 사이의 공존과 협조는 더 강조되었고 메콩 델타 크메르 사회는 더 존중되었다. 베트남의 54개 민족 공존 정책에 기초하여 크메르인은 캄보디아라는 모국을 둔 민족으로서 가장 독립적인 공동체를 유지하고 있다. 짜빈을 거닐다보면 캄보디아보다 더 캄보디아 같다는 생각을 하게 될 정도로 크메르 유산이 보존,

복원되어 있다. 이는 크메르인의 노고와 베트남인의 협조가 이루어낸 결과이다. 역사는 반복되기도 하지만 교훈이 되어 아름다운 현재를 만들기도 한다.

제21장

우리 땅을 돌려다오! - 소수민족의 외침

나는 다랏을 좋아한다. 거기에는 바오다이 황제의 여름 별장이 있었다. 프랑스인들이 무더위를 피하는 휴양지로서 북부의 싸파와 더불어 선택한 곳이었으니 다랏의 풍광과 기후에 관해서는 긴말을 늘어놓을 필요가 없겠다. 내가 다랏을 좋아하는 이유는 아름다운 경치와 기후 속에 흐르는, 때로는 심각하고 때로는 슬프게도 느껴지는 이곳의 역사 때문이다.

내가 다랏에 처음 간 때는 박사 논문을 준비하던 1997년 11월 늦가을 무렵이었다. 그해 1월부터 시작한 현지조사가 거의 끝나갈 무렵, 사이공을 거점으로 한 5개월 동안의 자료 수집을 마치고 비교적 홀가분한 마음으로 다시 하노이로 돌아가던 길이었다. 당시 배낭여행객에게 인기를 끌던 베트남 종단 버스를 이용해서 사이공으로부터 다랏을 거쳐 북으로 올라가는 노선을 선택했는데, 45인승 대형 버스에서 운전기사와 조수만 베트남인이고 좌석을 반쯤 채운 여행객은 모두 외국인이었다.

사이공에서 아침 7시쯤 출발한 버스가 바오록(Bảo Lộc)에 도착해(이곳은 차 생산지로 유명하다) 점심을 먹고 한두 시간을 더 달리다 구불구불하고 다소 가파른 고개를 올라가기 시작했다. 그러자 그 흔하던 야자나무가 사라지고 대신 소나무를 비롯한 온대 기후대 나무들이 점차 나타나는 것 아닌가. 저기 산등성이에 빨간 열매를 달고 있는 나무들이 있길래 혹시나 싶었는데, 감이었다! 그동안 사이공의 여러 시장과 상점에서 보았던 감이며 국화가 이곳에서 생산된 것들이란다. 숙박 예정지에 도착하니 강원도 어딘가 고원지대의 쌀쌀한 가을 저녁을 연상케 하는 날씨였다. 하교하는 중고등학교 여학생들이 스웨터를 단정하게 차려입은 모습이 인상적이었고 발아래 넓게 펼쳐진 가을빛 들판은 보석 같았다. 그날 저녁 내 또래의 젊은 부부가 운영하는 조그만 식당 겸 커피숍에서 다랏 쇠고기볶음(이곳 소는 모두 초원 방목한다)을 안주 삼아 술 한잔 맛나게 했다. 손님은 나 혼자밖에 없었고, 창문 밖으로는 짙은 가을밤이 펼쳐져 있었다. 둘 다 잘생기고 친절하기도 한 그들과 세상사는 이야기, 아이들 키우는 이야기를 나누며, 가끔 가을밤이 창문을 두드리는 소리에도 귀를 기울였다. 하지만 다랏과의 데이트는 하룻밤뿐. 그리고 이별이었다.

나는 2001년 1월에 다시 다랏을 찾았다. 그동안 박사 논문을 끝냈고, 귀국 이후 본격적으로 연구자 생활을 한 지가 1년 조금 넘어서였는데, 난 작정을 하고 꽤 오랜 시간 동안 다랏과의 달콤한 데이트를 즐겼다. 그런데 이 데이트에 싸한 아픔이 비집고 들어오기 시작했으니, 관광객을 겨냥한 다랏 주변의 볼거리 중 '닭 마을'이라고 하는 꺼호(또는 카호)족 거주지를 방문하고서였다. 꺼호족은 베트남을 구성하는 54개 민족 중 하나다. 물끄러미 관광객을 바라보는 아이들의 눈빛과 마주치고는 불현듯 이 땅의 주인이 원래 저들이었다는 사실을 떠올렸다.

서부고원에는 북으로부터 꼰뚬, 쟈라이, 닥락, 럼동 등 4개의 성이 있다. 다랏은 이 중 럼동의 성도이다. 서부고원의 정식 명칭은 떠이응우옌(Tây Nguyên)으로서, 서(西 떠이)원(原 응우옌)이다. 프랑스가 들어오기 전까지 서부고원은 베트남과는 별개의 땅이었다. 이는 특히 마지막 왕조의 공식 기록으로도 입증되는데,「寔錄」의 '외국열전'에는 이곳에 수사국(水舍國), 화사국(火舍國)이 있었다고 적혀 있다. 이들 국가는 베트남 황제에게 조공을 바쳤다. 비록 국가 체제가 정비되지 않은 느슨한 구조의 부족 국가였다 할지라도 베트남인 스스로가 서부고원은 이들 국가의 영역으로 인식하던 곳이었다. 이 두 국가와 베트남 사이에는 베트남인이 '야만인'이라 부르던 다양한 종족들이 살고 있었으니, 이곳 역시 베트남 땅이 아니었다. 단지 19세기 전반에 베트남인이 서부고원으로 올라가고 있었음은 사실이다. 조정에 의한 '만인' 교화, 내지화 등의 정책이 뒷받침되면서부터였다. 평지의 베트남인이 고원으로 올라가는 것은 베트남 역사에서 큰 변화로 인식되는 부분이기는 하나 이는 아직도 초기 단계였고 프랑스가 들어오면서 제지당했다.

　프랑스는 이 땅을 따로 관리했다. 이곳에 사는 주민들에게 '몽따냐르(Montagnards, 산지인)'라는 명칭이 부여되었고, 서부고원은 라오스, 캄보디아, 베트남 어느 곳에도 속하지 않는 별개 구역으로서의 위상을 갖게 되었다. 크기는 남한 면적의 반 정도이다.

　그런데, 여기를 개발하기 위해 프랑스인들이 올라갔고, 군인, 하급 관료, 노역자, 하인 등으로 베트남인도 따라갔다. 점차 베트남인의 수가 늘어나자 프랑스인과 베트남인 사이에서 이곳이 '산지인 땅이냐, 베트남 땅이냐'를 놓고 다툼이 벌어졌다. 특히 바오다이 황제는 서부고원에의 집착이 강했기에 프랑스 당국과 충돌이 잦았다. 그가 다랏의 여름 별장을 자주 찾은 이유도 서부고원이 내 땅이라는 시위였다. 하지만 프랑스는 끝까지 서부고원의 베트남 영유권을 인정하지 않았으며, 1946년에 이곳이 자치 지역임을 선언했다. 이에 맞서 1950년 바오다이(당시는 '베트남국' 수장)는 이곳이 베트남 땅임을 선포했다. 그리고 베트남공화국 정권은 서부고원의 베트남화에 박차를 가했다. 북부로부터 내려온 망명자들을 이주시키고, 소수민족의 토지 소유권을 부정했다. 고유 풍속 폐기를 종용했으며 자기 언어 교육도 금지시켰다. 남북 사이의 전쟁이 격화되면서 서부고원 역시 남북 군대의 격전장으로 변했다. 통일 이후에는 북부 농민의 대규모 이주가 행해지면서 베트남화 물결이 더 거세졌다. 현재 300만 인구 중 80-90만 명이 소수민족이다.

이들 사이에 저류하는 묵직한 저항 정신이 있기 때문에 서부고원이 예사로이 보이지 않는다. 19세기 왕조가 분명 '외국열전'에 기록해 놓은 수사국, 화사국이 있던 곳인데 어디 그렇게 녹록하기만 하겠는가. 응오딘지엠 정권이 베트남화를 추진하기 시작한 지 얼마 되지 않아 산지인은 '바자라카(BAJARAKA, Bahnar, Jarai, Rade, Kaho 등 이곳 주요 민족 이름의 머리글자로 구성되었음)'라는 단체를 결성하고 서부고원의 분리 독립을 요구했다. 이후 1964년에 이들은 '풀로(FULRO, Front Unifié Lutte des Races Opprimées, 억압받는 민족들의 투쟁 통일전선)'를 조직해 독립을 위한 적극적 투쟁을 전개했다. 풀로는 베트남공화국 정권뿐 아니라 북쪽의 베트남민주공화국에게도 적대적이어서 통일 후 공산 정권은 풀로 세력의 무장 해제를 위해 한동안 고심해야 했다. 공식적으로 이들이 완전 '소탕'된 것은 1982년이었다.

꺼호족의 '닭 마을'을 다녀온 지 일주일이 지난 후 나는 우리나라 동남아연구회 회원 20여 명과 함께 사이공에서 후에까지 전세 버스를 타고 이동하고 있었다. 사이공을 출발한 지 이틀째 저녁 무렵이었다. 중부 꽝아이 지역을 통과하던 중 나는 마이크를 잡고 그동안 줄곧 왼쪽으로 따라온 산악 지대 즉 서부고원이 어떤 곳인지를 회원들에게 설명해주었다. 아울러 그곳에 살고 있는 소수민족의 생활과 역사도 언급했다. 물론 그들의 '폭탄성'에의 우려도 표명했다.

참으로 묘한 것은, 나중에 알고보니 바로 그 시각, 서부고원에 있는 닥락 성의 성도 부온메투옷과 그 주변에서 소수민족의 시위가 일어나 그들과 베트남인 사이에 유혈 충돌이 벌어지고 있었던 것이다. 부온메투옷은

1964년 '풀로'가 결성되어 폭동을 일으킨 곳이다. 아울러 이 도시는 1975년 북베트남 반띠엔중 장군의 군대가 소수민족의 도움을 얻어 점령한 후, 사이공을 향한 총공세를 시작함으로써(베트남 소설가 바오닌의 『전쟁의 슬픔』이 시작되는 배경이 이 시점 이곳임) 베트남공화국 군대를 궤멸시키고 통일 전쟁을 끝내게 된 시발점이었다. 이후 북부인이 대거 이주해와 베트남 커피 생산의 중심지가 된지라 경제적으로도 중요하다. 이런 곳에서 폭동이 일어났으니 베트남 정부로서는 긴장하지 않을 수 없었다. 보도가 통제되었기 때문에 당시 베트남을 여행하던 보름 동안 나는 이 사실을 전혀 모르다가 귀국해서야 외신을 통해 알게 되었다. 이 사건은 부온메투옷 가까이 국경을 맞대고 있는 캄보디아는 물론이고 미국까지 개입하면서 국제적인 문제로 비화되다가 가까스로 봉합이 되긴 했다. 하지만 이를 치유하기 위해 베트남 정부가 들인 공은 각별하다.

그 뒤 동남아연구회 몇 회원이 동남아시아 종족 문제를 연구해서 나온 책이 『동남아시아 지역주의와 종족 갈등』(오름, 2004)이다. 나는 이 책의 제4장 '베트남인의 서부고원지대 진출과 산지인 문제'를 집필했다. 답사는 연구를 위해 현지를 조사하고 영감을 얻으며 자료를 수집하는 활동이다. 집필을 하기 전부터 답사를 시작해서 수시로 해당 지역을 방문하면 좋겠지만, 나 같은 경우는 외국으로 나가야 하기 때문에 비용과 시간을 고려하여 한 연구 주제당 한 번 정도 현지를 방문하는데, 주로 집필 초기에 간다. 그런데 이때는 글을 다 쓸 때까지 부온메투옷에 가볼 기회를 한 번도 갖지 못했음이 아쉬웠다.

책 출판이 마무리되어갈 무렵이던 2004년 6월 부온메투옷을 찾았다. 더 정확하게 말하면 부온메투옷에서 서쪽으로 36km 떨어진 '반돈(Ban Don) 생태공원 여행구'를 방문한 것인데, 타인하(Thanh Hà) 여행사라는 곳에서 소수민족 거주지에 공원을 꾸며 여행상품으로 판매하는 곳이다. 아직도 2001년의 상흔이 아물지 않았는지 이곳을 방문하려면 행정 기관의 허락을 받아야 했지만, 이미 관광지로 개발되어 있기 때문에 절차가 까다롭지는 않았다. 다랏에 있는 여행사들이 부온메투옷 투어 상품을 제공하고 있어서 하루 이틀만 기다리면 허가증은 나왔다. 운전기사와 안내원, 그리고 나 이렇게 셋이 지프를 타고 부온메투옷으로 향했다. 여정은(다랏에서 부온메투옷까지는 약 200km) 1997년 버스 여행 이후 최고의 기분을 선사했다. 산과 초원, 계곡, 맑은 하늘과 구름… 온통 푸른 자연 속에 최근 포장된 가느다란 편도 1차로만이 실 풀어놓은 듯 나 있는데 도중에 만나는 자동차도 거의 없는 길이었다. 그 땅은 아직 산지인의 땅이었으나 간혹 베트남인도 보였다. 이곳에도 베트남인이 하나둘 늘어가는 중이었다. 어느 길가 외딴집 앞을 지나는데 베트남인 여성과 현지인 여성이 천연스레 이야기를 나누고 있는 모습이 보인다. '저들은 무슨 언어로 대화할까' 궁금하여 안내원에게 물으니 '베트남어 현지어 섞어서'가 대답이다. 이것이 초기 단계다. 한 세대 정도 지나면 그들은 베트남어로만 이야기할 것이다.

저녁 무렵 우리는 말레이계 라데(Rade, 에데Ede라고도 함) 사람들이 주로 사는 반돈 공원에 도착하여, 방문객들을 위해 그럴듯하게 주상가옥으로 꾸민 숙소에 짐을 풀었다. 이 숙소와 부대시설은 현지어에 능통한 젊은 베트남인 지배인이 관리하고 있었다. 우리가 도착했을 때 마침 한 현지인이 강에서 막 잡아왔다는 커다란 잉어의 가격을 지배인과 흥정하고 있던 중이었다. 회로 먹어도 좋으리만치 깨끗한 그 잉어와 마당에서 놀고 있던 닭 한 마리를 저녁 반찬 겸 술안주로 삼았다. 1m가 넘는 기다란 빨대로 먹는 소수민족 전통주를 마시니 흥에 겨운 운전기사와 안내원이 기타를 들고 나지막하게 노래를 시작한다. 특히 운전기사의 연주 실력이 보통이 아니었는데, 안내원 말로는 이 양반이 젊은 시절에는 기타리스트였다고 한다. 온통 원시의 정적만이 감도는 밤(그날 방문객은 우리밖에 없었다), 드넓은 공원 먹빛 같은 어둠 속 어딘가에서 이곳 사람들이 호기심에 귀를 기울이고 있는 게 아닌가 하는 생각에 다소 의기소침해지기도 했다. 그들의 땅에, 나 또한 틈입자로 앉아있는 것 같아 불편한 마음이 들기도 하고….

거기서 이틀 밤을 지내며 주변 마을을 둘러보고 사람들을 만나고 돌아왔다. 1975년 부온메투옷을 공격하기 위해 북베트남군이 건넜다는 강도 소수민족 젊은이가 능숙하게 부리는 코끼리를 타고 건너보았다. 베트남인들이 관광지로 만들어놓은 지역에서 좋은 안내원을 만나 비교적 안락하게 지낸 시간이었지만, 뒷맛이 씁쓸함은 어쩔 수 없었다. 관광화의 대상이 원래 그 땅의 주인이었던 사람들이라는 생각에 영 마음이 편치 않았다.

그러나 베트남의 소수민족 문제를 미국의 인디언이나 호주의 아보리진(Aborigines, 유럽인이 들어오기 전부터 그곳에 살던 말레이계 원주민) 사례와 같은 시각으로만 진단할 수는 없을 것이다. 베트남은 국내외의 여러 가지 사례를 참조하면서 소수민족 문제를 해결해 나가고 있으며 궁극적으로 다민족 사회를 지향하고 있기 때문이다. 중국인과 베트남인을 빼고 서부고원에 원래 살던 민족도 말레이계, 크메르계 등 대략만 나누어도 15개 민족이나 된다. 설사 이 지역이 독립된다 해도 그 안에서 다시 민족 간의 갈등 문제는 불거질 수밖에 없다.

나에게는, 부온메투옷으로 가는 도중 보았던 두 여인의 천연덕스러운 대화 장면이 평화로운 모습으로 각인되어 있다. 나무로 지은 소박한 가옥 앞에 친근한 표정으로 얘기하던 그 여인들은 30대 중반으로 체형도 비슷했고, 얼굴도 둘 다 예뻤으며 건강해 보였다. 부온메투옷을 오가면서 많이 본 광경은 의복을 서로 섞어 입는 것이었다. 예를 들어 베트남 여성은 일반적으로 바지를 입고 머리에는 논(non)이라는 모자를 쓰는데, 소수민족 여성이 논을 쓰기도 하고 베트남 여성이 소수민족의 치마를 입기도 했다. 공용어로 베트남말은 쓰더라도 그렇게 서로 자기 문화 본색

▌베트남 모자를 쓴 소수민족 여성. 소수민족 치마를 입은 베트남 여성 (부온메투옷, 2004. 6)

을 유지하고 나누면서 먼저 온 자와 나중 온 자가 한데 모여 평화롭게 살았으면 하는 바람이다. 그렇게 된다면 나도 편안한 마음으로 다랏과 부온메투옷을 오갈 수 있고 쟈라이, 꼰뚬도 쉽게 방문할 수 있으리라.

　베트남도 그렇고 중국도 그렇고, 동남아시아 10개 나라에서 하나같이 추구하고 있는 다민족국가 건설, 이는 20세기부터 아시아에서 집중적으로 진행되고 있는 인류사의 실험이라고 할 수 있다. 초기의 착취와 차별을 극복하고 평화롭게 공존하는 아름다운 사회가 어떤 것인지를 보고 싶다. 이 실험에서 베트남이 가장 성공하는 나라가 되어주기를 나는 바란다.

제22장

사이공 한가운데의 아웃사이더 — 화교

 내가 근무하는 학교가 소재한 인천에는 차이나타운이 있다. 대부분 중국 음식점 주인들은 친절하며 종업원들은 싹싹하다. 물론 음식(특히 짜장면)도 정갈하며 맛있다. 그래서 난 외국에서 오는 손님들에게도 인천의 차이나타운과 짜장면을 자랑한다.
 하지만 인천 차이나타운에 갖는 내 호감의 배후에는 '작은' 차이나타운에의 안심이 숨어 있음을 부인할 수 없다. 한국 사회에서 현저하게 약자가 되어버린 중국인에 강자로서의 동정심도 한몫을 하고 있으리라. 만약 내가 수십 년 전 급속도로 팽창하던 인천 차이나타운을 방문했다면 이런 너그러움을 가질 수 있었을까. 또 나를 맞는 중국인들 역시 저렇듯 친절하고 붙임성 있었을까 하는 생각을 종종 한다. 그동안의 경험에 의하면 중국인 특히 외국에 나가 장사하는 중국인은 좀처럼 웃지 않는다.
 흔히들 하는 얘기지만 전 세계에서 유일하게 우리나라에만 제대로 된 차이나타운이 없다. 있다고 하더라도 인천의 차이나타운처럼 있는 듯 없는 듯 '적당한 수준'에서 있다. 아마 세계에서 가장 작은 차이나타운 아닐까 싶기도 하다. 중국과 그토록 역사적으로 깊은 관계를 맺어왔고 국경도 접하고 있는 데다가 황해를 사이에 두고 지근한 거리에 있는 이웃 나라인데 차이나타운이 없다니, 우리 민족의 지독한 배타성도 덩달아 도마 위에 오르기 마련이다.

그러나 다시 생각해보면 중국과의 관계가 그만큼 각별했기에 차이나타운이 발전하지 못한 것은 아닐까? 아무리 화려한 미사여구로 '우호' 운운 포장을 해도 역사 속에서 우리가 형성해온 피해의식은 크며, 그것은 거의 유전자화되어 있다. 이상한 게 아니다. 원래 이웃 나라끼리는 사이가 좋지 않은 법이다. 일본과 우리가 그렇고 태국과 버마가 그러하며 영국과 프랑스의 서먹서먹한 관계도 대단하지 않은가. 그리고 이웃 간에 크기 차이가 현저할 때 큰 국가는 별로 느끼지 못해도 작은 국가가 갖는 경계심은 있기 마련이다. 베트남이 중국에게 갖는 감정도 마찬가지다. 그렇다면 베트남에도 차이나타운이 없거나 작아야 한다.

그런데 베트남에는 차이나타운이 있다. 그것도 굉장히 커서, 세계에서 가장 큰 차이나타운인 것 같은 쩌런(Chợ Lớn)이 사이공에 있다. 그렇다면 역사나 우리 민족의 협애한 배타성이 문제란 말인가. 그렇지 않다. 베트남도 마찬가지다. 그래서 차이나타운이 천 년 수도 하노이에서 1,700킬로미터나 떨어진 남쪽 땅 사이공에 있는 것이다. 중국의 천 년 지배기를 비롯해서 베트남인이 중국과 거국적인 전쟁을 벌였을 때(송, 원, 명, 청의 침입, 그리고 중월전쟁에 이르기까지) 정치 중심지는 하나같이 하노이였다. 그래서 이쪽 사람들은 중국에의 경계심이 우리에 못지않다. 하노이에도, 바다로부터 하노이로 들어가는 관문인 항구도시 하이퐁(Hải Phòng)에도 현재 차이나타운이 없다. 프랑스 지배기 하노이 어딘가에 중국인 거리가 형성되었던 적이 있었다고 들었으나 지금은 자취도 찾을 수 없다. 하이퐁에도 식민지 시대 차이나타운이 번성했지만 필자가 2008년에 돌아보았을 때 중국인의 흔적은 리트엉끼엣 거리의 어둠 속에 몇몇 건물로만 지난 세월을 전하고 있었다. 과거 17세기부터 홍하를 통한 대외 교역이 활발했을 때 하노이 동쪽에 위치한 홍옌(Hưng Yên) 성에 중국인 거주지가 있었다. 그러나 지금은 몇 개의 집터와 낡은 건물이 유적지로 남아 있을 뿐이다. 하노이로부터 까마득히 떨어진 곳, 차이나타운이 그곳에 있다.

사이공의 차이나타운만큼 역사 속에서 핍박을 받은 차이나타운도 세상에 없다. 캄보디아, 태국, 버마, 인도네시아 등 여타 동남아시아에서도 중국인 공격이 종종 자행되는데 하물며 베트남에서랴. 베트남인에게는 중국인에의 경계심 내지는 적개심이 본능화되어 있지 않은가 말이다. 그들은 툭하면 중국인을 죽이고 재산을 몰수하고 추방했다.

사이공 중국인의 수난은 18세기 말부터 시작되었다. 떠이썬 군이 이곳을 점령했을 때 대학살이 있었다. 약 1만 명의 중국인이 살해되었고, 그 시체들이 강물에 버려졌기에 몇 달 동안 물고기를 먹을 수 없을 정도였다고 『식록』은 전한다.

그래서 중국인은 응우옌푹아인을 도왔다. 그 보상도 컸다. 사이공은 중국인으로 북적댔고, 중국인 중에는 응우옌 왕조의 고위직에 오른 사람도 여럿 되었다. 정회덕(鄭懷德), 오인정(吳仁靜)은 민흐엉 출신으로서 상서직을 맡았으며 타인년으로[58] 하희문(何喜文), 황충동(黃忠소) 같은 이는 장군이 되었다. 대내외 교역에서 중국인의 역할도 컸다. 그러니 서양인 방문자들에게 "코친차이나의 대외교역은 모두 중국인이 담당한다"[59]고 비추어질 정도였다.

---

58) 이 시기에 중국인은 두 종류가 있었다. 첫째는 현지인으로 많이 동화된 이들이고 둘째는 중국인으로서의 정체성을 분명하게 유지하고 있는 사람들이다. 전자는 명나라의 제사를 받든다고 해서 민흐엉(minh hương 明香)이라 하며, 후자는 청나라 사람이라는 뜻의 타인년(thanh nhân 淸人)이었다.

59) John Crawfurd, *Journal of an Embassy from the Governor-General of India to the Courts of Siam and Cochin China* (1828. Singapore: Oxford University Press, 1987), p. 519.

그런데 민망 황제가 즉위하면서 이들의 활동을 제한하기 시작했으니, 가장 큰 이유는 중국인들이 베트남의 쌀을 몰래 해외에 내다 팔고 아편을 들여온다는 거였다. 하지만 더 근본적인 이유는 날로 커가는 중국인의 경제력, 또 그에 기반한 정치적 영향력을 견제하기 위함이었다.

불만을 품은 중국인들이 레반코이 반란에 적극 가담했다. 그러니 반란 진압 과정에서 쩌런의 파괴는 당연히 수반되는 수순이었다. 반란에 연루되었다는 '혐의만 있으면' 손가락이 잘리고 재산은 몰수되었으며 변방으로 강제 이주되었다. 남은 중국인은 베트남인이 될 것을 강요받았다. 떠이썬 군의 중국인 학살 이후 중국인이 누린 평화는 고작 30-40년 남짓이었다. 그로부터 프랑스가 들어오는 19세기 중반까지 약 20년은 사이공 중국인에게 암흑의 시간이었다.

프랑스인들이 구세주처럼 나타나면서 중국인은 다시 기지개를 켜고, 프랑스와 우호적인 협조 관계 속에서 베트남 경제를 장악해갔다. 그러나 베트남에서 중국인의 성장은 베트남인의 견제 심리를 다시 자극했다. 베트남 사람들이 보기에 중국인은 프랑스와 한통속 또는 그들의 대리자나 다름없었다. 중국인이 식민지 정권과 협조하는 모습은 동남아시아에서 두루 보이던 현상이었건만, 베트남에서 두 민족 사이의 갈등은 유난히 첨예했다.

프랑스가 물러가니 베트남인이 팔을 걷고 나섰다. 지엠 정권 아래서는 노골적 차별과 탄압이 행해졌다. 재산권 제한, 귀화 강요 등은 민망 황제 시기 중국인 정책의 재판이라 할만하다. 그래서 중국인 중에는 베트콩이 된 이들이 많았다. 남부의 독립을 주장한 레반코이 반란에 중국인이 많이 가담한 것과 유사한 인과관계였다.

지엠 사후 미국이 베트남전쟁에 본격적으로 개입하면서 중국인의 사정이 다소 나아졌다. 쩌런은 쏟아져 들어오는 달러를 빨아들이는 곳이 되었다. 그리고 블랙마켓 경제의 중심지였다. 그 시절 쩌런에서는 구하지 못할 물건이 없었다. 미국에서 들여온 무기가 며칠 뒤엔 베트콩 측으로 넘어갔다면 그 거래처는 대부분 쩌런의 어느 한 모퉁이였다. 만약 사이공 정부가 미국의 눈치를 볼 필요가 없는 입장이었다면, 원활한 전쟁 수행을 위해서 쩌런부터 정리하고 보았을 것이며, 그 과정에서 민망 황제 군사들의 쩌런 소탕작전이 재현되었을 것이다. 하지만 사이공 정권은 쩌런을 끼고 있다가 주저앉고 말았다.

　남부를 장악한 북베트남 사람들에게 쩌런은 제거해야 할 온갖 악의 온상이었다. 마침내 쩌런 청소가 시작되었다. 중국인은 재산을 빼앗기고 해외로 추방되었다. 혹은 신경제구(대부분 밀림과 늪지)로 보내졌다. 1970년대 후반 세계인의 이목을 집중시켰던 '보트 피플'의 대부분은 순수 베트남인이 아니라 베트남 화교들이었다. 중국인 탄압은 1979년에 발발한 중월전쟁의 원인이 되기도 했다. 그러나 1986년부터 개방 체제로 전환되고 시장경제가 도입되면서 쩌런은 다시 살아나기 시작했다. 베트남인도 집요하고 중국인도 억척스럽다.

▎메콩 델타에서 만나는 중국인 사원 (박리에우, 2011. 7)

내가 쩌런을 처음 찾은 때는 1994년이었다. 쩌런의 중심부에 간 게 아니라 사이공 중심가로부터 쩌런 구역으로 접어드는 데까지만 자전거를 타고 들어가 보았다. 갑자기 상점 간판에 한자가 많아지고 사람들의 생김새가 달라졌다. 뚱뚱한 남자들이 아무 데서나 웃통을 벗고 다니는 모습은 나로 하여금 약간의 공포도 느끼게 만들었다(베트남인은 공공장소에서 웃옷을 벗은 채 맨몸으로 다니는 경우가 거의 없다). 거리도 복잡해지는 곳에서 난 더 이상의 진입을 포기했다. 베트남을 처음으로 방문했던 그해였다. 두 달여 하노이에서 살다가 귀국하던 길에 2-3일만 사이공에 머물 때여서 시간도 없었으려니와 초행의 쩌런에서 길이라도 잃고 봉변을 당할까 겁도 났기 때문이다. 이미 베트남 생활에 익숙해져서 자전거를 타고 하노이는 물론 그 배후지 곳곳을 낮이건 밤이건 거리낌 없이 돌아다녔던 내가, 그리고 기차를 타고 혼자 여행을 하면서 후에와 그 주변을 유람하면서 사이공까지 내려왔던(당시만 해도 외국인 혼자서 하는 하노이-사이공 철도 종단 여행은 드문 경우였다. 아마 한국인으로서는 내가 처음이 아닐까 한다) 내가, 쩌런의 초입에서 멈추었다. 겁이 덜컥 나서 말이다. 베트남의 여느 곳과는 사뭇 달랐다. 그만큼 쩌런은 내게 이질적이었다.

1997년 두 번째 베트남행부터는 쩌런을 무수히 들락거리며 사이공과 베트남의 중국인 관련 연구도 여럿 해왔지만 아직도 내게 쩌런은 친숙하게 다가오지 않는다. 쩌런은 눈부시게 발전해서 중국인이 차지하는 경제적 역할도 크게 증대했다. 하지만 중국인과, 또는 차이나타운과 베트남인 사이에 있었던 과거를 잘 알고 있는 나 같은 사람에게 쩌런이 너무 빠른 속도로 발전하는 모습은 다소 불안하게 느껴진다. 중국인과 베트남인 모두 역사 속에서 교훈을 얻어 지혜로운 '공존'의 새 역사를 쓰기 바라는 마음이다.

제23장

'도이머이를 위하여'

1986년부터 인구에 회자되기 시작한 '도이머이(Đổi Mới)'는 흥미로운 단어다. '도이'는 '바꾸다'이고 '머이'는 '새롭다'는 뜻으로 '도이머이'는 '새롭게 바꾼다'는 말인데, 통일 이후 20세기 말 베트남의 복잡다단한 정치 상황과 경제, 문화, 그리고 베트남인의 인성을 이처럼 적나라하게 드러내는 말도 없지 싶다.

나는 '도이머이'를 '쇄신'이라고 번역하기 좋아한다. 물론 원어의 맛을 백분 살리지는 못한다. 단지 가장 의미가 가깝고 간편한 한자어를 찾다 보니 그렇게 되었다. 베트남인, 외국인을 막론하고 이 말을 영어로 번역할 때 가장 인기 있는 말은 '리노베이션(renovation)'이다. 때로는 '이노베이션(innovation)'도 사용한다. 어느 것이나 '개혁(reform)' 정도의 강도까지는 가지 않는 '쇄신' '혁신' '개선' 정도로 번역할 수 있는 말이다. 종종 '베트남식 개혁·개방'이라는 용감한 표현을 쓰는 사람도 있는데, '도이머이'를 시작했던 시절의 베트남 지도자들이 들으면 펄쩍 뛸 일이다.

도이머이가 소련, 동구, 중국의 개혁·개방과 비슷한 시기에 나온 슬로 건일뿐더러 가는 방향까지 비슷하다면, 왜 한자 사용권에서 꽤 인기 있는 단어인 '개혁'이란 말을 쓰지 않고 '도이머이'라 했는지 궁금한 사람들이 많을 것이다. 한때 그렇게 한자 사용권에서 유행하던 '혁명'은 베트남에서도 큰 사랑을 받지 않았던가? 그런데 왜 개혁이란 단어는 사용이 기피되는가? 까익망(혁명)에 비해서 까이까익(개혁)은 발음하기가 다소 불편해서인가? 아니면 베트남식 나라말 사랑의 결과인가? 도이머이, 순수 베트남 음절로 조합된 이 단어는 어감이 예쁘고('도이'에서 아래로 내려갔다가 올라오면서 '머이'에서 나비처럼 오른쪽 사선으로 살짝 날아가는듯한 성조도 한몫한다) 발음하기 쉬우며 의미도 명확하다.

내가 보기에 '도이머이'는 언어정치학의 산물이다. 개혁이라는 말을 사용하기 힘든 형편에서 탄생한 절충적 형태의 조어인 것이다. 베트남어 사전에 이 단어가 동사와 보통명사로 소개되어 있는 것으로 보아 1986년을 전후해 태어난 신조어는 아니다. 그러나 베트남의 정치·경제·사회적 변화를 의미하는 '개혁'을 대신해 사회에 게상(揭上)되어서 역사를 바꾼 단어가 되었으니 '조어'나 다름없다. 뜯어고친다는 의미가 강한 '개혁'은 기존의 것을 향한 부정적 시각이 전제된다. 개혁의 '혁(革)'은 가죽이다. 짐승의 가죽을 바꾼다는, 퍽 강렬한 의미의 단어가 개혁이다. 예를 들어, 호랑이의 가죽을 벗겨내고 사자 가죽을 입히는 일 같은 것이다. 혁명은 짐승 가죽을 벗겨낼 때 안과 밖이 뒤집히는 것 같은 근본적 변화를 의미하는데, 그 변화는 하늘의 뜻 즉 천명(天命)이 바뀌는 일이다. 나라의 주인이 왕에서 시민으로 바뀐다거나 노동자로 바뀌는 것이 혁명이다. 이 과정에는 새로 주인이 되는 집단의 보편적 열망과 노력과 희생이 따른다. 그래서 일부 군인이 나라에서 부여된 지휘권을 이용해서 남의 자식들을 데리고 나라에서 적군과 싸우라고 내준 무기를 갖고 정권 잡는 일을 혁명이라 부르는 것은 지독한 오류이거나 왜곡이다. 개혁 역시 험한 희생이 각오되고 뒤따르는 단어며 의미이다. 개혁을 뜻하는 영어의

'reform'을 보아도 형체를 '다시(re)' '짜거나 만드는(form)'는 일이니 얼마나 근본적인 변화인가? 그렇기 때문에 베트남 역사에서 1945년 베트민이 왕정을 종식시킨 사건을 8월 혁명이라 하고 1954년 수많은 희생자를 내고 국가의 안위까지 위태로워지는 가운데 진행된 토지 재분배를 토지개혁이라고 부르는 것이다. 개혁에는 저항이 뒤따른다. 그래서 개혁은 많은 경우 전쟁이나 마찬가지다. 개혁의 대상이 사회에서 퇴출 혹은 제거되거나 반대로 개혁의 주체가 역공을 받아 몰락하기도 한다. 혁명만큼은 아니더라도 개혁 역시 피를 먹는 단어이다. '도이머이'는 개혁을 추구하기는 하되, 사회적 긴장과 갈등을 최소화하기 위한 고안물이다.

내가 베트남에 첫발을 딛었던 1994년 3월, 베트남은 한창 도이머이 중이었다. 오랜 세월 깊숙하게 가라앉아 있던 도이머이 이전의 잔재가 아직 하노이 곳곳에 덕지덕지 붙어 있었지만, 또 한편으로는 하룻밤만 지나고 나면 그런 흔적이 온데간데없이 사라지는 정신없는 변화의 한가운데서 나는 두어 달을 지냈다. 어느 날인가, 베트남어 수업 도중 코아(Khoa) 교수님이 도이머이를 설명해줄 때의 표정을 나는 잊을 수 없다. 문학 전공자인 그분은 풍부한 감수성의 소유자로서 수업 중에 흥이 나면 시도 읊고 기막힌 목청으로 노래도 잘 부르셨다(수업은 그분 댁 서재에서 했다). "도이머이! 도이머이란 바꾼다는 뜻이지. 바꿔 바꿔 바꾸고 바꿔서 새로워진다는 거야. 모든 걸 바꾼다는 것이니 적도 친구가 되고 친구가 적도 되고 외교 관계도 바꾸고 경제도 바꾸고 정치도 바꾸고…" 내가 킥킥 웃으며 끼어들길 "마누라도 바꿀까요?" 선생님 왈 "흐흐, 필요하면 바꿔야지!" 짓궂은 질문이지만 내가 "당도 바꿔야 할까요?" 하자, "그럼 당도 바뀌어야지, 다 바뀌어야 하는 것이 도이머이인걸, 도이머이!" 감정이 고양되면서 목소리가 높아지고 눈길은 혁명을 외치는 전사처럼 허공을 직시하며, 강조하는 부분에서 오른손 왼손이 절도 있게 오르내렸다. 그리고 선생님은 최종적으로 꾸옥루이 한 병을 어디에선가 꺼내와 잔에 따르고

도이머이를 위하여 나에게 건배를 제의했다.

그런데 만일 이 대화에서 '도이머이' 부분에 '까이까익(개혁)'이 들어갔으면 어땠을까? 심각하고 엄격하고 비장하고 답답했을 것이다. 특히 당을 이야기할 때 개혁이란 말이 들어갔다면 코아 선생님의 얼굴은 굳어졌을 것이고, 아마 나는 관할 공안에 불려 다녀야 하는 고초를 겪었을 것이다. 그런데 우리는 도이머이라는 어휘를 사용하면서 아주 편안하게 개혁이 필요한 모든 분야에 대해서 이야기하지 않았던가. 이처럼 '도이머이'는 심각한 사안을 아주 말랑말랑하게 만드는 애교가 있다. 베트남 사람들 사이에서도 '도이머이'는 변화를 요구하는 진지한 요청이 있을 때, 상호 긴장감 없이 문제를 해결하는 데 사용되기도 한다. 언젠가, 가장의 권위주의적 태도에 시달려왔음직한 중년의 아내가 손님들이 있는 자리라서 용기를 냈는지 슬쩍 "우리 집도 도이머이가 필요하다" 하여 그 자리에 있던 사람들이 크게 웃었던 적이 있다. 손님들이 가장에게 아내의 도이머이 제안을 수락할 것을 압박하기도 하면서 말이다. 정치나 경제 등 거창한 담론에서부터 개인사에 이르기까지 도이머이는 베트남 사람들의 일부가 된듯하다.

자, 이제부터 이 시대의 인기 검색어 '도이머이'에 담긴 역사적 의미를 짚어보기로 하자. 우선 1975년 이후 베트남의 상황을 알 필요가 있다. 북베트남군과 민족해방전선 군대가 사이공을 접수한 시점을 포함하여 1979년에 이르기까지 베트남은 승리와 영광의 연속이었다. 나라는 다시 하나가 되었다. 미군이 남기고 간 무기와 장비에 통일 베트남의 병력이 합쳐지니 한때는 '군사력 세계 2위'라는 우려 어린 평가도 받았다. 하늘을 찌를듯한 기세의 베트남 군대가 크메르루주군을 응징한다고 캄보디아로 밀고 들어가 친 베트남 인사를 권좌에 앉혔다. 다음 해인 1979년 중국과 전쟁을 벌여 승리했으니, 베트남의 군사력에 세계가 어안이 벙벙할 지경이었다. 그러나 여기까지가 영광의 끝이었다. 그리고 위기의 그림자가 베트남 전체에 드리워졌다.

　일련의 전쟁을 치르면서 베트남은 고립되었다. 서방 세력은 말할 것도 없고, 이웃 동남아시아 각국은 인도차이나 반도에서 패권 국가의 면모를 노골적으로 드러내는 베트남을 경원시하기 시작했다. 독립과 민족 해방을 위해 투쟁해 온 베트남이었지만, 이유야 어찌 되었든 이웃 나라에 대군을 주둔시키고 실질적 지배자가 되었으니, 누가 뭐래도 베트남은 침략국이었다. 수만 명 베트남군이 우방국 지원을 구실로 라오스에 주둔하고 있었다. 이도 타국 개입으로 비추어지기에 충분했다. 중국과의 관계는 단절되었다. 베트남에 대해서는 중국과 보조를 맞추어오던 북한도 냉담해졌다. 아시아에서 베트남은 고립되었다. 소련, 동구, 쿠바의 지원은 계속되었으나 사정에 따라서 언제 끊어질지 모르는 위태로운 수혈선일 뿐이었다.

　유일한 희망은 풍부한 천연자원과 노동력을 이용한 경제개발이었지만, 계속된 전쟁으로 인해 인프라는 전무하다시피 했고, 자원과 노동력을 결합시키는 데 필요한 기초 자본도 기술도 부족했다. 그리고 무엇보다 그 경제개발이란 것이 노동생산성 자극과는 정반대 방향으로 가는 사회주의적 집체화, 국영화 방향으로 이루어지고 있었다. 실적은 없고 구호만 요란할 뿐이었다. 급기야, 씨만 뿌려놓아도 전 국민이 먹고살 수 있는 쌀이 나온다는 메콩 델타가 점차 일을 하지 않게 되자 쌀을 수입해야 하는 신세가 되었다. 집체화에 저항하는 농민들이 씨 뿌리는 일조차도 하지 않으려 했기 때문이다. "들어가긴 하되 나가지는 않는다(vào mà không ra)"는 베트남 정치 전공자인 서강대학교 이한우 교수가 이 시기 남부베트남의 형편을 연구하면서(박사 논문) 찾아낸 촌철살인의 명구다. 메콩 델타에서 행해진 강제적인 집체화 과정에서, 노동 의욕을 상실한 농민들이 합작사 같은 집단 생산 조직에 강제로 들어가긴 하되 일하러 나가지는 않는다는 의미다. 쌀이 부족하다는 것, 즉 밥이 부족해지는 상황은 정권의 정통성에 치명타가 될 수 있다. 백성을 먹이지 못하는 정권은 정권이 아니다. 더군다나 통일 베트남을 이끌어가는 주체는 인민을 위한 정권이라지 않았던가?

위기를 먼저 느끼고 변화의 필요성을 제기한 사람들은 남부 인사들이었다. 베트남 통일에서 결정적 캐스팅보트 역할을 했던 남부인은 자신들이 왜 북베트남을 지지했는지 그 이유를 생생히 기억하고 있었다. 거창한 이념의 수사보다 남부인을 움직인 동인은 생존권과 자유였다. 통일의 환희는 잠깐이었다. 이들은 이데올로기의 공세에 답답증을 느꼈다. 그들이 가지고 싶던 것은 마음놓고 농사지을 수 있는 땅이었지, 수확이 누구에게 가는지도 잘 모르고 일을 많이 해도 부자가 될 가능성이 전혀 없는 집체화된 농사가 아니었다. 과거 지엠 정권 아래서도 전략촌이라고 하는 울타리 안에 갇혀 사는 데 질색하여 정부를 향해 총을 들었던 남부인은 또다시 자신들을 둘러치기 시작하는 집체화의 울타리에 신경이 곤두섰다. 남부의 지도자들은 대안을 찾아야 했다. 선봉에 선 사람이 응우옌반린(Nguyễn Văn Linh, 1915-1998, 북부 흥옌 출신이나 20대부터 줄곧 남부에서 활동한 혁명가)이었다. 1986년 12월에 있었던 제6차 전당대회에서 응우옌반린이 최고 권력자 자리인 총비서 직에 올라 이후 5년 동안 도이머이를 주도했다.

도이머이 이후 갑자기 아름다운 새 세상이 온 것은 물론 아니다. 배급경제에서 시장경제로 바뀌는 가운데 많은 사회 문제가 발생했다. 평생을 오로지 조국에 헌신했던 사람들이 사회에서 밀려나고, 약삭빠른 기회주의자들이 돈을 버는 건 예견된 현상이었다. 고귀한 이념의 선전은 희극적인 말장난으로 폄하되고, '시장경제' 즉 돈이 진실인 사회로 바뀌면서 혁명 세대는 정신적 공황 상태까지 맞는 경우가 비일비재했다. 도이머이 덕분에 표현의 자유가 늘어나자 작가들은 그동안 통제 체제 아래서 덮어졌던 제반 문제 즉 당원의 부패, 부조리, 무능 등을 들추어냈을 뿐만 아니라 도이머이 이후에 보이는 사회 병리들을 고발했다. 그중 베트남 국내외에 많이 알려진 여성 작가 즈엉투흐엉(Dương Thu Hương)의 장편 『미망(迷妄)의 낙원』이나, 혁명 세대와 신세대 간의 갈등을 그려낸 응우옌후이티엡(Nguyễn Huy Thiệp)의 단편 '퇴역 장군' 같은 작품은 관심 있는 독자라면 한번 읽어보시라 권하고 싶다. 특히『미망의 낙원』은 날카로운 현실 비판 속에서도, 혁명에 헌신했던 순수한 영혼들을 향한 존중의 염을 끝끝내 놓지 않는, 가슴 저리게 아름다운 작품이다. 10대 소년 시절부터 혁명과 함께한 외삼촌이 살고 있는 당원 집체구를 찾은 작중 화자의 입을 빌려 작가는 다음과 같이 말한다. "당원들에게 일반적인 현상은 영양실조, 배고픔, 단백질 부족 등이었다. [… 그러나] 그들은 이 도시에 사는 그 누구보다도 나중에 식사를 했다."[60]

  역사가는 현재를 역사적으로 연구하지는 않는다. 그러나 과거의 사실을 통해서 현재를 이야기하기는 즐긴다. 기록의 소중함을 아는지라 현재 자신이 보고 듣고 느끼는 것들을 남기는 작업에도 시간을 할애한다. 아울러 미래 전망도 역사가의 몫이라고 여긴다. 사이공에 D라는 노사학자가 산다. 1997년 어느 날 나는 그의 연구실을 찾았다. 차를 마시며 역사 이야기를 나누다가 그는 농담 비슷하게 도이머이는 '박띠엔(bắc tiến 北進)'이라 한 적이 있다. 베트남의 역사를 남진이라고만 인식하고 있는 사람이라면 이런 말은 노인네의 싱거운 말장난이라 여길지 모른다. 하지만 '나를 불태워라!'던 보따인과 사이공으로부터 하노이로의 북진 역사를 아는 사람이라면, 수천 년 베트남 역사를 꿰뚫고 있는 이 역사가의 현실 인식과 전망에 고개를 끄덕일 것이다.

  그로부터 10년 뒤 나는 이 사학자의 말을 떠올리게 될 일을 하노이에서 겪었다. 2007년 3월 나흘 정도 하노이에 체류할 때 나는 묵고 있던 호

---

60) Duong Thu Huong, *Paradise of the Blind* (New York: Penguin Books, 1994), pp. 104, 109.

텔 뒤쪽에 숨어 있는 조용한 마을에서 항상 아침을 먹었다. 나의 이런 선택은 국적 불명의 호텔식 아침 식사보다는 금방 내오는 쌀국수와 함께하는 하루의 시작이 훨씬 행복하고, 그 마을을 거니는 아침 산책 기분도 썩 좋았기 때문이다. 이미 가속도가 붙을 대로 붙어서 통제가 불가능하다 싶을 정도로 빠르게 변화하고 있는 하노이에 이런 동네가 아직도 있는가 하여 눈이 의심스럽기조차 한 별천지 같은 곳이었다. 그 동네는 전통 촌락이라면 어디에나 있는 연못이 전혀 오염되지 않은 깨끗한 모습 그대로 남아 있고, 아침 새소리도 정겨운 데였다. 하노이의 그 악명 높은 빵빵 꽥꽥 오토바이 소리도 이 마을에서는 들리지 않았다. 정신없는 대로에서 신나게 경적을 울리고 다녔음이 분명한 오토바이 위의 청년도 이 마을 안으로만 들어오면 엔진 소리조차 거의 내지 않을 정도로 조심스러웠다. 내가 '변하지 않은 하노이'를 맘껏 즐기면서 앉아 있던 노변 식당에는, 늘 같은 시각 그곳에서 소주 한잔을 곁들여 식사하는 점잖은 노인이 둘 있었다. 오랜 기간 전쟁터를 누볐던 그 동네의 노병들이었다. 난 늘 조용히 식사만 했고, 그들 역시 늘 똑같은 모습으로 앉아 조용조용 대화를 나누다가 식사가 끝나면 집으로 돌아가곤 했다. 하노이에서 마지막 날, 역시 같은 곳에서 아침 식사를 하다가 나는 귀가 쫑긋했다. 무슨 말인가 끝에 그중 한 노인이 "남부 사람들은 공산주의를 좋아하지 않았어"라고 하자, 옆에 있던 노인 왈 "우리가 뭘 어쨌나? 쯔어 싸이(chữa sai, '잘못sai'을 '고친다 chữa'라는 뜻으로서 1970년대 유행하던 또 하나의 수사)였을 뿐인걸" 한다. 다시 전 노인 왈, "글쎄 …" 더도 덜도 아니게 늘 적당히 싹싹한 초로의 주인아주머니가 "에그, 별말씀을" 하며 슬쩍 타박을 한다. 한 노인은, 공산주의에 냉담했을 뿐 아니라 필요로 하지도 않았던 남부인의 정서를 이해하지 못했다는 안타까움을 토로하는 중이었고, 통일 직후 공산주의적 여러 정책이 빚어냈을 갈등과 긴장을 잘 알고 있던 다른 한 노인은 '쯔어 싸이'였을 뿐이라며 동료를 위로하고 있는 것이었다. 나는 흥분해서 먹던 국수발이

목구멍에 커억 하고 걸리는 것 같았다. 사이공으로부터 시작된 도이머이의 북진은 하노이 노병의 오랜 신념까지 바꾸고 있는 것 아닌가. 이것은 그날 내가 하노이의 골목에서 주운 역사였다.

에필로그

초고를 완성해 출판사에 넘긴 때가 2007년 8월이었다. 다시 또 1년 2개월의 시간이 원고의 수정과 보충, 그리고 여러 가지 사정에서 비롯된 이유들로 지나갔다.

지난 몇 주 동안 원고 최종 점검을 하면서 내가 가장 많이 생각한 것은 집필을 기획할 때부터 염두에 두었던 '베트남 근현대사'라는 책 제목과 내용이 부합하는가였다. 결론은 '그렇다'다.

베트남의 근대를 18세기 말부터 잡은 것은 지난 1년 동안 국내외 학자들과 기회 있을 때마다 논의를 거치면서 확인을 한 바다. '나를 불태우라'고 했던 보따인을 베트남 근대의 맨 앞에 둘 수 있는가에 대해서는 찬성도 반대도 있었지만, 그냥 두기로 했다.

2장부터 7장까지는 19세기 통일 베트남에 의한 통일 이념의 확산, 지식인 집단의 대외 인식, 해상교역의 발전, 토지개혁 등 19세기 베트남적 근대의 모색과 실천을 담았다. 8장, 9장에서는 프랑스 식민지배 방식이 소개되었다. 같은 시기 프랑스의 움직임보다는 베트남인의 활동을 더 많이 드러내기 위해서 대불 항쟁과 관련되는 항목들을 10장부터 16장(개정판에서는 17장)까지, 마지막으로 17장부터 21장(개정판에서는 18장부터 23장)은 제2차 인도차이나전쟁부터 '도이머이'까지를 포괄하고 있다.

베트남 현대사(contemporary history)를 제2차 세계대전 종결 이후부터로 잡는다면, 이 책에서의 본격적 베트남 현대사는 14장 '쌀 전쟁 - 일본군과 베트남 농민의 싸움'으로부터 시작되며 베트남 근대사의 명백한 종결은 12장 '판보이쩌우 - '나자빠진 전차''로서 대불 항쟁에서 전통 시대 출신 지도자의 역할이 종결되는 시점이다. 제13장 '고무 농장의 낮과 밤'은 식민지배기라는 근대사와 공산주의 운동의 실천적 장의 등장이라는 현대사가 겹쳐지는 부분이다. 현대사 부분에서는 불과 내가 일 년 전에 겪은(초판이 나왔던 2008년 기준) 경험과 관찰까지 서술했는데, 역사서로서는 다소 무리가 아니었나 싶기도 하지만 역사 연구가 갖는 '현재성'과 에세이적 역사 서술[61]이라는 이 책의 특성을 염두에 둔다면 해볼만한 작업이었다. 총 21개(개정판에서는 23개)의 장 중 절반이 근대사, 나머지 절반이 현대사이니 '근현대사'로서 양적 균형은 그럭저럭 맞추었다. 그러나 두 시기 기술 내용은 단순한 순차적 나열이 아니라 서로 유기적으로 맞물려 있다. 그게 '근현대사'라는 독립된 역사 서술 장르의 특징이다.

베트남의 근현대사는 세계사에 노출된 정도가 같은 시기 한국의 경우에 비해 크다. 그럼에도 불구하고 그 시기 베트남과 한국은 세계 어느 나라보다 유사한 경험을 공유해 왔다. 그리고 21세기에 들어 이제 두 나라의 역사는 다양한 분야에서 교집합을 만들어가고 있는 중이다. 베트남에는 한국인 사업가, 유학생, 선교사들이 넘쳐나는 가운데 베트남에서 화교를 제외하고 한국인이 가장 큰 외국인 공동체를 형성하고 있다. 한국에는 베트남 노동자, 유학생들이 급격히 늘어나면서 한국 사회의 주요 구성원으로 자리 잡고 있다. 그리고 혈연적 공통분모도 통계가 미처 따라가지 못할 정도로 견고해지고 있으니, 한국에서 뼈를 묻게 될 베트남 엄마들과 이 엄마들이 낳고 키워내는 소중한 자녀들이다. 이들 신 한국인에게 베트남은 남이 아닌 우리다.

---

61) 우리는 흔히 에세이를 붓 가는 대로 쓴다는 감상적 수필로 이해하지만, 원래 이 장르는 각주까지 달린 엄정한 논설이며 그래서 대학에서는 소논문을 의미하기도 한다. 『국어대사전』(이희승 편, 민중서관, 1961)에도 에세이의 뜻풀이는 다음과 같다: ① 수필. ② 특수한 주제를 다룬 논설. 내 역사 에세이는 이 두 가지를 합친 성격을 갖는다고 보면 된다.

참고 문헌

강영민 2002. 『조선시대 왕들의 생로병사』. 태학사, 파주.
『大南寔錄正編第二紀』 1861. 慶應義塾大學言語文化研究所, 東京, 1963.
『大南寔錄正編第三紀』 1894. 慶應義塾大學言語文化研究所, 東京, 1977.
『大南寔錄正編列傳初集』 1889. 慶應義塾大學言語研究所, 東京, 1962.
안명철·송엽휘 2007. 『역주월남망국사』. 태학사, 파주.
유인선 2002. 『새로 쓴 베트남의 역사』. 이산, 서울.
_____ 2004. 「판보이쩌우(Phan Boi Chau 1867-1940): 방황하는 베트남 초기민족주의자」, 『역사교육』 90호.
윤대영 2007. 「20세기 초 베트남 지식인들의 동아시아 인식 - 연대의식과 자민족중심주의 분석을 중심으로」, 『동아연구』 53집.
최병욱 2000. 「19세기 전반(1823-1847) 베트남의 동남아시아 官船貿易」, 『동양사학연구』 70호.
_____ 2004. 「까오바꽛(Cao Ba Quat 高伯适)의 반란(1854) 원인에 대한 일 고찰」, 『동남아시아연구』 14권 2호.
최상수 1966. 『한국과 월남과의 관계』. 한월교류협회, 서울.
최원식 1986. 「아시아의 연대 - 『월남망국사』 소고」, 『한국근대소설사론』. 창작사, 서울.
潘輝注 1994. *Récit sommaire d'un voyage en mer' (1833), Hai Trinh Chi Luoc* (海程志略), trans. and ed. by Phan Huy Le, Claudine Salmon, Ta Tong Hiep. Cahier d'Archipel, Paris.
Brigham, Robert K. 1999. *Guerrilla Diplomacy: The Nlf's Foreign Relations and the Viet Nam War*. Cornell University Press.
Bui Tin 1999. *Following Ho Chi Minh, Memoirs of a North Vietnamese Colonel*. University of Hawaii Press.
Buttinger, Joseph 1968. *Vietnam: A Political History*. Praeger Publishers, New York.
Choi, Byung Wook 2004. *Southern Vietnam under the Reign of Minh Mạng(1820-1841) - Central Policies and Local Response*. Southeast Asia Program

Publications, Cornell University.

_____ 2007. "Vietnamese Images on the Japanese Soldiers(1940-1945) through the Angle of the Five Virtues of Confucianism," 『동남아시아연구』17권 1호.

Chương Thâu 2005. *Phan Bôi Châu Nhà Yêu Nước, Nhà Văn Hóa Lớn* (판보이 쩌우, 애국자이자 위대한 문화인). Nxb Nghệ An, Nghệ An.

Crawfurd, John 1828. *Journal of an Embassy from the Governor-General of India to the Courts of Siam and Cochin China.* Oxford University Press, Singapore, 1987.

Dror, Olga & Keith Taylor 2006. *Views of Seventeenth-Century Vietnam, Christoforo Borri on Cochinchina and Samuel Baron on Tonkin.* Southeast Asia Program Publications, Cornell University.

Duong Thu Huong 1994. *Paradise of the Blind.* Penguin Books, New York.

Dutton, George 2006. *The Tây Sơn Uprising.* University of Hawaii Press.

Elliot, Duong Van Mai 1999. *The Sacred Willow: Four Generations in the Life of a Vietnamese Family.* Oxford University Press.

Hickey, Gerald Cannon 1964. *Village in Vietnam.* Yale University Press.

Hồ Khanh 1983. "Hunger," *The Vietnam Forum* 2. Yale University Southeast Asian Studies.

Huỳnh Minh 1965. *Địa Linh Nhơn Kiệt, tỉnh Kiến Hòa (Bến Tre)* (끼엔호아 (벤 쩨) 성의 지리와 인물). Saigon.

Marr, David G. 1971. *Vietnamese Anticolonialism 1885-1925.* University of California Press.

_____ (ed.) 1985. *The Red Earth, A Vietnamese Memoir of Life on a Colonial Rubber Plantation by Tran Tu Binh* (trans. by John Spragens, Jr.). Ohio University Center for International Studies.

McHale, Shawn Frederick 2004. *Print and Power: Confucianism, Communism, and Buddhism in the Making of Modern Vietnam.* University of Hawaii Press.

Ngo Vinh Long 1991. *Before the Revolution: the Vietnamese Peasants under the French.* Columbia University Press.

Nguyễn Hồng 1945. "Ngọn Lửa (불꽃)," *Tuyển Tập Nguyễn Hồng* (응우옌홍 선집) 1. Nxb Văn Học, Hanoi, 1983.

Nguyễn Thị Định, trans. by Mai Van Elliot 2000. *No Other Road to Take*. Southeast Asia Program Publications, Cornell University.

Nguyen Van Canh 1983. *Vietnam under Communism, 1972-1985*. Hoover Institution Press, Stanford University.

Nguyễn Viết Kế, trans. by Nguyễn Phúc Vĩnh Ba 2006. *Stories of the Nguyen Dynasty's Kings*. Danang Publishing House, Da Nang.

Osborne, Milton E. 1997. *The French Presence in Cochinchina and Cambodia: Rule and Response (1859-1905)*. White Lotus, Bangkok.

Peters, Erica J. 2012. *Appetites and Aspirations in Vietnam, Food and Drink in the Long Nineteenth-Century*. Rowman & Littlefield, Lanham.

Phan Bôi Châu, trans. by Vinh Sinh 1999. *Overturned Chariot - the autobiography of Phan-Boi-Chau*. University of Hawaii Press.

Pike, Douglas 1966. *Viet Cong: The Organization and Techniques of the National Liberation Front of South Vietnam*. MIT Press.

Sagar, D. J. 1991. *Major Political Events in Indo-China, 1945-1990*. Facts on File, New York.

Sardesai, D. R. 1997. *Southeast Asia, Past and Present*. Silkworm Books, Chiang Mai.

Taylor, Philip 1998. "Vietnamese Moderns." PhD dissertation, Australian National University.

Thi Long, trans. by T. S. Trần 2002. *Tales of the Nguyen Dynasty's Ladies and Empress*. Danang Publishing House, Da Nang.

Truong Nhu Tang 1986. *A Viet Cong Memoir: An Inside Account of the Vietnam War and Its Aftermath*. Vintage Books, New York.

Việt Cúc 1968. *Gò Công Cảnh-Cũ Ngời Xưa* (고꽁, 옛 풍경과 사람들). Saigon.

Vinh Sinh (ed.) 1988. *Phan Boi Chau and The Dong - Du Movement*. Yale Center for International and Asia Studies.

Woodside, Alexander Barton 1971. *Vietnam and the Chinese Model*. Harvard

University Press.

_____ 2006. *Lost Modernities: China, Vietnam, Korea, and the Hazards of World History.* Harvard University Press.

찾아보기

ㄱ

가르니에 71, 73
가정성총진 30, 181
계절풍 17, 18, 19, 22, 23, 39
고꽁 17, 97, 133-135, 137, 138
고무 (나무, 농장) 57, 118-125, 211
공자 68, 69, 96
공전 52, 53, 55-57
과거 (제, 시험) 37, 88, 89, 92, 109, 110
광동 34, 36-38, 41, 64, 70, 78, 80, 113, 145
광복회 (베트남광복회) 94, 95, 113, 148
교지 77, 78
국민당 (중국국민당) 113, 148
국어 98, 100, 104-106
국음 101, 102, 105
국자감 28, 32, 73
근왕 (운동) 8, 29, 72, 92, 93, 108-110, 112
기독교 (도) 29, 31, 61, 62, 66-74, 83, 85, 101, 112, 136, 138-140, 143, 145, 149, 152, 153, 166
까오다이 153, 167
까오바꽛 29, 39-41
까이엔느 95
까인 (왕자) 67, 95, 139
꺼호 188, 190
꽝남 55
꽝쭝 (황제) 17
꽝찌 91
꾸옥응으 97, 98
뀌년 18, 19, 26
끄엉데 111, 134, 135

ㄴ

나가사끼 34
남딘 68, 69, 71, 72
남띠엔 25
남부베트남 23, 44, 46, 47, 64, 71, 79, 81, 97, 133, 135, 137, 164, 167, 180, 181, 205
남지나해 48, 119
남진 12, 18, 25, 27, 79, 207
남프엉 황후 133-135, 137, 138, 140-143
나짱 18
네덜란드 22, 34, 39, 41, 66, 72
노아의 방주 69
느억맘 84
닌빈 62, 71, 73

ㄷ

다낭 29, 79
다랏 140, 141, 153, 187-189, 192, 194
다민족 61, 193, 194
다오찌푸 40
『대남식록(大南寔錄)』 17
도이머이 169, 201-204, 206, 207, 209, 210
돈디엔 57
동남아시아 22, 43-45, 47, 48, 61, 62, 64, 66, 69, 70, 75, 78, 80, 82, 109, 120, 126, 127, 130, 140, 145, 159, 170, 184, 191, 194, 197, 198, 205
동북아시아 41
동아시아 34, 43, 45, 63, 65, 72, 77,

78, 86, 109, 111, 114, 130
동유운동 33, 111, 113, 128, 134
동인도회사 34
동포 33, 72, 115
동화 (정책) 28, 61, 62, 70, 167, 182, 197
둔전 57
디엔비엔푸 (분지, 전투) 23, 76, 146, 151, 154-162, 167, 177
떠이썬 13, 16-24, 26, 30, 45, 53, 55, 67, 91, 101, 135, 170, 197
똔텃투엣 90
뜨득 (황제) 61, 70, 90, 91, 93, 135
띠엔장 54, 88

ㄹ

라데 192
라오스 (인) 17, 25, 62, 72, 75, 76, 83, 101, 113, 126, 156, 180, 189, 205
레 (왕조, 황실) 26, 28, 29, 41, 48, 61
레반주엣 16, 30, 31, 153, 183
레반코이 (반란) 28, 30, 31, 53, 68, 88, 134, 168, 198
레위니옹 94, 95
레주언 167, 168
론놀 77, 180
룩번띠엔 102-105

ㅁ

마닐라 29, 34, 36, 38
마담 뉴 153
마르샹 68
마카오 22, 34, 37, 38, 70
말라카 34, 36, 38, 41, 46
말레이 해적 43-47
메콩 (강, 델타) 12, 13, 17, 23-26, 28,

30, 44, 45, 47, 54, 55, 57, 61, 76, 79, 82, 88, 91, 97, 103, 120, 122, 135, 137, 143, 145, 153, 165-170, 179, 181, 182, 184, 185, 199, 205
몽따냐르 189
미국 (인) 37, 39, 46, 47, 51, 65, 72, 126, 131, 145, 146, 149, 151, 152, 155, 161, 163, 170, 171, 174-176, 191, 193, 198, 199
미쉐린 119, 123
미토 54, 88, 89, 137
민망 (황제) 30, 31, 35, 44, 48, 60-62, 65, 67-69, 71, 88, 94, 134, 139, 182, 198, 199
민족해방전선 24, 77, 153, 162-165, 167-169, 171, 172, 174, 204
민흐엉 197
밀무역 64

ㅂ

바벨 탑 69
바오다이 (황제) 131, 133, 138-142, 145, 146, 149-151, 163, 187, 189
바오다이 해법 151
바자라카 190
바타비야 34-36, 39-41, 46
반돈 191, 192
반띠엔중 191
백화제방 149, 167, 168
베트남공화국 144, 145, 149, 151-153, 164, 165, 171, 189-191
베트남광복회 113, 148
베트남국 142, 151, 189
베트남국민당 148
베트남민주공화국 141, 144, 145, 149, 165, 190
베트남전쟁 18, 76, 154, 162, 171, 198
베트남청년혁명동지회 145

베트민 105, 106, 127, 130, 131, 141, 142, 146, 149, 150, 152, 154-161, 167, 203
베트콩 103, 162-165, 167-169, 198
벤쩨 102, 103, 105, 136
벼농사 49, 81
보따인 7, 16-24, 135, 207, 210
보쑤언껀 56
보안닌 132
보응우옌지압 154
보쯔엉또안 135, 136
보트 피플 199
복건 78
부온메투옷 171, 190-194
북베트남 (군, 인) 16, 27, 29, 76-78, 81, 87, 130, 140, 153, 155, 156, 159, 167-169, 171-173, 176, 177, 191, 193, 199, 204, 206
북진 17, 20, 23, 27, 207, 209
비엔호아 79, 89, 119, 134
빈딘 13, 18-22, 55-57, 83
빈쑤엔 152
삐뇨 드 베엔느 22, 67, 138

ㅅ

사이공 (정권, 정부) 12, 13, 17-19, 22-24, 26, 28-31, 44, 46-48, 51, 56, 60, 67, 76, 79, 94, 97, 101, 117, 119, 123, 137, 153, 157, 165, 169-175, 179, 182, 183, 187, 188, 190, 191, 195-200, 204, 207, 209
산지인 121, 189-192
서부고원 166, 188-191, 193
서양 (어, 인, 세계) 22, 29, 34-39, 41, 48, 66, 67, 70, 77, 78, 85, 97, 105, 120, 126, 127, 128, 197
선교사 29, 31, 70, 98, 104, 139, 211
소금 84, 87, 158, 159
소비에트 8, 124

소수민족 28, 33, 61, 62, 70, 100, 114, 156, 167, 182, 187, 189-194
소작 (료, 인) 54, 55, 57, 137
소주 (쌀 소주) 80-83, 86, 87, 208
수사국 189-190
수파노봉 180
스페인 22, 29, 70, 72, 77
시하눅 77, 140
신경제구 199
신서 109-111
신유학 35, 68, 69, 135
싱가포르 34, 36, 38, 39, 46, 72, 86
쌀국수 5, 51, 208
쌀 전쟁 126, 127, 131, 159, 210

ㅇ

아편 70, 80, 84-87, 120, 198
아프리카 88, 94, 95, 150
안남 29
알렉산드르 드 로드 67, 98
알제리 93, 150
에데 192
여동공무 36, 43
여성 8, 43, 45-51, 72, 82, 93, 94, 101, 102, 124, 130, 133-135, 138, 142, 144, 145, 153, 179, 180, 184, 192-194, 207
영국 (군, 인) 22, 34, 39, 44, 47, 72, 85, 120, 149, 150, 166, 196
완유훈 88-90, 95, 96, 108
외방선교회 67
우의관 65
운남 (성) 25, 80, 81
『월남망국사』 112, 114
유가 37, 39, 42, 52, 55, 68, 69, 83
유교 24, 35, 49, 52, 68, 92, 103, 110, 128
유신회 111

유학 (생) 33, 37, 41, 111, 112, 134, 137, 140, 181, 211
유학 (자) 34, 35, 38, 52, 72, 92, 105, 135, 145
응애안 108, 110, 124, 145
응오딘껀 153
응오딘뉴 153
응오딘지엠 72, 142, 144-149, 151, 164-166, 190
응오똥쭈 19, 21
응우옌까오끼 172
응우옌딘찌에우 102, 103
응우옌반린 206
응우옌반티에우 172
응우옌반후에 16, 17
응우옌 왕조 13, 16, 17, 24, 29-31, 45, 46, 61, 65, 67, 88, 89, 95, 133, 135, 145, 169, 197
응우옌찌프엉 39, 65
응우옌티딘 103, 105
응우옌푹아인 16-20, 22, 23, 31, 45, 46, 67, 111, 135, 183, 197
응우옌호앙 26
인도차이나 62, 75-77, 79, 84, 114, 126, 205, 210
인도차이나공산당 145
인도차이나전쟁 18, 24, 76, 77, 156, 159, 162, 165, 177, 180, 210
인삼 (고려인삼) 59, 60, 62-65
일본군 81, 87, 126, 127, 129-131, 148, 149, 176

ㅈ

자바 34, 43
자카르타 34, 35, 38
재교육 수용소 63, 171, 173-177
쟈딘 (군대, 정권) 13, 17-19, 22, 26, 67, 79, 89, 165
쟈롱 (황제) 16, 61, 91, 94, 95

전략촌 166, 167, 206
전매 (제, 제도) 84-87
제네바 협정 162, 163, 166
조완벽 81
존실설 90-93
좌도 66-68, 74
주본(朱本) 46
주이떤 (황제) 94
주희 69
중국 (군) 12, 13, 16, 18, 25, 34-36, 38, 39, 48, 52, 57, 62-66, 69, 70, 75, 77, 78, 80, 84, 87, 90, 93, 101, 109, 111, 113, 114, 126, 128, 130, 140, 145, 146, 148, 157, 161, 171, 194-196, 201, 204, 205
중국인 34, 39, 43-45, 48, 49, 61, 64, 70, 77, 78, 84, 86, 87, 90, 109, 120, 128, 130, 136-138, 167, 180, 193, 195-199,
중월전쟁 77, 196, 199
즈엉반민 172
증기선 37, 39, 40, 42
지압 (장군) 149, 154, 157, 158, 160, 161, 169
지엔카인 18
지주 53, 54, 57, 61, 115, 134-138, 143, 149
진남관 65
쩌가오 89, 90
쩌런 196, 198-200
쩐꽝지에우 19, 21
쩐쫑낌 149
쯔놈 16, 97, 101-105
쯔어 싸이 208, 209
쯔엉느땅 174
쯔엉빈끼 104
쯔엉썬 168
쯔엉찐 149, 168

ㅊ

차이나타운 195-197, 200
참파 12, 25, 55

ㅋ

캄보디아 12, 17, 25, 31, 45, 61, 62, 72, 75-77, 101, 113, 126, 140, 179-185, 191, 197
캄보디아 크롬 180
케싸인 24
코리아타운 101
코친차이나 29, 30, 32, 75, 77-79, 119-121, 138, 150, 165, 181, 197
코친차이나공화국 150
쿨리 120
크리스토포로 보리 67, 128
크메르(인) 12, 167, 181-186, 193
크메르루주 180-182, 204

ㅌ

타인년 197
타인타이 (황제) 93
탁전 53
탕롱 20
토지개혁 52, 55, 57, 62, 149, 159, 167, 168, 203, 210
통킹 29, 30, 32, 78, 79, 120, 121
투언호아 26
티나이 19, 20, 22, 23
티에우찌 (황제) 61, 67, 85, 88, 91, 134, 135
틱꽝득 153

ㅍ

파텟 라오 156, 180
판보이쩌우 32, 33, 107-113, 115-117, 128, 134, 144, 148
판타인쟌 39, 71
판후이쭈 39
8월 혁명 141, 146, 149, 177, 203
팜꾸인 105
팟지엠 성당 73
페낭 36
포르투갈 22, 38, 77
푸쑤언 19, 20, 26
푸지엔 123, 124
풀로 190, 191
프놈펜 179-181, 183, 185
프랑스 15, 23, 29, 32, 33, 39, 65, 67, 68, 70-73, 76, 78, 79, 84, 87, 89-95, 97, 98, 101, 102, 104-106, 108-110, 112-115, 119-121, 126, 129, 131, 135-140, 142, 145, 146, 148-152, 154-157, 159-163, 165, 181, 187-189, 196, 198, 210
프랑스 고등 주재관 91
프랑스연방 148, 150
플랜테이션 57, 120

ㅎ

하노이 13, 20, 29, 32, 33, 46, 48, 60, 71, 81, 105, 113, 116-118, 127, 132, 141, 145, 148, 158, 171, 187, 196, 197, 200, 203, 207-209
하띤 92, 124
하부 캄보디아 180, 181, 184
하이퐁 196
하주공무 36-39, 41, 43
함응이 (황제) 91
합작사 167, 205
호이안 48, 128
호찌민 33, 76, 101, 107-109, 111, 115, 116, 131, 140, 141, 143-150, 152, 153, 158, 161, 168,

169
호찌민 통로 76
홍콩 86, 111, 145
홍하 (델타) 12, 13, 25, 26, 48, 71, 72, 77, 81, 197
화교 64, 86, 109, 114, 195, 199, 211
화사국 189, 190
황해 65, 196
후에 19, 26, 28, 29, 32, 60, 73, 79, 90, 91, 93, 99, 115, 117, 140, 141, 145, 153, 190, 200
훈센 183, 184
흥옌 71, 197, 206